JN300097

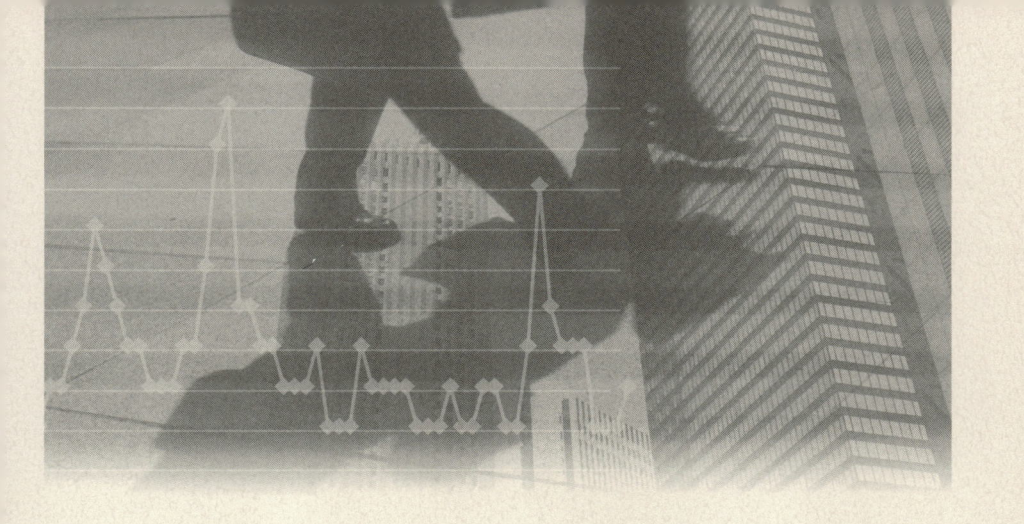

コーポレート・ガバナンスの進化と日本経済

福田 順 著

京都大学学術出版会

プリミエ・コレクションの創刊にあたって

　「プリミエ」とは，初演を意味するフランス語の「première」に由来した「初めて主役を演じる」を意味する英語です。本コレクションのタイトルには，初々しい若い知性のデビュー作という意味が込められています。

　いわゆる大学院重点化によって博士学位取得者を増強する計画が始まってから十数年になります。学界，産業界，政界，官界さらには国際機関等に博士学位取得者が歓迎される時代がやがて到来するという当初の見通しは，国内外の諸状況もあって未だ実現せず，そのため，長期の研鑽を積みながら厳しい日々を送っている若手研究者も少なくありません。

　しかしながら，多くの優秀な人材を学界に迎えたことで学術研究は新しい活況を呈し，領域によっては，既存の研究には見られなかった溌剌とした視点や方法が，若い人々によってもたらされています。そうした優れた業績を広く公開することは，学界のみならず，歴史の転換点にある21世紀の社会全体にとっても，未来を拓く大きな資産になることは間違いありません。

　このたび，京都大学では，常にフロンティアに挑戦することで我が国の教育・研究において誉れある幾多の成果をもたらしてきた百有余年の歴史の上に，若手研究者の優れた業績を世に出すための支援制度を設けることに致しました。本コレクションの各巻は，いずれもこの制度のもとに刊行されるモノグラフです。ここでデビューした研究者は，我が国のみならず，国際的な学界において，将来につながる学術研究のリーダーとして活躍が期待される人たちです。関係者，読者の方々ともども，このコレクションが健やかに成長していくことを見守っていきたいと祈念します。

第25代　京都大学総長　松本　紘

はじめに

　2011年3月11日，東日本大震災が発生した。地震とそれに伴う津波の影響により，東京電力福島第一原子力発電所の一号機では12日の15時36分に水素爆発とみられる爆発が起き，原子炉建屋が吹き飛ばされた。同じく三号機は14日11時01分に水素爆発とみられる大爆発が起こり，建屋が吹き飛ばされた。二号機は建屋の水素爆発による破壊は起きなかったが，15日6時10分に格納容器底部の圧力抑制室（サプレッション・プール）が破裂した。同日9時38分には四号機核燃料プールで火災が発生し，1331体の核燃料を収納する四号機プールが大破した。これらの事故によって，大気および海中に放射能漏れが生じた。

　事故の進展に対応して政府は，周辺住民に避難などの指示を行った。事故当日の11日21時23分，福島第一原発の半径3キロ圏内の住民に避難指示，10キロ圏内の住民に屋内避難指示を発した。4月21日には半径20キロ圏内が警戒区域に設定され，翌22日に年間積算線量20ミリシーベルトを超えそうな地域が計画的避難区域に設定された。同時に半径20〜30キロ圏の大部分については，屋内退避指示を解除し，緊急時避難準備区域へと改めた［吉岡2011］。

　9月12日には原子力損害賠償支援機構が設立された[1]。経済産業省の説明によると，機構は金融機関からの融資や国から交付された国債を現金化することによって資金を調達し，東京電力に資金を交付する。東京電力は被害者や被害事業者に賠償を行う一方，機構に特別負担金という形で資金を機構に返済し，機構は政府や金融機関に資金を返済する[2]。2011年10月18日付の日本経済新聞によれば，東京電力は政府の原子力損害賠償支援機構に対し，7000億円程度の資金援助を要請するという。この仕組みは東電に請求

---

[1] この機構は政府が70億円，原子力事業者等12社が70億円を出資することによって設立された。

[2] http://www.meti.go.jp/earthquake/nuclear/taiou_honbu/pdf/songaibaisho_111003_02.pdf
（2011年10月18日アクセス）

された賠償の一部を，国が一時的にではあるが，肩代わりするものといえる。

　東京電力福島第一原発事故の賠償財源確保に向け，東電の資産査定を行う政府の「東京電力に関する経営・財務調査委員会」（委員長・下河辺和彦弁護士）は10月3日，野田佳彦首相に報告書を提出した[3]。報告書によると，この事故によって東電が支払う損害賠償額は13年3月末までで4.5兆円に上ると試算されている[4]。報告書では，「原子力発電所稼働ケース」「1年後原子力発電所稼働ケース」「原子力発電所非稼働ケース」のそれぞれについて，電力料金の値上げなし，5％の値上げ，10％の値上げの3つのパターン，合計9種類のシミュレーションの結果が記載されている。

　このうち，原発を稼働させるケースに関しては，いずれの料金パターンにおいても資産超過を維持できると試算された。しかしながら，原子力発電所の稼働時期が遅れるとともに，徐々に資産が減少するリスクが拡大することが分かった。また，資金面においては，すべてのケースで資金不足が生じており，原子力稼働ケースにおいても，値上げ率に応じて，約7900億円から約3兆8000億円までの資金不足が生じると試算されている。また，原子力発電所を稼働させないケースにおいては，料金値上げのパターンに応じて，約4兆2000億円から約8兆6000億円の資金調達が必要という結果が得られた。報告書では，原子力発電所を再稼働させない場合，事業計画の策定を行うことは極めて困難と結論づけている。すなわち，東京電力は震災後高まった原子力発電に対する批判に対応する一方で，事業を継続し賠償を行うことは難しい状況にあるといえる。

　コーポレート・ガバナンス研究に関わる多くの先達が指摘してきたように，株式会社は多くの出資者から資金を集め，巨大な事業を行うことを可能にする一方で，出資者である株主は有限責任のみ負えばよいことになっている。このことを端的に述べると，株主は保有する株価が，最悪の場合0円と

---

3) 毎日新聞 http://mainichi.jp/select/seiji/news/20111004k0000m010079000c.html （2011年10月26日アクセス）

4) http://www.cas.go.jp/jp/seisaku/keieizaimutyousa/dai10/siryou2.pdf （2011年10月26日アクセス）

なることは覚悟しなければならないが、さらにそれを超えて会社の負債を負わなくてもよい、という意味である。株式会社である東京電力の「オーナー」である株主に対して、今回の原子力発電所の事故に関わる賠償請求を行うことは、きわめて困難である。

　加えて2011年は、名前が知られた上場企業のコーポレート・ガバナンスに関わる不祥事がいくつか生じた。1つは大王製紙である。大王製紙が10月28日に公表した調査報告書によると[5]、2010年5月から2011年9月までの間に大王製紙の元会長の井川意高氏に対して、大王製紙の子会社7社が計106億8000万円の融資を行った。この融資は無担保で行われ、しかも、各子会社の取締役会に対して事前に融資が諮られることはなかった。報告書が作成された時点で、貸付金のうち返済されたのは47億5000万円であり、残りの59億3000万円が未返済であるという。井高氏は11月22日に会社法違反（特別背任）で逮捕されたが、捜査関係者に対して借り入れた資金をマカオやシンガポールでの遊興費に充てたと供述しているという[6]。井川家は資産管理会社などを通じて、大王製紙だけでなくその子会社に対しても大株主として影響力を持っていた[7]。今回の事件の背景には、このようなコーポレート・ガバナンス上の特徴があった可能性もある。

　もう1つの不祥事はオリンパスである。11月8日、オリンパスは不透明性を指摘されている過去の企業買収で支払った多額の報酬や買収資金が、保有する有価証券の含み損を解消するために使われていたと発表した。損失の先送りは1990年代から続いており、2006年から2010年にかけて、イギリスの医療機器メーカー、ジャイラスの買収に際し、フィナンシャル・アドバイザーに報酬や優先株の買い戻し資金約690億円、さらに国内3社の買収資金として約730億円を支払ったが、これらがオリンパス社の損失の穴埋めに使われたとされている[8]。この問題に関連してオリンパスでは社長が短

---

[5] 大王製紙株式会社元会長への貸付金問題に関する特別調査委員会「調査報告書」
　http://www.daio-paper.co.jp/news/2011/pdf/n231020a.pdf（2011年11月27日アクセス）
[6] 日本経済新聞 2011年11月23日付 35面。
[7] 日本経済新聞 2011年11月23日付9面および日経産業新聞 2011年10月31日付22面。
[8] 日経産業新聞 2011年10月27日付24面、同新聞 2011年11月9日付20面、日本経

期間に交代するといった混乱がみられた。

　先述したように，株主が資金を会社に出資することによって株式会社が設立されるが，会社の運営は株主本人ではなく，経営者に委任されることも多い。このことから，株主と経営者の間にはエージェンシー問題が生じている。もっとも，株主と経営者は厳密に区別できるわけではない。大王製紙のケースでは経営者である井高氏（と井高家）が支配株主であった。よって大王製紙では支配株主と少数株主の間にエージェンシー問題が生じていた，と言えるであろう。つまり，支配株主や経営者は会社の資産を非効率的な用途に用いて（少数）株主に損害を与える可能性がある。そこで（少数）株主の利益を守るために，経営者を監視するための仕組みが様々に考案されている。大王製紙やオリンパスはその機能を十分に果たせていなかった可能性がある。

　本章の第2章と第4章で詳しく述べることになるが，第二次世界大戦後の日本の株式会社では，取締役会による代表取締役の監督に加えて，監査役による監督も行ってきた。しかしながら，取締役会のメンバーや監査役の選任の過程で代表取締役の意思が強く反映されているという指摘がある［奥村1998；藤村2000］。日本は内部昇進型の取締役が多く，取締役は代表取締役の後輩・部下に相当する場合が多いことがこの理由である。また，日本では金融機関が企業のモニタリングに重要な役割を果たしていると言われてきたが，金融機関自体のコーポレート・ガバナンスそれ自体が適切に機能しているのか，という問題もある。さらに言えば，金融機関を監督する監督官庁それ自体に対して，ガバナンスが機能しているのか，という問題もあり，いわゆる無限後退問題となってしまう。加えて，経営者を厳しくチェックする仕組みは，時として経営の効率性を損なう可能性があることにも注意が必要であろう。

　さらに，本章の第7章で扱うことになるが，2005年から2006年にかけて，敵対的買収や買収防衛策の話題がテレビ，新聞等で頻繁に取り上げられることになった。敵対的買収とは買収先の企業の経営陣の同意を得ていない企業

　済新聞11月10日付39面。

買収のことである。日本は企業を売買の対象ではなく，共同体として捉える傾向が強い。2006年に王子製紙が北越製紙に対し，敵対的買収を行った際，北越製紙労働組合は，「地域に根ざした独立メーカーとして歩んできた北越製紙と組合員の誇りを踏みにじる」「組合員の生活と利益に多大な悪影響を及ぼす可能性があり，とうてい受け入れられない」という反対声明を出した。この他，北越製紙の地盤である新潟県の関係者である，泉田裕彦新潟県知事，篠田昭新潟市長，森民夫長岡市長，上原明新潟商工会議所会頭（いずれも当時）らも反対声明を出している［高橋2007］。

このように株式会社は私たちが生活を営む上で欠かせない存在となっている。株式会社が経済上果たす役割と近年の変化について分析したのが本書である。以下に本書の構成と位置づけを示す。

第1章では株式会社の経済社会上の位置づけについて述べる。すなわち会社は国家の法律や，私人の契約によって構成される一方で，経済社会に大きなインパクトを与える。この双方向の作用について整理する。

そして第2章では，日本，アメリカ，ドイツのコーポレート・ガバナンスの仕組みと，近年の変化について紹介する。第1章と第2章によってコーポレート・ガバナンスが経済において果たす役割が明らかになる。

続く第3章では，日本とアメリカの雇用調整速度の比較を行う。労働者の多くは企業に雇用されているので，雇用調整はコーポレート・ガバナンスの影響を受けると思われる。第1章と第2章で論じた日本とアメリカのガバナンスの違いが，雇用調整速度へどのように反映されるかを明らかにする。

第4章では1990年代以降の日本のコーポレート・ガバナンスの変化について，第2章よりもさらに詳しく述べる。ここでは外国人株主の台頭や企業法制の変化などについて述べ，第5章以降の企業の財務データを用いた分析へと論をつなげる。特に1990年代後半に，日本のコーポレート・ガバナンスに重要な変化が数多く生じている。特に第5章と第6章はこの点を踏まえて分析を行っている。

第5章は近年の日本企業のガバナンス構造と雇用調整速度の関係について分析を行う。この章では，1980年代半ばから2000年代にかけての雇用調整速度とガバナンス構造との関わりを，雇用調整のトレンドに応じて4つの時

期に分割した上で分析している。

　第6章では，同じ時期の日本企業のガバナンス構造と配当率の関係について分析している。この章では1990年代後半でデータを分割して分析している。

　さらにごく近年の動向として，日本でも買収防衛策の導入が行われている。第7章では日本企業のガバナンス構造と買収防衛策の関係について分析を行う。買収防衛策の導入という事象の性格上，複数年にまたがる買収防衛策の導入に関しての包括的な分析はこれまで行われてこなかった。そこで本書では，比例ハザード分析の手法を用いることによって，この問題の解決を試みている。

目　次

はじめに　iii

序　章　コーポレート・ガバナンス論の課題　1

第1章　企業と経済編成の結合パターン　11

1　はじめに　11
2　企業組織の生成―法，制度，進化　14
3　コーポレート・ガバナンスとマクロ経済　22
4　コーポレート・ガバナンスのステークホルダー　28
5　理論から実体へ　35

第2章　コーポレート・ガバナンスの国際比較とその変容　37

1　はじめに　37
2　コーポレート・ガバナンスの比較　41
3　コーポレート・ガバナンスと資本主義の変容　53
4　多様な制度的対応　61

第3章　雇用調整の国際比較　63

1　はじめに　63
2　日本の雇用システム　65
3　雇用システムの国際比較　70
4　日米の雇用調整速度　76
5　小括　82

第4章 日本企業の株主構成の変化と「日本モデル」の変容　83

1 はじめに　83
2 日本企業の金融システムの変化　84
3 日本企業の行動様式の変化　94
4 近年の日本のコーポレート・ガバナンスに関する諸議論　101
5 小括　107

第5章 日本企業の株主構成と雇用調整　109

1 はじめに　109
2 企業と雇用調整をめぐる研究　112
3 部分調整モデルを用いた分析　116
4 外国人持株割合と従業員数の変化　123
5 小括　135

第6章 日本企業の株主構成と配当政策　137

1 はじめに　137
2 配当理論と関連した実証研究　139
3 日本企業の配当政策　143
4 株主構成と配当政策の実証分析　145
5 小括　154

第7章 日本企業の株主構成と買収防衛策　157

1 はじめに　157
2 買収防衛策とは何か　159
3 買収防衛策の導入動向　166
4 買収防衛策の導入要因　169
5 買収防衛策と比例ハザード分析　174
6 小括　178

結　章　**総括と展望**　181

あとがき　187
参考文献　191
索　引　211

序　章
コーポレート・ガバナンス論の課題

　コーポレート・ガバナンスは「企業統治」あるいは「会社統治」などと訳されるが，これについて万国共通の定義というものはない。吉村［2007］はコーポレート・ガバナンスの定義に関する議論を3つに分類している。
　第1に，通常「コーポレート・ガバナンス」という言葉が使われる場合，企業や企業経営者による不法行為の問題として議論されることが多い。いわば，コンプライアンス（法令順守）の問題としてのガバナンスである。ここ数十年，世界規模でガバナンスの問題が活発に議論されている。その背景の1つには，アメリカのエンロン社やワールドコム社に代表されるように，先進諸国の大企業における不祥事の発生が挙げられる［大島・矢島 2002；Mills 2003；有森 2003；奥村 2004, 2006］。このような不祥事の再発防止を目的としてガバナンスのあり方が活発に議論されてきた。
　第2に，企業の社会的責任（Corporate Social Responsibility; CSR）の問題と絡めて，ガバナンスが議論される場合がある［ex. 出見世 2004］。社会には数えきれないほどの難問が山積しており，環境問題や労働・貧困問題の元凶は企業という指摘もある［Bakan 2004］。前述の法令遵守の問題も含め，市民社会の健全な発展や安全を目指して，企業がこのような社会問題や環境問題の解決に取り組むべき，という立場からガバナンスの問題が語られる場合もある［谷本 2003, 2006；株主オンブズマン 2002］。
　第3に，企業の競争力に関わる問題として，ガバナンスが議論される場合もある。第1の議論に比較すると積極的な議論であると言える［神田 2006］。

個別企業の収益を左右するのは企業の経営戦略である [ex. 吉森 2005]。さらに言えば，企業の統治スタイルが経営戦略の立案・実行，そして市場での競争力を決定する。日本企業にまつわる定説に従えば，日本企業は「もの言わぬ」安定株主や持ち合い株主の持株割合が大きく，その結果，経営者は長期的な視野を持った経営が可能になった。具体的には，積極的な新規事業展開や，長期的視野に立った研究開発や人材への投資が可能になった。こうした環境下で従業員は，安心して勤務先企業で求められる技能やノウハウの蓄積に勤しんだ。必要な資金は「メインバンク」を中心とする間接金融で調達できた。こうしたガバナンスのスタイルが，日本企業の国際的な競争力維持・向上の背後にあった[1]。

このように，あるべき会社観，あるいはあるべき「コーポレート・ガバナンス」について，唯一の正解はないと言える。また，研究者がガバナンスのあり方を主張するとき，それぞれの研究分野の特性が相当程度，各人の主張の内容を左右する [吉村 2007]。吉森によれば，会社法を専門とする法学者，会計・財務の研究者と，組織・人事労務・戦略・全般経営の研究者それぞれがガバナンスのあり方を主張するとき，前者のグループは株主を，後者のグループは従業員をそれぞれ核と考えがちであるという [吉森 2003]。

このような前提を踏まえた上で，本書では，特に 1990 年代後半以降の日本企業の行動について，主に株主構成の変化を問題の焦点に据えて分析を行う。特に解決すべき問題は 1990 年代後半以降の日本企業のコーポレート・ガバナンスの変化をどのように捉えるかである。例えば厚生労働省はマクロ的な経常利益率，当期純利益率と配当，内部留保，役員賞与の関係を分析している [厚生労働省 2010]。それによると，資本金 10 億円以上の大企業については，高度経済成長期の後は利益率と配当金の関連が希薄化し，低配当の時期

---

[1] 著名な研究として Abegglen and Stalk [1985] がある。また，小野 [1993] は 1990 年代以前の日本企業のガバナンスに対する肯定的・否定的な見方を簡潔に図示している。伊丹・加護野・伊藤編 [1993] はコーポレート・ガバナンスの概念が流行する以前のものであるが，実質的にそれに関わる論文を収録している。また，バブル経済崩壊後には株式持ち合いについての負の側面についての議論が出てきた。その例として水口 [1993] がある。

が続いた。1997年度に当期純利益率がほとんど0％にまで低下したものの，配当金は維持され，その分内部留保が減少した。その後2002年度から利益率は改善の方向に向かうが，それに伴って，配当金も増加し始めた。つまり，利益率と配当金の関連がみられるようになった［厚生労働省 2010，p. 166］。また総務省が実施した「労働力調査」によると1997年から2005年にかけて，正社員は減少する一方で，非正社員は増加した［久本 2010］。このことから1997年前後にかけて何らかの構造変化が生じたものと考えられる。

このような動きの背後には，「株主価値」や短期的なフレキシビリティへの志向の強化という国際的な潮流がある。ただし，それをもって，日本のコーポレート・ガバナンスがアングロ・サクソン型に収斂すると結論付けるのは性急である。実際には，日本企業はその行動原理の「株主価値」への志向を強める一方で，選択的に旧来のシステムを温存させていると考えられる。ヘプナーは「株主価値重視経営」を「株主のファイナンス上の利害に奉仕し，同時に株価の上昇を目指す企業政策」と定義している［風間 2010；Höpner 2003］。

この，「株主価値」について，意味するところは大きく分けて2つあるものと考えられる。1つ目は企業経営者の行動が，株価や資本効率を意識したものになるという意味であり，2つ目は個人株主や投資ファンドなどの「外部」の株主の影響力が強くなるという意味である。

この2つの意味は重なる部分もあるが，時にトレードオフの関係になるときもある。企業の行動原理が株価や資本効率を重視したものであるにもかかわらず，個人株主や機関投資家が経営から排除されたり，損失を被ったりする場合もある。2001年にアメリカで起こったエンロン社破綻の際には，大手公務員年金基金には約10億ドルの損失が生じた［Gourevitch and Shin 2005］。稲上はこれを「『主客転倒した』古典的モデル」と呼んでいる［稲上 2004］。モンクスとサイクスは，このモデルにおいては「主人」である株主の意向に反して「代理人」である経営者が強大な実権を握り，しばしば株主に甚大な損害を与えており，その意味で，株主資本主義の実態は株主を傷つけているといった側面があると指摘している［Monks and Sykes 2002；稲上 2004，p. 7］。

一方，日本については吉村が，2005年に東京，大阪，名古屋の各証券取引所，およびジャスダックに上場している企業，さらに生命保険会社を対象としたアンケート調査の結果を分析している［吉村2007］。そして，2001年から2005年までの間および，今後「重視する指標」について尋ねた結果，「資本効率に関わる指標」「株価（の上昇）・時価総額」「配当性向・配当額」といった指標を今後はより重視していく姿勢が明らかになった。それだけではなく，国内外の機関投資家や個人株主を今後はより重視していく姿勢も明らかになった。このように経営者の意識から見ても，日本企業において「株主価値」への志向が強くなっていることが分かる。

　とはいえ，日本企業の経営者は「収益性にかかわる指標（売上高利益率，売上高営業利益率，売上高経常利益率）」「売上・利益の絶対額」「売上・利益の成長率」といった指標といった従来重視してきた指標を今後とも重視することも明らかになっている。また従業員もこれまで以上に重視する姿勢を明らかにしている。このような点には留意する必要がある［吉村2007］。

　本書の構成を紹介する。第1章では，株式会社を成り立たせる法制度や関連する経済理論を紹介する。さらに，コーポレート・ガバナンスが経済に果たす役割について，比較資本主義の理論を使って説明する。主に紹介するのは資本主義の多様性（VoC）論とレギュラシオン学派の理論である。加えて，ゴルビッチ・シンの理論に依拠しつつ，コーポレート・ガバナンスの主要なプレイヤーである株主，経営者，労働者の関係について述べる。ゴルビッチ・シンは，株主，経営者，労働者の3つの階級の同盟と闘争によって，コーポレート・ガバナンスの性質を説明している［Gourevitch and Shinn 2005］。そして日本はコーポラティズム・モデルから透明性モデルもしくは経営者モデルへと移行しつつある，という仮説を立てる。

　次いで第2章ではコーポレート・ガバナンスの国際比較をより詳細に行う。主として取り上げる国は，日本，アメリカ，ドイツであり，金融構造および経営者，労働者のガバナンスへの関与の観点から，基本的な企業統治構造と，その変遷について述べる。これらの視点は第1章で紹介したゴルビッチ・シンの研究から引き継いだものである。また，これらの国で，20世紀末に生じた変化についても概観する。これらの変化については，資本主義の

多様性（VoC）論，レギュラシオン学派といった比較資本主義分析の議論をもとに考察する。

　第3章では，日本とアメリカの雇用調整速度の比較を行う。この章では，1960年から2009年までのデータを対象に分析を行っている。この章の分析には「部分調整モデル」を用いている。分析の結果，アメリカは日本よりも雇用調整速度が速いものの，オイル・ショックの時期には雇用調整速度がかなり低下したことが分かった。しかし，1980年代後半以降，アメリカの雇用調整速度は上昇していた。この分析では日米ともに就業者数を分析に利用しているが，日本に関しては雇用者数についても分析している。雇用関係にある就業者とそれ以外の就業者との間では雇用調整速度に違いが生じる可能性があるからである[2]。分析の結果，日本については雇用者数を分析に利用した時の方が，雇用調整速度は遅くなることが分かった。これは日本では雇用者に対する解雇規制が難しく，人員ベースの雇用調整が困難であることを示唆している。

　次いで第4章では日本企業を取り巻く1990年代以降の環境変化について述べる。この期間の特徴の1つとして，株主構成の変化が挙げられる。具体的には外国人持株割合の上昇である。外国人持株割合は1990年代初頭以降からほぼ一貫して上昇を続け，近年では20％半ばまで達している。この理由の1つとして考えられるのがアメリカやヨーロッパの年金基金などの機関投資家の国際的な資産運用の展開である。また，金融機関内部において都市銀行・地方銀行や生命保険会社の比重が低下し，信託銀行の存在感が大きくなっていることも重要な点である。このことは日本国内においても新しいタイプの機関投資家が台頭してきたことを示唆している。外国人株主の細かい内訳に関する統計資料は乏しいことから，これらの外国人株主をはじめとする機関投資家の性格を一括りにすることは本来避けるべきである。しかし，あえて述べると，これらの機関投資家は日本の都市銀行・地方銀行や事業法人よりも，短期的な株価の上昇や配当に対する選好が強いと考えられる。

---

[2] 総務省「労働力調査」においては就業者数は自営業主数，家族従業者数，雇用者数の合計である。http://www.stat.go.jp/data/roudou/longtime/03roudou.htm の表4（1）参照。（2011年11月24日アクセス）

このような金融構造の変化によって日本企業は、「株主価値」への志向を強めると考えられる。しかしながら、こうした志向の変化が旧来の日本のガバナンスの性格を根本的に変革するかどうかは慎重な判断が必要であろう。むしろ、日本モデルの枠内でグローバル化に対応していると考えた方がよいのかもしれない。

その一方で、近年「ハイブリッド型Jモデル」の議論が登場している。従来の日本企業は関係志向的な金融・所有構造および組織的アーキテクチャの結合によって特徴づけられてきた。しかしながら、近年になって、市場志向的な金融・所有構造と関係志向的な組織的アーキテクチャの結合および、関係志向的な金融・所有構造と市場志向的な組織的アーキテクチャの結合の2つの新しいパターンが出現している、とされる。そしてこの議論は企業のパフォーマンスや属する産業によってガバナンスのあり方が分岐している、と指摘している。このことは、日本企業のコーポレート・ガバナンスに多様性が存在していることを示唆している。コーポレート・ガバナンスの要素の1つが株主構成である。そこで、株主構成が日本企業の行動にどのような影響を与えているのかを第5章以下で分析する。分析対象は、雇用、配当、買収防衛策の導入である。特に着目する株主は外国人と金融機関である。

第5章では、日本企業の雇用調整と株主構成の関係について論じる。日本の雇用システムの特徴の1つとして長期安定雇用が挙げられる。かつては、メインバンク・システムや株式相互持ち合いといった金融システムと制度的補完性があるとされていた。その一方、バブル崩壊後の不良債権処理の中でメインバンクの地位は低下し、株式持ち合い比率も低下したと言われている。特に1997年以降、ほぼ一貫して日本の上場企業の外国人持株割合は増加する一方で、従業員数は減少してきた。先述したように、一般論として述べることは難しいものの、外国人株主は日本の事業法人やメインバンクに比べると、従業員を削減することへの抵抗は少ないと考えられる。

そこで1984年度から2008年度にかけての製造業に属するデータを用いて、雇用調整速度と、株主構成や負債比率といったガバナンス構造の関係について分析を行った。雇用調整のトレンドに合わせて、1984年度から1989年度、1990年度から1995年度、1996年度から2002年度、2003年度から

2008年度と，時期を分割して分析を行った。分析の結果，1995年度まではガバナンス構造と雇用調整速度の間には関連がみられなかったが，1996年度から2002年度にかけての人員削減期には，主として金融機関と事業法人が雇用調整速度を抑制していた。さらに，2003年度から2008年度にかけては，主として金融機関の持株割合が雇用調整速度を上昇させる一方で，負債比率が雇用調整速度を抑制していた。

これに加えて，1997年度から2007年度にかけての日本の上場企業のデータを用いて，外国人持株割合差分を独立変数，従業員数変化率を従属変数とした計量分析を行っている。その結果，全産業ベースでは外国人持株割合差分の係数は正で統計的に有意であったものの，その値は小さく，外国人株主の与える影響は小さいと考えられる。さらに，データを産業ごとに分けて分析を行ったところ，大多数の産業では，外国人持株割合差分の係数は有意とはならなかった。このことから，この時期の日本企業では外国人株主の動向に関わりなく従業員数の減少が生じたと考えられる。

第6章では株主構成と配当率の関係について論じる。この章の関心は外国人の台頭に加えて，金融機関の性格変化にも向けられている。従前の日本のコーポレート・ガバナンス研究は金融機関を安定株主とみなしているものが多かった。しかしながら，第4章で述べたように，1990年代末以降，都市銀行，地方銀行，生命保険会社の比重が低下し，信託銀行が金融機関の内部で大きな比重を占めるようになった。信託銀行は株式の売買の頻度が都銀・地銀，生命保険会社に比べると高く，配当に対する選好も外国人と同じく高いものと考えられる。分析の結果，外国人株主は1984年度から2008年度まで一貫して配当率を高めていたのに対し，金融機関は1990年代後半から配当率を高めていた。これは，信託銀行の持株割合が1990年代後半に，都銀・地銀等を上回ったことを反映しているものと思われる。

第7章では株主構成と買収防衛策の導入の関係について論じる。買収防衛策（ライツプラン）は2005年に日本で初めて導入された新しい仕組みである。株式の相互持ち合いがかつてに比べると衰退した現在，買収防衛策の導入は経営者にとって重要な課題となっている。その一方で防衛策は経営者の保身につながるという意見もあり，いくつかの先行研究では買収防衛策導入に対

する株式市場の反応が，芳しくないことが示されている。

　この章では比例ハザード分析の手法を用い，どのような特徴を持った企業が防衛策を早期に導入しやすいのかを分析した。その結果，事業法人と外国人は防衛策導入を抑制する一方，株主としての金融機関は導入の動きを促進することが分かった。投資先企業の株価の下落を嫌う外国人は買収防衛策の導入に強く反対すると考えられる。事業法人もまた，同じ理由で買収防衛策の導入に反対する可能性もあるが，それと同時に安定株主として期待されるので，投資先企業が防衛策を導入するインセンティブは乏しい。その一方で，金融機関は外国人ほどには防衛策導入に反対しない一方で，事業法人ほどには安定株主として期待されていないために，このような結果が得られたものと解釈している。もっとも外国人株主の効果については，疑いの余地が残る。

　これらの分析の結果をまとめると，以下のようになる。

　先述したように，個別企業レベルでは外国人株主は従業員数には影響を与えていないものの，配当率と防衛策の導入には影響を与えていることが分かった。考えられる理由として，日本企業の経営者は長期安定雇用をいまだ競争力の源泉とみなしているので，株主構成の変化に応じて雇用を削減しない，というものが挙げられる。その一方で，外国人株主に配当率を上昇させ，なおかつ防衛策の導入を遅らせていた。このことから，外国人株主は日本企業に対して一様に影響を与えているわけではなく，外国人株主の影響の大きな部分とそうではない部分が併存していると言える。

　また，金融機関については信託銀行の台頭による性格の変化の有無が課題となっている。雇用調整に関して言えば，1996年度から2002年度にかけては，雇用調整速度を抑制していたものの，2003年度から2008年度にかけては，雇用調整速度を上昇させていた。このことから，金融機関の性格は市場志向的なものへと変化したと考えられる。また，配当については1990年代以降，金融機関は配当率を上昇させていたことは分かった。その一方で，買収防衛策については，金融機関は買収防衛策導入を抑制しており，外国人株主とは逆の結果が得られた。すなわち，金融機関は雇用調整については一定の役割を果たす一方，配当率との関係で言えば，外国人株主の性格に近づき，逆に買収防衛策では外国人株主と逆の役割を果たしていることが分かっ

た。

　さらに，日本企業の雇用調整，および配当政策の観点から述べると，1997年前後に大きな変化があったものと考えられる。これはShishido [2007] や磯谷 [2011] といった先行研究と整合的である。さらに，雇用調整速度に関しては，金融機関の性格の変化は2003年前後にも生じている。このことから，雇用調整において構造変化が発生する際にはタイムラグが生じていたと考えられる。これまでの日本のコーポレート・ガバナンス研究は金融機関を安定株主として扱ってきたが，今後は外国人株主に代表されるような機関投資家として扱う必要があるかもしれない。もっとも，第7章の分析で明らかになったように，買収防衛策との関係では金融機関は外国人株主と逆の役割を果たしていたことには留意する必要がある。

第1章
企業と経済編成の結合パターン

1　はじめに

　コーポレート・ガバナンスの議論は，かつてはShleifer and Vishny [1997]のように，資金提供者の立場からアプローチするものが主流であった［花崎2008, p. 53］。一方，Hanazaki and Horiuchi [2000, 2004]，堀内・花崎 [2000, 2004] はコーポレート・ガバナンスを企業経営の効率性を高めるための外部からの規律付けのメカニズムとして広義に捉えている。さらに，近年では，コーポレート・ガバナンスは，経営者や資金提供者だけでなく，労働者や取引先，消費者，あるいは社会全体なども含めて広い意味で理解されており，企業の重要な意思決定にそれらのステークホルダーが影響を与えていると考えられている [Tirole 2001; Aoki 1994, 2001; Blair 1995; Hellwig 2000]。しかしながらこのようなステークホルダーが企業の意思決定にどれほど影響を与えるのかは国によって異なるので注意が必要である。

　加護野らによると，会社に対しては大きく分けて2つの考え方がある。1つは会社用具観である［加護野他 2010］。この考え方は，会社を誰かの所有物あるいは手段として捉えるものであり，その中でも支配的な考え方が，株主用具観である。会社は株主の所有物，あるいは株主の利益追求の手段である。よって「よい経営」とは株主価値の最大化であり，コーポレート・ガバナンスの主眼は経営者を株主の利益に沿った行動をとらせるよう，監視，監

表 1-1　会社観の多様性

基本的な会社観		会社は誰のものか	会社の目的
会社用具観	〈一元的用具観〉株主用具観	株主のもの	利益の最大化：株主価値の最大化
	〈一元的用具観〉従業員用具観	従業員のもの	従業員所得の最大化
	〈一元的用具観〉経営者用具観	経営者のもの	企業成長：規模の最大化 自由裁量利益の最大化 経営者所得の最大化
	多元的用具観	労使共同のもの	共同利益の最大化：付加価値の生産の分配
		多様な利害関係者のもの	交渉による目的の形成
会社制度観		会社は公器：誰のものでもない	会社の存続と成長

出典：加護野他［2010, p. 18］を筆者修正。

督することである。これは法学，経済学の主流となっている考え方でもある。もう1つの考え方は会社制度観であり，会社がそれ自体としての存在意義を持つ社会制度であるとみなす考え方である。ここでは，会社はいずれかの利害関係者の所有物や用具であるとは考えない。代わりに「会社は誰のものでもない」という立場に立つ[1]。

　本章の議論を先取りする形になるが，アメリカやイギリスでは株主用具観が，ドイツや日本では多元的用具観や会社制度観が支配的といえる。多元的用具観とは，企業は株主だけでなく，従業員や取引先，債権者といった，広い意味でのステークホルダーの利益のためにあるという考え方である。もっとも，日本とドイツではコーポレート・ガバナンスのあり方は大いに異なっており，両者には厳密な区別が必要である。

　また，コーポレート・ガバナンスの研究がステークホルダーにも視点を広

---

1) 似たような考え方として法人名目説と法人実在説というものがある。前者は法人というのは人間の集まりに対して与えられた単なる名前に過ぎないという考え方である。後者は法人とは便宜上与えられた単なる名前ではなく，それ自体，社会的な実体であるという主張である［岩井 2009］。法人名目説は会社用具観に相当し，法人実在説は会社制度観に相当する。

げていく一方で，グローバリゼーションの進行は，国境を越えて動く資本にとって有利に作用し，その結果各国の法制度や企業組織は，国際資本の選好に従う形に変化するという指摘もある。コーポレート・ガバナンスの議論の出発点が，資金提供者と企業経営者の間のエージェンシー問題であることを考えると，コーポレート・ガバナンスが各国経済に与える影響について考察することは重要なことであると考えられる。

　本章の構成は以下の通りである。まず2では，新制度派経済学を中心とした契約論アプローチと能力論アプローチといった企業に関する経済理論を紹介する。次いで，実際に会社制度を形作っている企業法について述べる。企業法は，強制力を伴うハードローと，必ずしも強制力を伴わないソフトローで構成されている。また，企業法の起源については，新制度派経済学の理論および，ミクロ・マクロ・ループの考え方を紹介する。そして最後に，企業法とその経済的帰結について述べる。その中で取り上げるのは会社法について定款自治の範囲が大きい英米型と，強行法規の範囲が大きい大陸型の間ではコーポレート・ガバナンスの特徴に大きな違いが生じるという法起源論である。しかしながら，この理論については多くの反論も寄せられている。次いで3では資本主義の多様性（VoC）論とレギュラシオン学派の理論を用いて，それぞれの国のコーポレート・ガバナンスの特徴を紹介する。VoCでは調整された市場経済（Coordinated Market Economies; CMEs）と自由な市場経済（Liberal Market Economies; LMEs）の二分法で先進資本主義国を分類している。また，レギュラシオン学派についてはボワイエとアマーブルの理論を紹介し，より細かい分類を示す。4ではコーポレート・ガバナンスの主要なプレイヤーである株主，経営者，労働者の関係について述べる。ゴルビッチ・シンはこの3者の同盟と闘争の結果に応じて，コーポレート・ガバナンスの帰結が異なる，としている［Gourevitch and Shinn 2005］。5では本章の内容がこの後の議論にどのように関わるかを示す。

2　企業組織の生成—法，制度，進化

2.1　企業に関する経済理論

　最初に企業はなぜ生じるのか，その経済的意義は何か，という点について考えていきたい。この点について磯谷は契約論アプローチと能力論アプローチの2つの点から整理を行っている［磯谷 2004］。

　まず，契約論アプローチはエージェンシー理論と取引費用理論の2つを挙げることができるが，いずれもコースの理論を出発点としている［Coase 1937］。コースは「市場経済において何故企業が発生するのか？」という問いに対して「価格メカニズムを用いるコスト」が存在するから，と回答している。コースは，企業家の指揮命令や調整によってこれらのコストを節約できると考えていた。

　最初に取引費用理論について述べる。ウィリアムソンは取引費用の存在が組織と市場の選択に大きく関わっているとしている［Williamson 1975, 1985, 1996］。すなわち，市場における取引費用が大きいとき，市場取引は組織の内部に取り込まれた方が効率的である。しかし，企業規模が大きくなるにつれて，管理監督のためのコストが大きくなる。ウィリアムソンによると，主要な資本主義の制度は市場とヒエラルキー（会社，企業）である。加えて，この2つの他に，下請け，提携，様々な関係的契約といった「混合形態」があるという。

　次に，エージェンシー理論について述べる。エージェンシー関係は，プリンシパル（依頼人）が自己の目的を達成するための意思決定や行為をエージェント（代理人）に委託するときに生じる。情報の不完全性や非対称性が支配する状況下で，依頼人の目的に沿うような行動を代理人に取らせるためには，監視のための仕組みが必要となる[2]。それが不適切な場合は，インセ

---

2) グロスマン・ハートは，将来のすべての事象を完全に契約書に記述することは不可能であると主張し，不完全契約の問題を指摘した［Grossman and Hart 1980a, 1981, 1986］。彼らは，とりわけ交渉や強制の費用といった契約作成費用，すなわちエージェンシー

ンティブ・メカニズムを含む契約の締結が必要となる。このようなエージェンシー関係は株主と経営者，経営者と従業員，アセンブラーとサプライヤーなどの関係に広くあてはまる。このことからジェンセン・メクリングは，エージェンシー理論における企業とは，諸種のインセンティブ契約の「束」であるとした［Jensen and Meckling 1976］。

　磯谷はこの契約論アプローチの課題について3点挙げている。第1に，想定されているプレイヤーが同一世界のモデルを共有するかのように想定されているので，情報を知識へ変換する際には特定の認知的枠組みを通じた解釈が必要である。また，同一の情報集合の下で異なる解釈が生じることについては，このアプローチでは扱うことはできない。第2に，企業を市場の付属物，取引，交換の場としてのみ捉えており，「技術変換体」としての要素を捉えていない。第3に，このアプローチの分析の焦点は，投入・産出構造，生産技術が所与であるという仮定の下で，最適な契約構造，モニタリングの水準を発見することに当てられる。この場合の企業は，反応体であって活動体ではなく，技術革新と動学的変化の問題は無視されている。次に述べる能力論アプローチは，こうした契約論アプローチの限界への不満から生じている。

　能力論アプローチでは企業の学習能力と製品開発能力によって企業間に存在する差異と進化能力を説明する。ペンローズによると，技術，技能，管理その他における能力は企業内部に蓄積され，価値創造の源となるとともに，それぞれの企業に独自のアイデンティティを生み出すとされる。これに企業が所持する有形資産を加えて，経営資源の集合体として企業を捉えるべきであると強調した［Penrose 1959］。またネルソン・ウインターはペンローズが認識していた「知識の貯蔵庫」としての企業の概念をさらに発達させた［Nelson and Winter 1982］。

　能力論アプローチの貢献はルーティンや学習に関する理論を発達させたところにある。ルーティンとは，企業の日常的に繰り返される予測可能な行動パターンを指す。企業を構成する諸個人は，こうしたルーティンに従って行

　問題は存在しなくても現れる費用があることを強調した。

動し，選択し，決定を行う。ルーティンは学習によって形成される。

　企業という文脈における学習とルーティンについて，ドシは以下の5つの特徴を挙げている [Dosi 1994]。第1に，学習は累積的である。第2に，学習のプロセスは社会的・集団的なものであり，学習は個人の模倣や競い合いを通してのみ行われるのではない。第3に，学習によって生み出された知識は，組織ルーティンの中に含まれる。ルーティンに埋め込まれた知識は，容易に表現できない暗黙的な次元を持つ。第4に，ルーティンには静学的なものと動学的なものがあり，前者は過去に遂行された業務を複製する能力が体化されたものであり，後者は新たな学習へと向かわせるものである。第5に，ルーティンには暗黙的な次元が含まれるので，模倣が困難である。このことからルーティンは企業特殊的資産の一因となり，このことが企業の差異と競争力の格差を生むのである。

　能力論アプローチのもう1つの貢献は，企業進化は「経路依存性（path dependency）」を持つことを強調した点にある。ある時点で企業がどのような能力を持っているかは，当該企業のそれまでの能力の蓄積過程に制約されている。経路依存性とは，漸近的な進化経路のみを意味するだけでなく，進化経路の分岐があることも含意している。

　進化経路の分岐にとって決定的であるのは「イノベーション」である。ネルソン・ウインターはイノベーションを本来的に予測不可能な突然変異であるとした [Nelson and Winter 1982]。この点についてはドシをはじめとして，企業組織内に存在する補完的資産（complementary assets）に着目した説明が行われている [Dosi 1994; Dosi, Teece and Winter 1990]。すなわち，企業は自己の主要資産であるコア・コンピタンスに基づいて事業を進める中で補完的資産を発展させ，後にこの補完的資産が主要資産に取って代わるとき，企業の進化経路に分岐が生じる。そして補完的資産の主要資産への転換をもたらすのは「テクノロジー機会（technology opportunity）」の出現にある，というのである。この議論には，一方での企業の製品ラインの多様化や，他方での事業転換といった内生的な企業進化を説明する1つの方向性を示唆している。しかしながら，テクノロジー機会の出現はどのようにして起こるのかという点についての説明は依然として不十分である，と磯谷は述べている。

表 1-2　契約論アプローチと能力論アプローチ：要約

	契約論アプローチ		能力論アプローチ
	契約の「束」理論	取引費用（不完備契約）の理論	
行動仮説	最大化 モラル・ハザード	限定合理性 機会主義	創造性，ルール，フォローイング，学習。機会主義は必然ではない
主たる経済主体	経営者	経営者	企業家，企業組織
説明を行う上での中心的特徴	財・サービスの質	取引特殊的な資産	能力の知識特性，能力の稠密度（impactedness）
中心となる費用カテゴリー	生産性の測定に要する費用	契約上の取引費用	情報と生産コスト
相互活動の構造（市場の失敗の原因）	囚人のジレンマ（インセンティブ）	交渉ゲーム（インセンティブ）	協調ゲーム（「発言」の失敗）
中心となる説明対象	投入，産出，生産技術が所与の下での企業の存在と境界	産出と生産技術が所与の下での企業の存在と境界	投入，産出，生産技術が変化する下での企業の存在と境界。競争優位の源泉。

出典：磯谷［2004, p. 191］。原典は Foss［1993, p. 141］。

能力論アプローチは，学習，イノベーション，プロセス，持続的な競争優位の追求といった論点を中心に置くことによって，より活動的な組織体としての企業を活写しようとする。このことによって契約論アプローチからの企業の理論とは異なり，より企業を動態的に捉えることに成功している。

その一方で磯谷は能力論アプローチについても 3 点の課題を挙げている。第 1 に，ルーティンや学習に関する説明がきわめて認知論に偏っており，実証性に乏しい。第 2 に，労使関係をはじめとして，企業組織内および企業組織間の権力関係についての考察がない。第 3 に，企業進化の議論はテクノロジー中心主義に陥っており，この点についても実証性に乏しい［磯谷 2004, pp. 90-101］。

2.2　企業法とその起源

現実の会社制度を形作り，企業に関係するアクターの諸関係について規定

しているものは，法である。もっとも法はハードローとソフトローに分かれる。すなわち，会社のあり方は必ずしもその国の会社法や証券取引法などの国の法律によって厳密に規定されているわけではない。コーポレート・ガバナンスが上場企業を対象とした議論である以上，上場先の証券取引所が独自に設定する上場規則も重要である。また，そのような上場規則とも関係なく，日本企業における「執行役員」のように，企業が独自の判断で採用するシステムもある[3]。東京大学グローバル COE によると，ソフトローとは，「国家が形成するルールではなかったり，最終的に国家によるエンフォースメントが保証されていなかったりするにもかかわらず，現実の経済社会において国や企業が何らかの拘束感を持ちながら従っている諸規範」であるとされている[4]。また，ハードローは成文法と，慣習法（ないし判例法）に分かれる。

まず，ハードローとソフトローについて，藤田の研究 [藤田 2010] に即して定義しよう。株式会社の中でも特に証券取引所に株式を上場している上場会社は以下の5つのルールによって規制される [Gersen and Posner 2008]。①会社法，金融証券取引法をはじめとする成文法（ハードロー），②裁判所による命令，判決，判例（ハードロー），③政府機関による処分，命令（ハードロー），指導，助言，勧告（ソフトロー），④証券取引所上場規制，自主規制など（ソフトロー），⑤市場の規律（市場の圧力，私的な制裁や非難，商慣習など）である。

ハードローの最大の長所は，強制力が強いことにある。すなわち，ハードローはその強制力が国などの権力によって担保されている。また，特に成文法は，ソフトローと比較して明示性と予見性が高く，その結果グローバル化する資本市場においては外国人も理解しやすい。一方で，ハードローの短所は，国会の審議と承認や裁判などを必要とするため，機動性と柔軟性に乏し

---

3) 日本の取締役会は従来から，人数が多すぎるという指摘がなされていた。執行役員制は業務執行を主として担当していた取締役を執行役員とする代わりに，取締役のメンバーからは除外し，スリム化した取締役会は重要な意思決定や監督に専念することを目的としている。

4) 東京大学グローバル COE「国家と市場の相互関係におけるソフトロー ── ビジネスローの戦略的研究教育拠点形成」http://www.gcoe.j.u-tokyo.ac.jp/outline/index.html （2011年11月15日アクセス）

い場合がある［藤田 2010, pp. 19-20］。

　ここで問題となるのは，ハードローにせよ，ソフトローにせよ，このような法の起源は何かという問題である。また，会社制度を形作る法は本来，民法や契約法のみで十分であり，会社法などの特別な枠組みは必要ない，という考え方は正しいのか否かという問題もある。

　まず，企業を取り巻く法の起源は何かという問題に関して答える必要がある。このような法を，ハードロー，ソフトロー合わせて，さしあたり企業法と呼ぶことにする。成文法であれば，議会で制定されることになるが，議会の背後にあるのは政治制度や憲法である。さらにこれ以上，企業法の起源を求めていくと，後述するように「無限後退問題」が発生してしまう。

　同じことは新制度派経済学の創始者の1人であるノースやオストロムも述べている。ノースは経済ゲームのフォーマル・ルールは政治市場で決定される，と論じた［North 1990; 1995; 2005］。経済ゲームが累積的にプレイされることによって，価格変化によって表現される環境（例えば技術）が変化する。そして経済ゲームの新しいルールへの需要が生み出され，それに応じて，政治エリートが経済ゲームの新しいルールを創造する，という。しかし，政治的領域におけるルール形成メカニズムに関するルールはどうなるのかという問題が残る。また，オストロムはゲームの「オペレーション」の状況は「集合的選択」の状況に埋め込まれ，集合的選択の状況は「立憲ルール」の状況に埋め込まれ，さらに立憲ルールの状況は「メタ立憲ルール」の状況に埋め込まれる，という入れ子構造を考えている［Ostrom 2005, pp. 58-64］。しかし，このアプローチでもやはり無限後退のジレンマに陥ってしまう。つまり，ルール形成はそのためのルール形成を必要とし，さらにそのためのルール形成が必要になる，と続いていく無限後退である。

　この問題についての解決策の1つと考えられるのが，「ミクロ・マクロ・ループ」の考え方である。磯谷によると，制度フィールドにおいては，制度が個人を規定する一方で，個人もまた制度を規定している。個人と制度の間にはポジティブ・フィードバックとしての「累積的因果連関」が存在していると考える。この累積的因果連関には2つの構図が存在する。1つは，ヴェブレンが提起した個人と制度の間での累積的因果関係の構図であり，もう1

つは，集計量レベルでの経済諸変数間に生じる累積的なフィードバック関係を表す構図である。この制度フィールドは，多様な制度諸形態から構成され，そこでは，制度諸形態間の階層的な重複構造が成立していると想定することができる［磯谷 2004, pp. 31-33］。

この図式は企業法についても当てはまると思われる。すなわち，企業のプレイヤーである株主，経営者，労働者，債権者，取引先といった企業のステークホルダーは企業法の制約の下で経済活動を行っている。その一方で，これらのメンバーはロビイング活動や労働運動などを通じて企業法の改正を求める。さらに，企業に関わる制度フィールドはマクロ経済に対して影響を与える一方で，マクロ経済の様々な帰結は企業に関わる制度フィールドに作用する。

2.3 企業法と経済的帰結

次に，会社法の設計デザインについて述べる。藤田によると，イギリスやアメリカの会社法は定款自治の余地が大きいとされる［藤田 2010］。すなわち，一定の強行法規規定は存在するものの，関係者の同意が得ることができれば，各々の会社が定める定款によって，自由に機関設計を行うことができる部分が比較的大きい。その一方で，大陸ヨーロッパや日本の会社法では定款自治の余地は比較的小さい[5]。このような違いが，コーポレート・ガバナンスの国ごとの違いを生んでいるという考え方を法起源論と呼ぶ。法起源の差異は現行の法体系を通じて各国のコーポレート・ガバナンスやそのパフォーマンス，具体的には大規模な株式保有から少数株主の権利を保護することによる金融市場の発達の程度，ひいては広義の経済発展に対して，自生的・永続的な影響を及ぼしている，というものである。この考え方はラ・ポルタ，シュライファーとその共同研究者たちが展開してきた［例えば，La Porta et al. 1998, 1999, 2008］。

---

5) 第 2 章および第 4 章で詳述するが，日本でも会社法において定款自治の余地が大きくなっている。このような動きについては上村の批判がある［上村 2002；上村・金児 2007］。

例えば，ラ・ポルタらは世界各国の法体系をフランス法，ドイツ法，英米法，スカンジナビア法に分類し，コーポレート・ガバナンスをはじめとする経済上の帰結との関係を分析している [La Porta et al. 2008]。英米法をベンチマークとした計量分析では，フランス法，ドイツ法，スカンジナビア法ではいずれも利益相反行為に対する罰則や情報公開についての規定は緩かった。その一方で，債権者の権利はフランス法とスカンジナビア法の国では弱かったものの，ドイツ法の国とでは，有意な差はみられなかった。また，債務の履行については，フランス法の国では弱かったものの，ドイツ法とスカンジナビア法の国とでは，有意な差はみられなかった。銀行による株式の保有はフランス法の国とドイツ法の国では大きかったものの，スカンジナビア法の国では有意な差はみられなかった。

　その一方で，青木によると，この法起源論には多くの批判が寄せられている，という [Aoki 2010]。例えば，フランクスらは法起源の含意とは違い，イギリスはコモン・ローを背景とするにもかかわらず長い間家族資本主義の典型であり，大陸法の伝統にもよく似ていたと指摘している [Franks et al. 2005]。また，ナイジェリア，スリランカ，エクアドルといった小規模経済とアメリカのような大規模経済を一括りに扱っていいのか，という問題も指摘している。また，日本については商法の改正が行われる前に，株式持ち合い構造の変化が生じており，法制度とコーポレート・ガバナンスの間の因果関係は，必ずしも一様ではない，と指摘している。

　また，アーマーらはエンロン社，ワールドコム社による一連の企業不祥事の後，アメリカ政府がサーベンス・オックスリー（SOX）法を成立させるまで，大陸法の株主保護指標はアメリカよりも高かったことを示した [Armour et al. 2009]。これらの知見から，青木は，法起源は法ルールの進化に対して，いくらかの影響はあるにせよ，現行の法ルールやその経済的帰結を決定する唯一の変数ではなく，さらには重要な変数ですらない，としている [Aoki 2010 邦訳書，pp. 92-94]。

　企業法の国際比較にあたっては民法のような一般法に重きを置くのか，それとも会社法のような特別法に重きを置くのかという問題も重要である。この点についてはゴルビッチ・シンが以下のようにまとめている [Gourevitch and Shinn 2005 邦訳版，pp. 52-56]。すなわち，一方では民法や不法行為法があれば，経営者や大株主が少数株主から富を収奪するのを防ぐことができるという意見がある [Becker 1968; Posner 1972; Coffee 1981]。その一方で，民法はコーポレート・ガバナンスにおける不正行為に対して効果的な監督ができるほど，厳密な形で制定されていない，という意見もある。すなわち，不明瞭な基準の下では，少数株主の保護は弱く，処罰も散発的であり，抑止力に乏しい，というものである [La Porta, Lopez-de-Silanes and Shleifer 2008]。

3　コーポレート・ガバナンスとマクロ経済

　ここでは，各国の制度とマクロ経済パフォーマンスの関係について述べてゆきたい。この論点で参考になるのは，資本主義の多様性（VoC）論やレギュラシオン学派の理論である。なお，この節の記述は主として山田 [2008] に依拠している。

3.1　資本主義の多様性（VoC）論

　資本主義の多様性論を創始したホールとソスキスは，CMEs (Coordinated Market Economies) と LMEs (Liberal Market Economies) という枠組みを用いて，資本主義の多様性を類型化している。ホール・ソスキスによると，CME では企業がその活動を他のアクターとコーディネート（調整）したり，そのコア・コンピタンスを構築したりするために，非市場諸関係に大きく依存している。ホール・ソスキスはこの CME の代表例としてドイツを挙げている。ドイツのような CME においては，企業が資金調達する際，公表された財務データやその時点での収益にのみ依存することなく資金が提供される。この種の「忍耐強い資本」の存在によって，企業は経済下降期にも熟練労働者を解雇することなく，長期にのみ収益を生み出すプロジェクトへ投資することが可能になる。
　一方，LME は CME とは異なり，コーディネーション問題を解決する際

に，より深く市場諸関係に依存してその問題を解決する。ホール・ソスキスはLMEの代表例としてアメリカを挙げている。企業活動のそれぞれの主要領域で競争市場が強力であり，非市場的コーディネーション形態への制度的支えは小さい。

　LMEにおいて，企業が現在の利得や株式市場での株価に敏感である原因は，独特の金融制度や経営権市場にある。企業の合併・買収は容易であり，企業の市場評価が低下した場合，敵対的買収の可能性が生じる。大企業が資金を調達する条件は株式市場での企業評価に大きく依存している。投資家はCMEに比べると分散しており，公的に利用できる情報を用いて意思決定を行っている。LMEでは通常，企業の内部情報を投資家に提供する緊密な企業間ネットワークが欠けている。資金調達ではCMEに比べて直接金融による資金調達が大きな役割を果たしているが，間接金融による資金調達の場合も，公的に得られるバランスシートが重視されている［Hall and Soskice 2001］。

　VoC論についての批判については山田の研究に詳しい［山田 2008］。第1に，機能・効率・安定性に偏りがちであり，政治・紛争・権力・危機に鈍感である。第2に，二分法的分類にみられる単純化の問題がある。第3に，静学的・構造主義的な観点に立ち，制度変化・歴史動態に鈍感である。第4に，各国間の相違のみが強調され，国内での各種相違や複合性が無視されている。最後に，VoC論では資本主義を「自由な」と「コーディネートされた」という形容詞で分類している。しかし，市場もまたコーディネーションの一形態なのだから，「コーディネーション」の語に2つの意味を含ませることになり，適切な用法ではないとの指摘もある［Hay 2005; Jackson and Deeg 2006; Pontusson 2005］[6]。

---

6) このような批判を受けて，VoC論ではキッチェルトら［Kitschelt et al. 1999］およびハンケ［Hancké, Rhodes and Thatcher 2007］による修正が行われている。

3.2 レギュラシオン学派

　この項ではレギュラシオン学派に属するボワイエとアマーブルの議論について述べる [Boyer 2004; Amable 2003]。まず，ボワイエとホール・ソスキスとの違いを示す。ボワイエの市場主導型はホール＝ソスキスのLMEとほぼ一致している。しかし，ホール＝ソスキスのCMEは，ボワイエの議論ではメゾ・コーポラティズム型，公共的／欧州統合型，社会民主主義型の3つに分かれている。メゾ・コーポラティズム型の代表例は日本であり，公共的／欧州統合型にはフランス・ドイツ・イタリア・オランダなどが含まれる。社会民主主義型はスカンジナビア諸国を示している。

　日本を特徴づける名称について，かつてボワイエは「ミクロ・コーポラティズム型」と呼んでいた。北欧などの全国レベルのマクロ・コーポラティズムと違って，日本の，特に大企業では個別企業内での労使合意が賃金・労働条件の調整をリードするという認識から，このように呼ばれていた。しかし，大企業は単独で存立・行動するのではなく，系列・業界団体・経営者連合など各種のメゾレベルの組織の中で，他企業との連携を保持しつつ行動している。このことから，「メゾ・コーポラティズム」と呼ばれるようになった。

　「公共的／欧州統合型」とは事実上，ヨーロッパ連合の中心をなす大陸欧州諸国を特徴づけるものである。これは「国家主導型」とも呼ばれ，経済社会の調整における国家の役割が大きい型である。

　「社会民主主義型」はスウェーデンに代表されるように，社会民主主義政権の長期支配のもと，政労使という3つの社会的パートナーの代表が集団的交渉によって，賃金・労働条件はもちろん，マクロ経済政策や福祉政策までも決定していくシステムである。他の資本主義モデルと比較するとき，「労働組合」という「団体（アソシエーション）」の役割が決定的に大きいので，「団体主導型」とも呼びうる [山田 2008, pp. 138-141]。

　次にアマーブルの議論を紹介する。アマーブルはボワイエとともに，「社会的イノベーション・生産システム」(Social Systems of Innovation and Production; SSIP) という概念を提示した [Amable, Barré and Boyer 1997]。これ

表1-3 ボワイエにおける資本主義の多様性

	市場主導型	メゾ・コーポラティズム型	公共的/欧州統合型	社会民主主義型
総体的ロジックと支配原理				
	市場ロジックがほとんどすべての制度諸形態の編成原理	生産に関する多様化と,大規模経済単位内での連帯と可動性の原理	生産・需要・制度的コード化の面での公共の介入が生みだす経済循環	社会・経済の多くの点のルールにかんする社会的パートナー間の交渉
制度諸形態への含意				
賃労働関係	賃金交渉の大幅な分権化,報酬の個別化,労働市場の分断	大企業内での賃金妥協,他方で賃金上昇の同期化	雇用・労働時間・賃金・社会保障の規則にかんする強力な制度化の傾向	中短期的競争力という制約の下で,団体交渉の集権化という伝統
競争	立法による集中の制限,ある寡占競争から他のそれへの再編	大企業は多数の市場に存在し,製品市場における大企業間競争は相対的に熾烈	公共の規制や業界団体の誘導によって緩和された競争,高い資本集中度	大企業の数は少ないが高度に国際化されており,それゆえ競争にさらされている
貨幣・金融	中央銀行の独立性,金融市場のロジック,多数の金融革新,金融による強力な企業支配	資金調達および資本割当における系列およびメインバンクの役割,公的当局による強力な規制	国家が強力に統制する信用および通貨政策,中央銀行の自律性は伝統的に弱い,財務省の決定的役割	主として銀行型の金融,完全雇用や競争力を目的とする通貨政策
国家	一連のエージェンシーや統制機関へと断片化,政治競争での競争によってその拡大は大きく制限される	大企業では提供できない公共サービスやコーディネーションを保証,規模は小だが役割は大	質・量とも公共的介入の強力な発展―国有企業,規制,公共支出,社会保障	財政的移転や制限的規制の拡大に示される多数の公共的介入
国際的編入	自由貿易原則への固執,地位や規模に応じて自律性には大小がある(アメリカとイギリスの違い)	技術的・経済的発展という要請によって条件付けられた貿易上・金融上の選択	対外関係への強力な国家統制という伝統(関税,規格,割当,金融フローの制限)	技術的・組織的イノベーションを通して競争力原理を受容

出典:山田[2008 p. 139] 一部省略。

は国際比較や多様性を考える場合の基軸的な視点を，各国の技術競争力に置くものである。技術競争力のうちには，各国のマクロ・パフォーマンスや制度的特徴が反映されている。山田はボワイエが提示した5つの制度諸形態との対比で，このSSIPの独自性を2点述べている［山田2008］。1つは従来あまり明確な位置づけを与えられなかったイノベーション特性を中核に据えた点，もう1つは賃労働関係（教育・社会保障を含む），貨幣形態，競争形態を中心として，それら補完性のありかたに制度的特性を見出した点である。

　アマーブルはこの「社会的イノベーション・生産システム」論を根本に置き，加えて制度形成に関する政治的要素の重要性を強調しつつ，「五つの資本主義」論を展開している［Amable 2003］。製品市場，労働市場，金融，福祉，教育という5つの制度領域を分析の軸とし，先進資本主義諸国を市場ベース型，アジア型，大陸欧州型，社会民主主義型，地中海型に分類している。

　以下，山田［2008］に従い，それぞれのモデルについて説明を行う。市場ベース型にはアメリカをはじめとするアングロ・サクソン諸国が該当する。製品市場の競争圧力が強く，労働市場も各種規制が撤廃されてフレキシブル化されている。低賃金・短期・不安定雇用が多くなるが，その代わり失業期間は短期であり，再就職は容易である。それに対応して企業金融は証券市場による資金調達が中心であり，忍耐強くはないが迅速な資金供給を行っている。福祉制度は発達しておらず，また，個人が特殊的技能に投資するリスクが大きいので，競争的教育システムを通した一般的技能が中心である。バイオ，情報，航空宇宙などでイノベーション能力が高い。

　アジア型には日本と韓国が該当する。大企業中心の経済社会編成がなされ，日本を例に述べると，系列，企業集団，業界団体，金融機関，そして政府との緊密な協調関係にある大企業が主導している（企業主導型ないしメゾ・コーポラティズム型とも呼ばれうる）。製品市場も労働市場も大企業によってある程度統制されている。金融面はメインバンクによる長期金融が中心であり，企業は長期戦略に基づいた研究開発が可能である。それを反映して大企業は長期雇用慣行を維持することが可能であり，労働者は特殊的技能を身につけるインセンティブをもつ。このような雇用慣行を反映して，国家レベルの社会保障は低水準である。特にエレクトロニクスや自動車・工作機械部門など

表1-4 アマーブルの「五つの資本主義」

現代資本主義のモデル	制度領域				
	製品市場	労働市場	金融	福祉	教育
市場ベース型	規制緩和されていて競争圧力が高い	フレキシブル化（解雇・賃金設定の自由）	株式市場中心，即応性はあるが忍耐強くない資本	リベラル福祉国家モデル，すなわち低福祉	競争的教育システム，一般技能中心
アジア型	大企業を中心にして「統御」された製品市場競争	大企業を中心に統御された労働市場，長期雇用慣行	銀行ベース，メインバンクによる長期金融	社会保障は低水準・家族の関与に対する期待	私立の高等教育制度，企業による社内教育
大陸欧州型	競争的ないしゆるやかに規制された製品市場	調整された労働市場，それほどフレキシブル化されていない	金融機関ベース，忍耐強い資本	発達した社会保障，コーポラティズム・モデル	公教育制度，技能教育はそれほど充実していない
社会民主主義型	貿易立国の小国が多く，対外競争圧力は大きい	労働のフレキシビリティはかなり大きい	銀行ベース	きわめて高度な社会保障，普遍主義モデル	高度な公的技能教育
地中海型	強く規制された製品市場	強く規制された労働市場，社会保障の代わりに雇用の確保	銀行ベース	限定された福祉国家	教育制度の弱さ。

注：山田［2008 p. 149］を筆者加筆。

でイノベーション能力が高い。

　大陸欧州型にはドイツ，フランス，オーストリア，オランダなど，ヨーロッパ大陸の中央部分に位置する多くの国が該当する。社会保障は比較的整備されているが，社会民主主義型ほどではない。その代わり，社会民主主義型よりも雇用保障は強い。つまり，労働市場はそれほどフレキシブル化されていない。また技能教育もそれほど充実していない。そしてフランスの航空，軍需産業，ドイツの化学，薬品など，各国ごとには目立つ産業もあるが，モデル全体に共通して特別に競争力のある産業を有しているわけではない。

　社会民主主義型には北欧諸国が該当する。貿易に依存する小国が多く，対

外競争の圧力が強い。このような理由から労働のフレキシビリティを市場的調整にゆだねるのではなく，高度な公的技能教育，積極的労働市場政策，ある程度の雇用保障，高度な社会保障など，制度的な工夫によって実現しようとしているのが特徴である。医療福祉・環境関連や木材関連の産業に比較優位を持つ。

地中海型にはイタリア，スペイン，ポルトガル，ギリシャが該当する。製品市場も労働市場も規制が強く，大陸欧州型に比べて雇用保障は強いが，社会保障は劣っている。高等教育制度が充実しておらず，一般的に低賃金・低技能な産業が主流である。貿易面では繊維・衣料・皮革など，労働集約型産業に特化している。

4　コーポレート・ガバナンスのステークホルダー

次いで，ステークホルダー内部の関係について考察する。ゴルビッチ・シンは株主，経営者，労働者の同盟および抗争という観点からガバナンスの国際比較を行った［Gourevitch and Shinn 2005］。これまで紹介してきた議論では，ガバナンスの主体は株主（もしくは資本市場）かステークホルダー（労働者）といった対立軸でみられがちであった。しかしここでは，株主，経営者，労働者という3つのアクターが明確に規定されている。これらのアクターのうち2つが同盟を組み，残る一方と対立する。表1-5にその組み合わせを示した。

もっとも，ゴルビッチ・シンも認めているように，同じ国の中でも，それぞれのアクターの性格は多様である。例えば，同じ日本の中でさえ，近年では投資信託やバイアウトファンドが多くを占めると考えられる外国人株主が台頭している[7]。また同じ企業経営者であっても，伝統的企業と，新興企業ではその性格は異なり，新興企業の経営者の方がより資本市場の意向に親和的であると考えられる。また，ゴルビッチ・シンは労働者の年金基金の巨大

---

7) 序章で述べたように外国人投資家でさえ実態は多様である。詳細は第4章で述べる。

表 1-5　ゴルビッチとシンによるガバナンス理論

連合の組み合わせ	勝者	政治的連合名
階級対立 オーナー＋経営者 vs. 労働者	オーナー＋経営者	投資家
	労働者	労働者
部門間 オーナーvs. 経営者＋労働者	経営者＋労働者	コーポラティズム
	オーナー	寡頭資本家
所有と発言 オーナー＋労働者 vs. 経営者	オーナー＋労働者	透明性
	経営者	経営者

出典：Gourevitch and Shinn [2005, 邦訳書 p. 80] を筆者加筆修正。

化と株式投資額の増大は労働者の性格を変えうると述べている[8]。退職後の年金が資本市場のパフォーマンスに依存する傾向が強くなれば、労働者も企業に株価の維持ないし上昇を求めていくことになる。

　また、コーポレート・ガバナンスの議論で取り扱われる企業は主として上場企業であり、バーリー・ミーンズが述べたように、所有と経営が分離した企業が分析の中心である [Berle and Means 1932]。所有と経営が分離していない企業、すなわちゴルビッチ・シンの枠組みで言えば、株主と経営者が一体した段階であれば、「会社は株主の所有物」という素朴な概念の妥当性は高い[9]。この段階では問題となるのはオーナー（株主＝経営者）と労働者の間の関係だけである[10]。本書で扱うコーポレート・ガバナンスは証券市場に上場した企業についてのものである。

　次に表 1-5 に挙げた、モデルの説明を行う。株主ないし資本家、経営者、労働者の同盟関係を見るうえでの切り口は 3 つある。

　第 1 の切り口である「階級対立モデル」は労働力しか持たない労働者と資本の所有者を対立させるものである。経営者は資本家と連携する。

---

8) この点については Orléan [1999] および本書の第 2 章も参照のこと。
9) つまり、本書の分析の対象は上場している非金融業に属する株式会社である。しかし、株式会社の持つ意味合いは国によって異なる。たとえば、日本では非公開の中小企業の多くが株式会社形態を採用するのに対し、ドイツの大企業は非公開の有限会社も多い [植竹 1995]。
10) このような企業の課題はむしろ、日本の中小企業にみられるように、間接金融による資金調達である。

部門間の対立という2つ目の切り口では，それぞれのセクターについて，特殊な資産への投資の帰結として，異なる階級間に同盟が成立することを示す。

3つ目の「所有の発言」という切り口の背後には既存の階級の中での価値観の分化がある。労働者の中には，年金や雇用を守るために，むしろ外部の投資家の力を借りて経営者に対抗することが，有効な戦略と考えるものが現れるかもしれない。

以下では，それぞれのモデルについて具体的に紹介する。

4.1　投資家モデル／労働者モデル

まず，階級対立モデルは勝者に応じてさらに2つに分けられる。オーナーと経営者の連合が勝利した場合は投資家モデル，労働者が勝利した場合は労働者モデルと呼ぶ。投資家モデルにおいては，投資家は少数株主への強い保護を求め，よりよい企業統治にプレミアムを払う。大株主は少数株主から収奪を行うのではなく，代わりに外部投資家の高評価を得ることに利益を見出す。そして，少数株主保護を強化する政治家を支持する。株主と経営者の間のエージェンシーコストは小さく，互いの利益は合致している。このような統治システムに対して労働者が異議を唱えても，株主や経営者にとってはそれは克服すべき障害に過ぎない。強力な投資家モデルによる企業統治においては，エージェンシーコストは低下し，少数株主から大株主への利益の移転も少ない。強い少数株主の保護を反映して，上場企業において株式所有が希薄化する。というのも，少数株主の権利が強く保護されているので，株主は特定の企業に資金を集中させる必要がないからである。ゴルビッチ・シンは投資家モデルの例として民主化後の韓国を挙げている。

その一方で，労働者モデルにおいては，労働者の利益を最大化するようなコーポレート・ガバナンスが選択される。彼らが要求するのは雇用の確保，水準が高く安定した賃金，充実した福利厚生，経営に対する発言権などである。これらの要求は時に株主や経営者と対立する。労働者モデルの帰結は，投資家モデルとは逆に弱い少数株主保護であり，さらにそこから生じる株式

保有の集中である．ゴルビッチとシンはこの労働者モデルの代表例としてスウェーデンを挙げている．

4.2　コーポラティズム・モデル／寡頭資本家モデル

2つ目の対立軸は，資本家と労働者といった，階級を超えたものである．このうち，コーポラティズム・モデルでは，経営者と労働者が同盟を結んで雇用，会社の規模，従業員の収入を守り，株主への分配を抑制する．関税保護や補助金維持のために経営者と労働者が共同でロビイングを行うことから，この同盟をセクター間対立同盟と呼ぶこともできる．コーポラティズム妥協の下では労働者，経営者が結束して自らの地位を守る．少数株主保護は弱くなる一方で，労使妥協が成立する．一方で，株主については，大株主は企業の安定性と企業に対する支配から生じる個人的利益を享受するため，このような労使妥協を受け入れる．その一方で少数株主は取り残されることになる．

政治的な側面においては，経営者や労働者はコーポラティズム妥協の安定性を保証する法制度を求めることになる．これは，雇用の保護などの社会民主的な要素が強い．このモデルの企業統治から生じる，少数株主保護や株式所有に関する結論は労働者モデルと変わらないが，その背後にある政治的な意義は異なる[11]．すなわち，労働者モデルは労働者による，株主と経営者に対する勝利であるが，コーポラティズムは1つの階級の他の階級に対する勝利ではない．

以下ではゴルビッチ・シンが提示するコーポラティズム・モデルの例とその特徴を紹介する[Gourevitch and Shinn 2005]．ドイツは株式保有の集中，

---

[11] コーポラティズム国家では，労働者や経営者の企業特殊的資産を守るために，少数株主に対する保護（MSP）は弱い，という仮説が考えられる．ヒックス・ケンウォーシーの指標は経済のコーディネーションの度合いを測る指標で0から1までの値をとる[Kenworthy and Hicks 1998]．この値が1に近づくほど，経済はコーディネートされていると言える．ゴルビッチ・シンはこの指標と，株式の集中度およびMSPとの間の相関係数を計測している．分析の結果，株式の集中度との間の相関係数は正である一方，MSPとの間の相関係数は負であり，予想通りの結果が得られた．

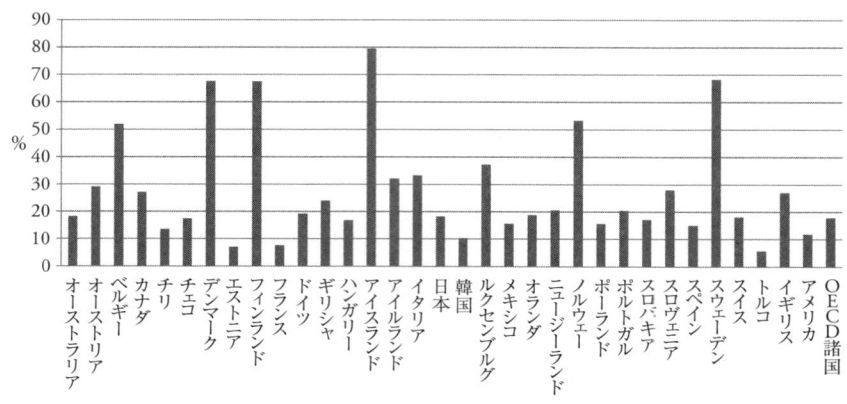

図 1-1 労働組合の組織率の国際比較（2008 年）

注：組織率は労働組合に加入している賃金労働者の数を賃金労働者の総数で除したものである。値は *OECD Labour Force Statics* のものを用いている。

出典：OECD, *Stat Extracts*. http://stats.oecd.org/Index.aspx（2011 年 10 月 17 日アクセス）

高度なコーポラティズム，比較的弱めの少数株主保護で特徴づけられる。日本は分散した株式保有，その一方で金融機関・事業法人による持ち合い，分権的なコーポラティズム，低水準な少数株主保護で特徴づけられる。オランダは分散した株式保有，高度なコーポラティズム，弱い少数株主保護で特徴づけられる。

　図 1-1 に各国の労働組合組織率を示した。これによると，先述した労働者モデルに該当する，スウェーデンやデンマーク，ノルウェー，フィンランドといった北欧諸国の労働組合組織率は高いことが分かる。その一方で，コーポラティズム・モデルに属する日本，ドイツ，オランダの組織率はそれほど高くないことが分かる。労働組合組織率は労働者モデルとコーポラティズム・モデルを区別する重要な要素である。

　一方，寡頭資本家モデルは，経営者・労働者同盟に対する株主の勝利であり，より正確に言えば大株主の勝利である。ここでは直接的なオーナー支配が行われる。これは少数株主にとっては好ましくない結果である。寡頭資本家モデルは標準的な投資家モデルが無視している点を指摘している。すなわち大株主の，少数株主保護や株式所有分布についての考えは一様ではないと

いうことである。大株主が少数株主に配慮しなければ，投資家モデルとは全く別の結果になる。

　このモデルはどこの国でもかつては経験している。労働者はコーポレート・ガバナンスにおける発言権がない。加えて政治的権利が制約されているので，そのような状況を変えることもできない。その一方，支配株主は政治的な権力を手にしている。株式市場やそこで機能するはずの中立的な格付会社等も未発達であり，少数株主保護も低水準である。また，経営者は独自の階級としては存在していないと考えた方がよいかも知れない。

　このような強大な力を持った大株主と政治的な権威主義体制は同時に発生する。政治家は資金を必要とするので，経済力も集中していた方が望ましい。また，資本家は特に工業化の段階においては政治的なバックアップが必要になる。このモデルの時代が終わっても，支配株主は存続する可能性はある。またこのモデルでは強力な政治権力は必要だが，独裁は必ずしも必要ではない。このモデルの例としては，ロシア，中国，シンガポールが挙げられている。

4.3　透明性モデル／経営者モデル

　3番目のパターンは，古典的なエージェンシーコストに関わるものである。経営におけるエージェンシーコストの問題は，バーリー・ミーンズまでさかのぼる［Berle and Means 1932］。

　透明性モデルにおいては，株主と労働者の同盟が，経営者に勝利している。このモデルでは株主と労働者は連携し，エージェンシーコストを抑えようとする。株主の利益は経営者の行動を監視し，株価を上げ，株式の集中保有を行うかわりに分散投資の利益を受けることである。このモデルの発生の背景として，コーポラティズムに対する消費者，納税者，少数株主からの「コーポラティズムは不透明」という批判がある。

　一方で，労働者が株主と同盟を結ぶ理由は2つあり，その背景は異なる。1つ目の理由は雇用保障である。労働者は意思決定により深く参加することによって，雇用を守ろうとする。2つ目の理由は年金である。年金基金の株

式に対する投資の増加は，労働者のインセンティブを変化させている。労働者はガバナンスに関心をもち，年金基金は株主の権利と企業の透明性について関心をもつ。もっとも，これらのことが実際にどの程度生じるかは，年金基金や労働者のインセンティブに依存する。この透明性モデルの例として民主化後のチリ・マレーシアが挙げられている。

　ここで，透明性モデルと先述した投資家モデルの違いについて説明しておく。第1に，投資家モデルは株主の要求が自動的に実現されると仮定している。第2に，投資家モデルは株主間で利害が一致すると仮定している。第3に，投資家モデルは証券市場で重要な役割を果たす格付け会社や会計事務所，投資銀行といったアクターの実際の行動，年金基金やその他の機関投資家それ自体のガバナンスにはあまり関心がない。第4に，透明性モデルを理解するには，人口学的な視座の導入が不可欠である。つまり，先進国を中心に，人口の少子高齢化が進むことによって，年金拠出額に比して年金給付額が大きくなっている。その結果年金も資産運用を安全資産だけでなく，株式を含んだリスク資産への投資を余儀なくされている。このような問題は時間軸が短い投資家モデルでは捉えることができない。

　一方，経営者モデルは，株主・労働者同盟に対する，経営者の勝利である。チャンドラーの見解によると，経営者は当初，大株主と同盟を結んでいたものの，専門的な知識や能力を武器に大株主から独立性を強めていく[Chandler 1962]。一方，コーポラティズム妥協が成立している場合でも，経営者はより強力な支配権と，より高い収入を得るために，労働者との妥協を放棄する可能性がある。国際競争の激化がその動きを促進する。経営者は「国際競争に勝ち抜くため」と主張して，株主や労働者から自立を強める。

　経営者が勝利する理由はいくつかある。例えば，株主と労働者の関心は企業の中での問題だけでなく，社会や政治の問題まで及んでおり，利害が一致しない場合も出てくる。労働者は賃金と雇用に関心があるものの，発言権や年金受給権に対する関心は低い可能性もある。その一方で，経営者は会社のロビイング活動を主導している。これが政治領域における経営者の力の源泉である。経営者は数において勝る労働者に対し，会社が保有する資源を用いて対抗する。経済団体は世界中でロビイング活動を行っているが，その多く

は株主や投資家ではなく，経営者によって組織されている。

経営者の勝利によるガバナンス上の帰結は，弱い少数株主保護と大規模株式保有の減少である。経営者にとって理想的なのは大株主の力を抑制する程度に少数株主が存在する一方で，少数株主の影響力が，株主民主主義が強くなりすぎない程度にとどまることである。経営者モデルに該当する国として，アメリカ・イギリス・フランスが挙げられている。

5　理論から実体へ

第2章ではこれらの議論を踏まえて，日本，アメリカ，ドイツのコーポレート・ガバナンスと近年の変化について，より詳しくみていきたい。コーポレート・ガバナンスの主要なプレイヤーとして挙げた株主，経営者，従業員について，明示的に述べているのはゴルビッチ・シンであり，この枠組みを主として用いる。すなわち，日本，アメリカ，ドイツのコーポレート・ガバナンスについて，金融構造，経営機構，従業員の関与の観点から紹介していくことにする。

第2章以降で日本のコーポレート・ガバナンスとその変容について詳しく述べることになるが，ゴルビッチ・シンの枠組みで述べると，コーポラティズム・モデルから透明性モデルもしくは経営者モデルへと移行している最中であると考えられる。この傍証として，労働組合の組織率の低下が挙げられる。図1-2に日本の労働組合の組織率の推移を示した。高度経済成長期に30％台を維持していた組織率は1970年代末から低下の一途をたどっており，2010年には18.5％となっている。このことは経営者の労働者と協調するインセンティブが弱くなっていることを意味している。これはコーポラティズムの基盤を掘り崩すものである。

その他の根拠としては，株主構成の変化が挙げられる。すなわち，外国人株主の台頭をはじめとして，資本市場の圧力が高まっている。この点については第4章で詳しく取り上げる。この動きは透明性モデルへの移行を促すと考えられる。しかしその一方で，株主構成の変化はすべての企業に一様に生

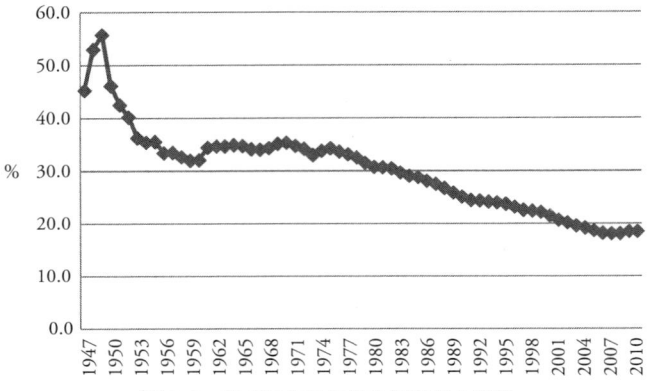

図 1-2 日本における組合組織率の推移

注：推定組織率は，労働組合員数（1952年までは単位労働組合，1953年以降は単一労働組合）を雇用者数（総務省統計局「労働力調査」各年6月分，ただし1947年については7月分）で除して得られた数値である。したがって，1952年以前と1953年以降は厳密な意味では接続しない。

出典：厚生労働省「労働組合基礎調査」

じているわけではない。外国人株主をはじめとする機関投資家が，メインバンクや事業法人に代わるガバナンスの主体としてその地位を確立できない場合，経営者モデルへの移行が行われる可能性がある。

第2章

コーポレート・ガバナンスの国際比較とその変容

1　はじめに

　この章では日本，アメリカ，ドイツについてのコーポレート・ガバナンスを，ゴルビッチ・シンの枠組みにならい，金融構造，経営機構の構造，および労働者の関わりを述べることで概観する [Gourevitch and Shinn 2005]。もっとも，コーポレート・ガバナンスに関する法制度は常に変化しており，近年になってその動きは加速している。そこで，主として第2次世界大戦後に形成された典型的なコーポレート・ガバナンスを紹介することにしたい。

　第2節では，日本，アメリカ，ドイツのコーポレート・ガバナンスについて紹介する。企業統治の差違を規定する最も重要なファクターの1つに金融構造があるが，例えば，個人や機関投資家の持株割合が大きいアメリカと事業法人や銀行の持株割合が大きい日本では，ガバナンスのあり方は異なってくる。アメリカでは，株価の変動が大きく，敵対的買収の可能性も高いので経営者は株価の動向に敏感にならざるを得ず，また買収防衛策も比較的早く導入されていた。また，経営者の報酬はストック・オプションなど，株価に連動したものになる。

　一方で，日本のように，伝統的に事業法人や銀行による株式持ち合いが行われていた国では，経営者は株価の動向にそれほど敏感になる必要はない。というのも，これらの持ち合い株主は短期的な株価の変動に応じて株式を売

買することはないからである。持ち合い株主の目的は配当や短期的な株価の上昇よりも，長期的な取引関係の構築ないし維持，さらには長期的な株価の上昇にある。持ち合い株主が買収防衛策の機能を代替していたので，敵対的買収の可能性はほとんどなく，経営者の報酬を株価に連動させる必要性は低い。

　また，経営機構の構造と従業員のガバナンスへの関わりには関連する部分が多い。深尾・森田は企業の経営機構について，国際的には2つの流れがあるとしている。1つは業務執行機関と監督機関を分離して，それぞれ別個の機関とするシステムであり，ドイツの株式会社やフランスの二層構造の株式会社で採用されている。もう1つは業務執行とその監督を同一の機関が担当するシステムであり，アメリカ，イギリスの他，フランスの一元的構造の会社で採用されている[1]。これに対して日本は，取締役会が業務執行に関する意思決定と経営監督の機能をともに行うという点ではアメリカやイギリスと共通している。しかしながら，これに加えて業務の監督を行う機関として監査役（会）が法定されているという点で独自のシステムを採用している［深尾・森田 1997, pp. 61-63］。本章でもこの枠組みに従い，この3国のコーポレート・ガバナンスについて比較している。

---

1) フランスの経営機構については吉森と高橋の研究に詳しい［吉森 2001；高橋 2006］。1867年の商法では監視を主な機能とする監査役会と経営業務執行を主な機能とする執行役会が規定された。この規定は第2次世界大戦中に，ナチス・ドイツ占領下のヴィシー政権によって廃止され，代わって1940年9月18日付，および1943年3月4日付行政命令（décrets-lois）により，取締役会会長を最高経営責任者とする一元的構造の株式会社制度が導入された。この制度はアメリカ企業の最高経営責任者（CEO）と取締役会会長の兼務を制度化したものと言うことができる［吉森 2001, p. 229］。このことから，フランスでは取締役会会長への権限集中による弊害の是正が課題とされてきた。1966年の商法改正により，ドイツを模範とした二層構造の株式会社制度が導入された。ただし，どちらを採用するかは企業の判断に任されている。実際には，多数の企業は一元的構造型の株式会社制度を採用しており，取締役会会長の権限集中という問題は残されたままであった。その後，2001年の「新経済規制法」によって，一元的構造を持つ企業は，会長と最高経営責任者を分離することができるようになった。すなわち「新経済規制法」施行後は，一元的構造2タイプと二層構造1タイプの，合計3タイプから，企業が自社に最も適した経営機構を選択することができるようになった。

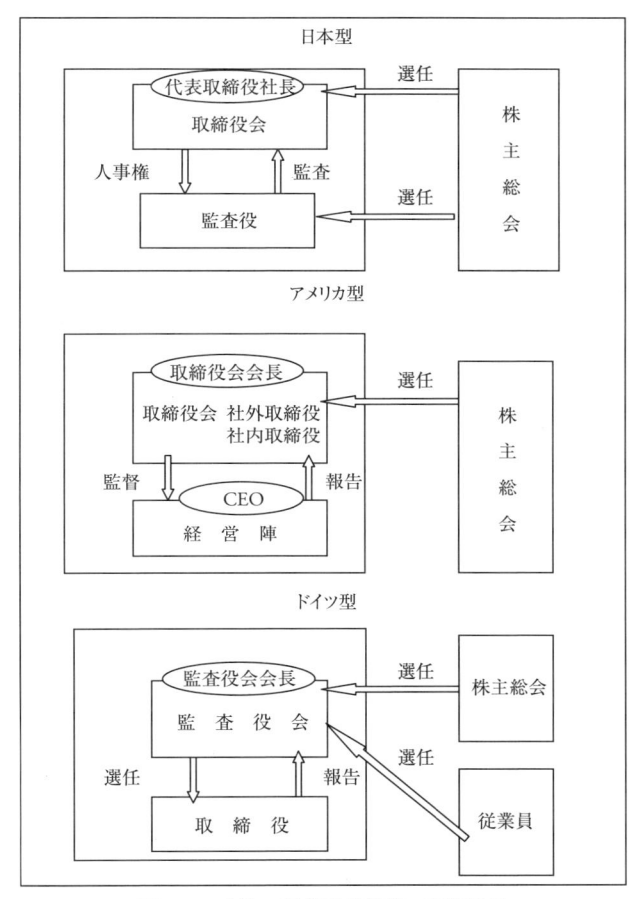

図 2-1　会社の経営監督機構の国際比較

注：アメリカでは取締役会会長と CEO が同一人物であることが多い。日本，ドイツでは取締役と監査役を兼ねることはできない。
出典：深尾・森田 [1997, p. 62] を筆者修正。原典は丹沢 [1995, pp. 6-8]。

　第3節では，近年のガバナンスの変化について述べる。具体的には，20世紀末以降，経済のグローバル化が進展し，その結果として各国経済の「アメリカ化」が進むのではという議論である。それを受けてコーポレート・ガバナンスのあり方も株主重視，資本効率重視であるアメリカ型に近づいていく，あるいは近づけていくべきであるという議論が出てきている。例えば，ハンスマン・クラークマンはグローバル化の進展の中で，法制度，所有構造

の収斂が避けられないことを強調した［Hansmann and Kraakman 2001］。また，金融市場の発展に対する法的起源，少数株主保護を強調したラ・ポルタ，シュライファーらの一連の業績も，金融市場の発展に親和的なコモン・ローの普及，あるいはそこへの世界的な収斂を強く含意している［宮島 2009］[2]。

　実際に，日本や大陸ヨーロッパでも外国人投資家が証券市場に占める割合は増加したのは事実である[3]。その背景として重要と考えられるのが，先進国人口の高齢化と経済成長率の鈍化である。このことは社会保障，特に年金制度について，大きな変容をもたらす。「賦課方式から積立方式への年金の移行は，有利な資産運用を求める資本の流入と株式市場の流動性を促すうえで決定的な役割を果たす。このように，典型的に金融的な視点から収益性を最適化しようとする戦略のもとで，年金資金調達の安全性を保証するものとみなされていた資産運用は次第に変容していく［Montagne 2003; 2006］」［Boyer 2011 邦訳版 pp. 220-221］。

　しかしながら，先述した通り株式はリスク資産であるので，分散投資を行ってリスクを分散する必要が出てくる。分散投資は一国内で行われる場合もあるが，世界中で行われる場合もある。世界規模で分散投資が行われた場合，投資先の国には外国人投資家として証券市場に出現することになる。この点についてオルレアンは以下のように述べている。「資本移動の原因となるものはもはや赤字国と黒字国の金融上の制約ではなく，機関投資家の国際的多様化戦略である」［Orléan 1999 邦訳版, p. 240］。このような運用方法を支えているのが，情報技術と金融工学の発達である。

　もちろん，金融のグローバル化の原因は多岐にわたるが，このようなアメリカの年金基金を含めた機関投資家の投資行動が一因となっていることは間

---

2) 宮島によれば，La Porta et al. [1998] 以来の一連の業績は La Porta et al. [2008] で総括されている［宮島 2009］。また，シュライファーがその政策的含意を示している［Shleifer 2009］。
3) 日本の株式市場については第4章で述べる。また，フランスの上場企業全体の株主構成の変化についてはティロールの研究［Tirole 2006, p. 38］を参照のこと。しかし，ヨーロッパ諸国における外国人持株割合の増加は，EU統合の深化によって生じた部分も大きいと考えられるので注意が必要である。

違いないであろう[4]。なお，日本のコーポレート・ガバナンスの詳しい変化については第4章で述べる。

最後に第4節では，本章の議論をまとめ，続く第3章に議論をつなげる。

2　コーポレート・ガバナンスの比較

2.1　日本

（1）金融システム

まず，日本の証券市場の従来の特徴について述べる。第二次世界大戦が終結するまでは，三井家や岩崎家といった財閥家族が財閥本社の株式の圧倒的部分を所有し，財閥本社が子会社の株式を所有し，さらにその子会社が孫会社の株式を所有するという，ピラミッド型の所有構造が存在していた。敗戦後，日本を占領した連合国軍最高司令官総司令部（GHQ / SCAP）によって，財閥は解体された。財閥家族の持っていた株式は従業員を中心に売却され，株式保有は分散することになった。しかし，1950年代に入ると，かつて同一の財閥に属していた企業によって社長会が結成され，増資などを通じた株式相互保有が進んだ［奥村1991］。

その後の日本の証券市場の主要なプレイヤーとなったのは事業法人と金融機関である。金融機関の中で重要な役割を占めていたのは都市銀行や地方銀行，さらには生命保険会社であった。銀行と事業法人，あるいは事業法人同士では株式持ち合いが行われ，企業集団が形成されていった。これら持ち合い株主の投資目的は配当や短期的な株価上昇ではなく，長期的な取引関係の構築や長期的な株価上昇にあった。このことから，敵対的買収が成功する可能性は低く，また，個人株主や機関投資家はガバナンスから排除されていたと考えてよい。

---

[4] このほか，中東の産油国を中心として政府系ファンドも対外投資を強めていると言われている。サウジアラビア通貨庁（SAMA）とノルウェー公的年金基金の動向について論じたものとして代田の研究［代田2007］がある。

また，企業金融も間接金融中心であったこともあり，経営者は証券市場の動向をそれほど気にする必要はなかった。その代わり，メインバンクが企業のガバナンスに大きな役割を果たしていた。メインバンクは通常は融資先の企業の経営に介入しないものの，相当に危機的な状況に陥った場合には役員を派遣するなどして救済，監督に当たるという「状態依存型」ガバナンスが機能していたと言われている［青木 1995; Aoki 2001］。

(2) 経営機構・労働者の関与

第 2 次世界大戦後の日本企業の経営機構で重要なのは取締役会と監査役である。建前上は，取締役が業務執行を担う代表取締役を監督し，さらに監査役が代表取締役や取締役を監督するという二重監督システムとなっている。しかしながら，日本の代表取締役，取締役，監査役は当該企業の従業員であった者が多数を占めている。特に取締役は代表取締役の部下であることが多い。それゆえに代表取締役への監督が不十分であるという指摘が以前からなされていた［奥村 1998；藤村 2000］。そこで，取締役および監査役に社外出身者を導入するという試みも継続してなされていた。特に，監査役の機能の充実が従来からの日本のコーポレート・ガバナンスの課題であった［荒木 2000a］[5]。

日本の経営者，あるいは取締役の報酬は，先に述べた証券市場の特徴を反映し，企業業績に対する連動性は小さい［久保 2010］。また，取締役の従業員性を反映してか，一般労働者と取締役の報酬格差もそれほど大きくなかった。また，日本の取締役会の特徴として，人数が多いという点が挙げられる。そのため機動的な意思決定には不向きという指摘があり，「経営会議」や「常務会」といった小規模の会議体が大きな役割を果たしてきたと言われている［仁田 2000］。

次に，日本の戦後の企業統治の変遷を神作の研究に依拠して述べる［神作 2000］。大まかな流れは表 2-1 に示した。

1899 年制定の商法は基本的にドイツに範をとった二元的制度，すなわち

---

5) 日本企業の統治機構の歴史については荒木［2000a］を参照のこと。

表 2-1　日本の商法（会社法）上に規定された企業統治機構の変遷

時　期	特　徴	具体的内容
1899 年 （明治 32 年）制定	ドイツ型	・二元的制度を採用：取締役と監査役
1950 年 （昭和 25 年）改正	米国型 取締役会制度導入	・取締役会が法定された。 ・それに伴い，それまで業務監査を担っていた監査役の権限は縮小され，会計監査に限定される。
1974 年 （昭和 49 年）改正	監査役機能の強化	・監査役と会計士との任務の重複や，昭和 40 年代の相次いだ企業不祥事を受けた改正。 ・監査役に業務監査権限を与え，会計監査に加えて，適法性監査を行う機関とした。 ・大会社について会計監査人の監査が義務付けられる。
1981 年 （昭和 56 年）改正		・大会社において，それまで 1 人でよかった監査役を複数人要求することとし，そのうち 1 人については常勤監査役とすることとされた。
1993 年 （平成 5 年）改正		・大会社について，監査役を 3 人以上とすることを義務付けると同時に，監査役会の制度を導入。 ・社外監査役制度の導入（1 名以上の社外監査役の選任を義務付け）や監査役任期を 2 年から 3 年に伸長。
2001 年 （平成 13 年）改正		・大会社について，監査役の半数以上を社外監査役とすることを義務付け。 ・社外性の要件が厳格化されるとともに，監査役の任期が 3 年から 4 年に伸長される。
2002 年 （平成 14 年）改正	監査役設置会社と委員会設置会社の選択制	・委員会等設置会社制度（三委員会の過半数を社外取締役が占める）が導入され，監査役設置会社との選択制となる。
2005 年 （平成 17 年）	商法から会社法へ	・会社法制の現代化

出典：経済産業省産業組織課「我が国のコーポレート・ガバナンスの在り方を検討するための基礎資料」（http://www.meti.go.jp/committee/materials2/downloadfiles/g81202a07j.pdf　2010 年 10 月 15 日アクセス）を加筆修正。

業務執行機関である取締役と監査機関である監査役を分離する制度を採用していた[6]。

---

6) 商法は 1899 年に制定された後, 1911 年（明治 44 年），1938 年（昭和 13 年），1948 年（昭和 23 年），1950 年（昭和 25 年），1955 年（昭和 30 年），1962 年（昭和 37 年），1966 年（昭和 41 年），1974 年（昭和 49 年），1981 年（昭和 56 年），1990 年（平成 2 年），1993 年（平成 5 年），1994 年（平成 6 年），1997 年（平成 9 年），1999 年（平成 11 年），2000 年（平成 12 年），2001 年（平成 13 年）の 6 月, 11 月, 12 月，2002 年（平成 14 年），

戦後，1950年の商法改正で代表取締役および業務担当取締役の業務執行を取締役会が監督することになった。しかし監査役は廃止されなかったので，監督を取締役会と監査役が行う「二重監督システム」が採用されることとなった。もっとも，監査役の権限は大幅に縮小された。しかしながら，これ以降の商法改正は監査役の権限の拡大と独立性の強化を狙ったものであった。

　1974年には監査役の権限を再び業務監査にまで拡大し，取締役会に出席し意見を陳述する権利，株主総会決議取消訴訟や新株発行無効の訴えといった各種訴えを提起する権利，子会社調査権や取締役に対し報告を求める権利などを付与した。加えて，監査役の独立性を強化するために，任期を1年以内から2年に伸張するようするとともに短縮を禁止し，監査役の選任・解任について株主総会で意見を述べる権利を与えた。また商法特例法により，大会社は会計監査人による監査を義務付けられた。

　さらに1981年には改正商法および改正商法特例法によって監査役に取締役会の招集権を認めた。また，報酬を取締役と区別して定めることを求め，監査費用の会社に対する請求を容易にすることなどにより，経営陣に対する監査役の独立性の強化を図った。また，大会社の監査役は2名以上，うち1名は常勤でなければならないとした。

　さらに1993年の改正商法および改正商法特例法において，監査役の任期がさらに1年伸張され3年となった。大会社にあっては3名以上の監査役が必要であり，うち1名は社外監査役でなければならないこととした。また，これまで独任制であった監査役につき，監査役会制度を導入し，商法特例法上の大会社では監査役会が制度化された［神作2000］。

　次いで，2001年には大会社について，監査役の半数以上を社外監査役とすることが義務付けられた。また，監査役の社外性の要件が厳格化されるとともに，監査役の任期が3年から4年に延長された。

　2002年には新しい動きとして委員会等設置会社制度（三委員会の過半数を

2003年（平成15年），2004年（平成16年）と改正され，2005年の会社法制定へと至った［浜田2005］。

社外取締役が占める）が導入され，監査役設置会社との選択制となった。この委員会等設置会社（現在では委員会設置会社と呼称）の特徴は，監査役を廃止する一方で，業務監査を取締役会内部に設置された監査委員会が行うこととなったこと，また，業務執行を新設された代表執行役および執行役が担うこととなった［Shishido 2007］。

　また2005年には商法が会社法に改組され，あわせて「会社法制の現代化」が行われた。「会社法制の現代化」の基本方針は形式面と実質面に分かれている。形式面では「会社法制の現代語化」である。具体的には，カタカナ文語調であった従前の商法第2編や有限会社法をひらがな口語化すること，用語の整理を行うとともに，解釈などの明確化の観点から必要に応じて既定の整備を行うこと，および商法第2編，有限会社法，商法特例法等を1つの法典（会社法）としてまとめ，分かりやすく再編成することである。

　実質面は会社に関わる諸制度間の規律の不均衡の是正等を行うとともに，最近の社会経済情勢の変化に対応するための各種制度の見直しを行うことである［北村・柴田・山田 2007, pp. 11-12］。具体的には，会社設立の際に求められる最低資本金規制の撤廃，有限会社制度の廃止，組織再編の容易化，会計参与制度の新設，剰余金配当の規制緩和，合同会社制度の新設などが挙げられる［浜田 2005, pp. 25-27］。

2.2　アメリカ

(1) 金融システム

　1932年にバーリーとミーンズが述べたように，その当時はアメリカの大企業の株主は広範囲にわたって分散していた［Berle and Means 1932］。つまり，株主が経営者をコントロールすることが難しくなっているという状況があった。しかし，このような「経営者革命」あるいは「所有と支配の分離」の議論は1960年代後半から70年代にかけて急速に廃れていった。つまり，株主の力が強くなり始めた。このような動きを「株主反革命」と呼ぶ。具体的には60年代後半にアメリカで起こったコングロマリット・ブームを機に，株式公開買付（TOB）を通じて経営権を取得する方法が見出されたことによ

る［松井・奥村 1987］。コングロマリットとは企業買収によって関連，非関連を問わず多様な分野に進出するタイプの企業である。株主の意向を無視する経営者が経営する企業は株価が低位にとどまるが，そのような企業の株式は買収されやすく，経営者は自らの地位を脅かされる。このように経営権市場が機能している限り，経営者は株主の意向を無視できないということが明らかになった。

アメリカでは個人の持株割合が大きく，機関投資家の持株割合も大きくなってきている。その機関投資家は労働者の年金基金や，その年金基金の委託を受けた投資信託であることが多い。これら年金基金の投資金額は大きくなっているので，株価が低下した場合株式を売却するという「ウォール・ストリート」の戦略（本書 57 ページも参照）は取りづらい。そこで株主総会で発言することによって経営を改善するという方針を採用するような基金も現れた。また，アメリカの企業は資金調達を直接金融に依存する傾向が強く，株価が低下すると資金調達が困難になる。そのような証券市場を反映し，経営者の報酬はストック・オプションなど株価や業績に強く連動したものとなっている。また，日本のような安定株主による株式持ち合いが行われていない代わりに，買収防衛策の導入は比較的早くから行われていた。

(2) 経営機構と労働者の関与

アメリカには連邦レベルでの会社法はなく，各州の会社法に依拠している。しかし，アメリカの会社の多くはデラウェア州で設立されており，この州の会社法によってアメリカ会社法の大要はつかめる［深尾・森田 1997］[7]。デラウェア州の会社法について，やや長くなるが藤田の研究［藤田 2010］に依拠しながら，以下で解説する。

デラウェア州の会社法が州間競争に勝利した理由は，成文法の規制緩和競争に勝ったからではなく，判例法の形成能力が高いからである，と藤田は考えている。デラウェア州では成文法で詳細な規定を設けることを避ける一方で，判例法が充実しているという特徴がある。デラウェア州の法制度の特徴

---

[7] アメリカのコーポレート・ガバナンスの歴史については Roe［1994］を参照のこと。

はエクイティの思想を持つ司法の優位性であり，衡平法裁判所が現在も存在している。この裁判所の特徴は審査におけるエクイティの原則である。エクイティの原則とは，法律の解釈よりも，取締役の信認義務を軸に，正義と公正を重視する裁判制度である。全米で唯一，デラウェア州が会社法に特化した衡平法裁判所を持つ（最高裁との二審制）。このため，裁判所の判断は実務的で柔軟である。

　この任意法規化に着目して，デラウェア州会社法は経営者に有利な法制度であると言われることがある。実際，19世紀末の各州の会社法の規制緩和（任意法規化）の競争は「底辺への競争」(race to the bottom) と呼ばれた [Cary 1974]。しかし，1977年，ウインターは，デラウェア州会社法は州際規制緩和競争における「底辺への競争」に勝利したのではなく，投資家保護に優れるが故に本社誘致に成功したとする研究を発表した [Winter 1977]。また，デインズは「投資家保護の法制が整備されると，エージェンシーコストが低下する」という仮説を検証した。そしてデラウェア州に設立された会社のトービンのQの値が高いことを根拠に，デラウェア州が「底辺への競争」を主導したのではないと主張した [Daines 1999]。また，イースターブルックとフィシェルは「底辺への競争」は起こりえないとまで述べている [Easterbook and Fischel 1996, p. 92]。さらに，多くの実証研究が，デラウェア州に本社を移転した会社は，その株価を上昇させたことを示している [Bhagat and Romano 2005]。もっとも，こうした「頂上への競争」(race to the top) については，ベブチャックとコーエンによる有力な反論もある [Bebchuk and Cohen 2003]。

　成文法の任意法規化のみが重要であれば，多くの大企業が本社機能を置くニューヨーク州などが，デラウェア州と全く同じ内容の会社法を制定すれば，圧倒的に有利なはずである。しかし，実際には，他の州にとって，デラウェア州会社法制は，模倣が困難である。成文法である会社法を任意法規化すると，判例法を充実させる必要があるため，他州が短期間に，デラウェア州を凌駕する司法システムを構築することは著しく困難である。デラウェア州では成文法の任意法規化と同時に，司法による法の創造が並行して発達した。例えば，デラウェア州の司法は安易に買収防衛策の発動を認めることは

なく，取締役の責任に関しても，厳しい判断を示していることも多いとされている。さらに，企業の本社の集積が進むと，それに関連する弁護士などの関連サービスも集積する。加えて，企業活動に関わる裁判が多く行われるために，判例が蓄積し，司法のシステムも発達している。

以上のように，デラウェア州会社法は経営者に有利な任意法規化の競争に勝利したことのみによって，州間競争に勝利したという訳ではない。現在では「デラウェア州会社法は経営者にとって有利な法体系であるが故に多くの企業が本社を移転した」という認識は少数派になっている，とされる [藤田 2010, pp. 70-73]。

アメリカでは業務執行機関と監督機関を制度的に分離する二元的構造は採用せず，取締役会が業務の執行と監督を一元的に担っている。しかし，実際には取締役会は業務執行を最高経営責任者 (CEO) にゆだねるのが一般的である。この CEO と取締役会の関係，あるいは CEO と株主の利害対立がアメリカの伝統的な課題といえる。

アメリカの取締役会の特徴として，社外取締役が過半数を占めていることが一般的，ということが挙げられる。業務執行機関と監督機関が分離していないために，監督が十分に機能しないというアメリカの一元的システムのデメリットを克服するためである。もっとも，その社外取締役の選任自体が経営者の関与の下になされているという問題点も指摘されている。稲上 [1997] によると，日本や大陸ヨーロッパに株の持ち合いが目立つとすれば，イギリスやアメリカには経営者の持ち合いという長い伝統があるという。また，取締役会に労働組合役員や労働者の代表が加わることは極めてまれであり，労働者が経営に関わる余地は日本やドイツに比べると小さい [荒木 2000a]。

2.3 ドイツ

(1) 金融システム

ドイツの証券市場の多数を占めるのは日本と同じく，銀行や事業法人である。その一方で機関投資家の影響力は小さい。また，企業の資金調達構造も間接金融中心である。金融面において日本との違いを挙げるとすれば，銀行

の役割に違いがあるということであろう。ドイツの銀行は日本の商業銀行，証券会社，投資信託銀行をすべて統合した広範囲な業務を営む「ユニバーサルバンク」である［吉森 2001，p. 261；海道 2005］[8]。このことがドイツ国内における銀行の存在感を大きくしている。このユニバーサルバンクの制度の下では，日本のような形での証券会社は存在しない［植竹 1995］。先述したように日本の「状態依存型」ガバナンスにおいては，メインバンクは融資先企業が危機に陥った時のみ，経営に介入するという存在である。それに対し，ドイツのユニバーサルバンクは，融資先企業に対し通常時も役員を派遣するなど，日本のメインバンクに比べると広範に経営に関わる。

　また，ドイツの銀行の特徴として寄託議決権を行使することが挙げられる。日本やアメリカ，さらにイギリス，フランスでは，株主が株主総会に出席せず，議決権行使を委任する場合，株式の発行会社が株主に代わって株主の賛成・反対の指示に従い議決権を行使する。ドイツの特徴は株式の発行会社ではなく，株主から株式を預託されている銀行が議決権を行使することにある。銀行へ返送される委任状は全体の株主の3％程度であるが，そのほとんどは銀行の決議案に賛成する。大部分の委任状は返送されないが，その場合は銀行が自らの方針に従ってその株主の議決権を行使できる［吉森 2001，p. 262；海道 2005，pp. 113-114］。

　とりわけドイツ銀行，ドレスナー銀行，コメルツ銀行の3大銀行は事業法人に対する多額の信用供給者であるともに，同時に直接・間接に多くの議決権のある株式を保有する大株主である。すなわち，先述したように，自らの保有株式だけでなく，顧客の投資家から寄託された株式の議決権もあわせて行使できるので，その議決権は一層強力である［植竹 1995］。

(2) 経営機構・労働者の関与

　ドイツでは業務執行機関である取締役と監督機関である監査役会が制度上分離され，二元的構造となっている点，そして，監査役会に労働者代表を参

---

8) 山本によると，1990年末の段階では，ドイツには約4700に各種の銀行があり，その支店数は43000に達している。これらの銀行の大部分（95％）はユニバーサルバンクである［山本 1991，pp. 26-27］。

加させる共同決定制度が採用されている点に特徴がある。以下では主として荒木［2000a］の整理に依拠しつつ，ドイツの経営機構と労働者の関係について述べる。

ドイツ企業の最高意思決定機関は株主総会ではく，「監査役会」である。ドイツの監査役会の特徴はそのメンバーの半分が株主代表，残りの半分は労働者の代表で構成されることにある。つまり，労働者の経営参加が制度上保証されていることになる。監査役会の人員構成は法律で規定されており，1976年共同決定法によると，従業員2万人以上の企業では定員は20人であり，資本側代表，従業員代表がそれぞれ10人ずつである。資本側代表10人は全員が社外の人物である。そして従業員代表が7人，労働組合代表が3人である。これは企業レベルでの共同決定制度である。監査役会の任務は，取締役の選任・解任，業務執行の監督，会計監査を行うことなどである。取締役の選任・解任が監査役会によって行われる点は重要である。制度的に，経営者（取締役）に対する株主の影響力が間接的にしか及ばない構造となっている[9]。

また，監査役会とは別に取締役会が設置され，業務執行を担当する。ドイツの大企業は最低3人以上の取締役が必要である。取締役会会長は監査役会により取締役会メンバーから選任され，解任される。取締役会会長の権限，責任は株式法には規定されていない。ただ実際には日本における代表取締役社長ないし，アメリカのCEOとほぼ同じ機能を果たしているとされている［吉森 2001, pp. 209-211］。以上のことから，ドイツでは業務執行機関である取締役会と監督機関である監査役会が制度上分離され，二元的構造となっている[10]。

このようにドイツでは業務執行機関と監督機関が制度上分離されているものの，実態としてはうまく機能していないという指摘もある。具体的には，大株主の代表が監査役会で支配的役割を果たし，業務執行を事実上決定した

[9) 監査役会の構成員については1951年以降の立法により，一定規模以上の企業では監査役会の半数または3分の1を労働者の代表とする共同決定制度が導入されている。
[10) なお吉森［2001］は「取締役」ではなく，「執行役」の用語を用いているが，本章では荒木［2000a］の記述に従い「取締役」に統一した。

り，あるいは，株主総会に提案する監査役の株主代表候補者の決定に取締役が大きな影響力を持つため，監査役が取締役に従属しがちであったりするなど，事実上両者の機能の融合がみられる。ドイツの大企業62社を対象として行われた実態調査によれば，本来監査役会により監視されるべき立場にある取締役が監査役会に対して大きな支配力を有している企業が64％，監査役会が経営執行機能を吸収している企業が13％存在し，監査役会と取締役の機能が法律の理念通りに分離されている企業は23％にすぎない［Gerum 1991：吉森 1993, pp. 67-72］。

なお，ドイツのコーポレート・ガバナンスと労使関係に関しては，今述べた監査役会への労働者代表の参加という企業レベルの共同決定制度と，労働条件等について事業所委員会と使用者との間で共同決定を行う事業所レベルの共同決定制度という，2つの労働者参加制度が法律によって定められている[11]。

次に，その事業所レベルでの共同決定制度について述べる。労働者参加制度として，より実効性があり重要なのは，事業所レベルでの事業所委員会を通じた共同決定制度である。事業所委員会は18歳以上の常用労働者を5人以上使用する事業所でそのうち3名が被選挙権（6ヶ月以上当該事業所・企業・コンツェルンに所属する場合に与えられる）を有する場合に設置される。ただし，労働者や組合が望まなければ設置は強制されるものではない。その結果，小規模の事業所では法定設置要件が満たされているにもかかわらず，事業所委員会が設置されていないことも多い。連邦雇用庁労働市場職業調査機関の1997年の調査によると，従業員300人以上の事業所では設置率は9割を超えているが，従業員100人未満では4割弱，20人以下では1割に満たない［Bellmann, Ellguth and Seifert 1998］。

事業所委員会は労働組合とは別個の従業員代表組織である[12]。しかしながら委員候補リスト作成について組合が優先権を持つなど，労働組合とは密

---

11) 両者ともに共同決定（Mitbestmmung）という言葉が用いられているが，まったく別の制度である。
12) ドイツでは労働組合は産業別に組織されており，ナショナルセンターであるドイツ労働総同盟（DGB）参加の組合は現在では8つである［久本 2010］。

表 2-2　企業統治機構の国際比較

	アメリカ	ドイツ	日本 （監査役設置会社）	日本 （委員会設置会社）
取締役	必須	必須	必須	必須
取締役会	必須	法律上は 規定なし	必須	必須
監査役	なし	必須	必須	なし
監査役会	なし	必須	必須（大企業のみ）	なし
業務執行	CEO（取締役兼任多）	取締役	代表取締役・取締役	代表執行役・執行役
監　査	取締役会	監査役会	取締役会・監査役・ 監査役会（大企業）	取締役会（監査委員 会）
監査システム	一元的	二元的	アメリカ型とドイツ 型を折衷	一元的（アメリカ型 を模倣）

接な関係にある。また，事業所委員会の委員はほとんど組合員である。さらに，非組合員が委員になった場合，組合の専門知識や政治的なサポートを求めて組合に加入することもしばしばある。また，事業所委員会は事業所共同体の共同の利益を増進させるパートナーという位置づけであり，使用者からの便宜供与が提供される一方，争議行為は禁止されている。

事業所委員会の共同決定権には広義のものと狭義のものがある。前者は，使用者から情報提供や意見聴取を受ける権利，協議する権利を含めて，事業所委員会の参加権全般（関与権）を指す。一方，後者は使用者の決定に際し事業所委員会の同意を必要とし，同意を得ない使用者の一方的措置を無効にさせるという，関与権のうち最も強力な共同決定の権限のことを指す[13]。

---

13) なお，法律上，使用者団体または個別企業と産業別労働組合の間で結ばれる労働協約が，個別企業と事業所委員会の間で結ばれる事業所協定に優先する。賃金・給与，労働時間などの基本的な労働条件は労働協約が定め，その具体的な適用のための協定が事業所協定である［久本 2010］。

3 コーポレート・ガバナンスと資本主義の変容

3.1 概観

　第2節で述べた日本，アメリカ，ドイツのコーポレート・ガバナンスは，第2次世界大戦後を対象にした，従来の姿である。しかし，先述した通り，20世紀末に世界経済のグローバル化が生じた。特に1990年代はアメリカ経済の「一人勝ち」状態であったこともあり，アメリカモデルないしアングロ・サクソンモデルへの収斂が起こるのでは，という議論もあった。特に金融のグローバル化はそのような見方を補強した。しかし，2000年代に入るとアメリカではエンロン社，ワールドコム社の倒産，さらに直近ではサブプライムローン問題など大規模な金融危機が発生し，アメリカモデルに対する評価は低下することになった。また，20世紀末になると特にアメリカでは年金基金の株式投資が活発になった。この結果，一部では労働者と株主の利害が一致する局面も表れ始めた。

　実際にはアメリカでもヨーロッパでも，政治家や研究者のコーポレート・ガバナンスの近年の課題は金融スキャンダルであった [Coffee 2002, 2005; Shinn and Gourevitch 2002]。しかし，ヨーロッパではより重要な問題は別のところにあった。大陸ヨーロッパのコーポレート・ガバナンスシステムは安定株主としての銀行・事業法人による集中的な株式保有構造，市場の透明性の低さ，未発達な証券市場，敵対的買収の不在である [Zysman 1983; Roe 1993; Deeg 1999]。このような大陸ヨーロッパ諸国にあっては，一時的な現象と言える金融スキャンダルよりも，企業戦略の「株主価値」志向化の方が重要と考えられる [Höpner 2001; Goyer 2003; Jackson 2003; Clift 2004]。というのも企業戦略の変化はその国の資本主義のあり方の変革を促すからである。

　この節では議論を単純化するために，アメリカでは巨大な年金基金を背景にした更なる株主価値の追求，アメリカ以外の国では，アメリカの年金基金の海外投資を背景にした「株主価値」の追求が生じたという枠組みを設定し

て，それぞれの帰結がどうなったかを示す。

この際参考になるのが，第1章で紹介した資本主義の多様性（VoC）論，あるいはレギュラシオン学派等の比較資本主義論の議論である。これらの議論は各国経済の変化を認めながらも，それが必ずしも収斂に向かうのではなく，むしろ異なる資本主義モデルの違いがより一層際立つ結果にもなったと主張する。つまり，経済のグローバル化という外的環境の変化は，先進国の間では共通であったが，その対応は異なっていた，ということである[14]。

なお，日本についても，1997年の山一證券の破たんを代表例として金融危機が発生し，大きな社会問題となったものの，より重要なのは大陸ヨーロッパと同じく「株主価値」への志向が高まったことにあると考えられる。それは日本の証券市場において外国人投資家や信託銀行の存在感が高まったこと，あるいは村上ファンドなどの投資ファンドが活発な行動を見せ始めたことからも推察される。しかし，日本の変化の詳細については第4章で取り扱うこととし，この章では主にアメリカと大陸ヨーロッパについてのみ取り扱うことにする[15]。

3.2 労働者と年金基金

20世紀末のアメリカのコーポレート・ガバナンスの変化について述べると，重要なのはグローバリゼーションよりも，労働者が積み立てた年金基金による株式投資の拡大と，株主重視のアングロ・サクソンモデルの更なる深化であると考えられる。株主ないし資本家と労働者の利害は相対立するものとして見なされがちである。しかし，ゴルビッチ・シンは「総資産のなか，年金給付金，持株の比率が大きくなれば，労働者の選好は変化する。そして労働者は株主価値を重視して株主と結び，経営者とは対立関係になる」と述

---

14) ベブチャック・ローは政治的な要因によって，金融システムの世界的な収斂は緩慢となる点を指摘している［Bebchuk and Roe 2004］。また，ディーキン・リベリオクスは労働法制・雇用システムにおける変化が緩慢であることを強調している［Deakin and Rebérioux 2007］。
15) 日米欧の近年の取締役会改革については吉森［2009］を参照のこと。

べている［Gourevitch and Shinn 2005 邦訳版，p. 266］[16]。

　ゴルビッチ・シンは，年金制度の 3 つの階層を以下のように説明している。第 1 階層は政府に運営される社会保険としての年金制度である。第 1 階層は通常賦課方式で運用されている。これは，現時点での給付は現時点での拠出で支払うことを意味する。

　第 2 階層の年金は多くの場合，職種もしくは企業レベルの年金制度である。もともとは確定給付型の年金制度だったが，最近は確定拠出制度への変換も多い。第 2 階層プランの運営方法は様々である。例えば，企業が外部に運用を委託する場合もあれば，企業と労働組合が一緒に資産を運用することもある。また，公務員，農業，自営業，医療関係の労働者の場合には政府機関が運営することもある。第 2 階層の主なサブグループは，地方ないし国家公務員の退職年金制度である。「職業」ベースの第 2 階層年金制度に似ているものの，国家機関によって運営が行われ，拠出金は政府予算から毎年支払われるところに特徴がある。公務員の年金基金は，コーポレート・ガバナンスの変化の重要な要素である。公務員年金制度が一部または完全に積み立てられ，さらにその積立金が民間の株式もしくは債券に投資されている場合には，このような年金基金を運営する機関投資家は少数株主保護の向上の観点からは重要な存在である。

　最後の第 3 階層は，保険会社など民間企業によって運営されている個人年金である。アメリカのように 401k のように第 2・第 3 階層の混合制度もある。401k の場合，雇用主は従業員の拠出に見合う出資を行う。しかし，年金口座は企業ではなく個人名義である。高度に組織化された組合を持つ，アメリカの重厚長大型の産業に属する企業は確定給付型年金制度を保有していた。しかしながら，多くのアメリカ企業は，企業の年金会計が厳格になった 1980 年代後半から 1990 年代にかけて，確定給付型年金制度に代えて 401k プランを立ち上げた。そして，年金資産のうち，第 1 階層の割合が低く，第 2・第 3 階層の割合が高いほど，労働者のコーポレート・ガバナンスに対する関心は高くなる［Gourevitch and Shinn 2005，邦訳版 pp. 269-276］。

---

[16] ドラッカーは 1970 年半ばにいち早くこの点に着目した［Drucker 1976］。

表 2-3　稲上によるコーポレート・ガバナンスの 3 類型

	企業目的	準拠・協調集団	時間の地平	利害関心の広さ	利益表明行動
(A) 古典的モデル	株主価値最大化	株主準拠	短い	経済的	退出
(B) 洗練された株主価値モデル	（最終的）株主価値最大化	株主。ステークホルダーとも協調	長い	経済社会的	発言
(C) 多元主義モデル	企業価値	ステークホルダー	長い	社会的	発言

出典：稲上 [2004, p. 4] を筆者修正。

　また，稲上 [2004] は企業に対する価値観を基準に 3 つのガバナンスモデルを提示している。その価値観は 5 つの視点があり，①株主価値か企業価値か，②株主か企業に関わりを持つ人々（ステークホルダー）か，③短期か長期か，④経済的か社会的か，⑤退出（株式の売却）か発言（株主総会での議決権行使）か，である。

　表 2-3 に示したように，(B) 洗練された株主価値モデルは「（最終的）株主価値最大化 - ステークホルダー協調 - 長い - 経済社会的 - 発言」で特徴付けられる。一方，ホール・ソスキス [Hall and Soskice 2001] との関連で言えば (A) 古典的モデルは LME におけるコーポレート・ガバナンス，(C) 多元主義モデルは CME におけるコーポレート・ガバナンスに相当しよう[17]。

　稲上によると，「洗練された株主価値モデル」が大きな勢いを得たのは 1990 年代になってからのことである。その理念としてはアメリカでは，アメリカ法律協会『コーポレート・ガバナンス原則』[The American Law Institute 1992]，企業円卓会議「コーポレート・ガバナンス声明」[The Business Roundtable 1997]，全米教職員退職年金基金「コーポレート・ガバナンスに関する方針声明」[TIAA-CREF 1997] などが，長期的な意味での株主価値とステークホルダーの利益の追求の両立は可能である，あるいは両立

---

17) 伊丹 [2000] は従業員が経営機構に参加することが株主にとっても望ましいこともあるという議論を展開した。伊丹はドイツの共同決定法との対比で論じているので，伊丹のモデルは (B) と (C) の中間に相当すると考えられる。

させるべきという立場を打ち出している[18]。

また，オルレアンは「資産的個人主義」のモデルを描き出している[Orléan 1999]。「資産的個人主義」について宇仁らは以下のように説明している[宇仁他 2004]。

> アメリカでは，2つの理由により労働者が株主化する傾向がみられた。すなわち，①経営者報酬から始まったストック・オプション（自社株譲渡による報酬支払）が一般の労働者に広まることによって，直接に株式を所有する人口が増えた。②機関投資家が勤労者からの出資金を株式中心に大量に合同運用するようになり，間接に株式を所有する人口も増えた。
>
> 上の②の変化の中で，アメリカの機関投資家は，企業経営に対する発言を強めるようになった。基本的に，株主は自己の利益を守るために，望ましくない経営の企業に対しては，①株主総会に出席して経営改善を求めるという方法か，②保有株を市場で売却するという方法（ウォールストリート・ルール），すなわち「退出による制裁」かをとる。従来「物言わぬ株主」であった機関投資家は主に②を行使してきたが，あまりに大量に株を保有するようになったため，この方法をとれなくなった。そのため，機関投資家は①の方法をとるようになった。
>
> その際，カルパース（カリフォルニア州職員退職年金基金）などの企業年金は出資者の意向にしたがい，運用先の企業に対して社会的責任（環境や地域利害への配慮）の遂行を求めるようになった。これは，単に出資者の倫理的な満足をはかるためだけではなく，何よりもまず，社会的責任の遂行が企業の収益安定につながるという理由にもとづいている。これが，社会的責任を基準にして運用先企業を選択する社会的責任投資（ソーシャル・インベストメント）の考え方である。
>
> 以上の動きの中で浮かび上がりつつあるのが，勤労者層（小口株主）が直接間接に株主の権利を行使して企業に対して社会的規制を加えていくという新しい政治システムの構図である。これが資産的個人主義のモデルである[宇仁他 2004, pp. 163-164]。

---

18) なお，イギリスでは『ハンペル報告』[Committee on Corporate Governance 1998]，「イギリス会社法見直しのための『諮問ペーパー』」[DTI 1998]，それを発展させた『競争経済のための現代会社法 - 戦略的枠組み』[DTI 1999]，『最終報告』[DTI 2001]，『白書』[DTI 2002]などが同じ議論をしている。

しかしながら，これらのモデルが実際にどの程度機能するかは，労働者，年金基金のインセンティブ構造に依存する。アメリカではこのモデルが機能しているのは大手の公務員年金のみである，とゴルビッチ・シンは述べている。[Gourevitch and Shinn 2005][19]。

3.3 「株主価値」重視ガバナンスの限界

「透明性モデル」「洗練された株主価値モデル」「資産的個人主義」の帰結は2つ挙げることができ，1つは経営者の報酬の増大，もう1つは金融スキャンダル（2001年のエンロン社，2002年のワールドコムの破たん）や金融危機（2008年）の発生である。

経営者の報酬の増加は2つの原因が考えられる。その1つはアメリカの経営者の報酬が企業の業績や株価と強く結びついていたことに起因する。特に2000年前後のITバブルや，2000年代後半の住宅バブルの時期においては経営者の報酬は上昇する株価に連動して高くなった。もう1つはアメリカ企業の経営機構のあり方およびアメリカの経営者の性格に起因する。つまり，アメリカの経営者は従業員性が弱く，経営者と労働者の間に非常に大きな報酬格差があったとしても，さほど大きな問題とはならない。また，経営者の報酬を決めるのは社外取締役を中心に構成された報酬委員会である。この報酬委員会のインセンティブは，経営者の報酬に対して厳しい目を向けることよりも，むしろ経営者の報酬を高くし，それを通じて自分たちの報酬の水準をも高くすることにあったと言える。ボワイエによると，上場大企業の経営者と，とりわけ投資銀行といった金融機関との間には事実上の「同盟」関係が存在しているという[Boyer 2005]。

また，2008年の金融危機は，「透明性モデル」「洗練された株主価値モデル」「資産個人主義」の限界を示唆するものである。金融商品の買い手である年金基金は，売り手である投資銀行や格付け機関を評価する能力をほとんど有

---

19) Orléan [1999 邦訳版，p. 235] 参照。加えて，アメリカでは一般市民の年金を扱う機関投資家よりも，富裕層の個人投資を扱うヘッジファンドや，プライベートエクイティの拡大の方が大きいという指摘もある［ドーア 2006，p. 158］。

さなかったと考えられる。先述したようにアグリエッタやオルレアンといったレギュラシオニストも一時「資産的個人主義」の可能性を唱えていた [Aglietta 1998; Orléan 1999]。しかし，インターネットバブルの崩壊やサブプライム危機によって，アメリカの「金融主導型蓄積体制[20]」の限界が明確になった。

　この「金融主導型蓄積体制」とは，賃金を抑制する一方で利潤，配当，さらには株価を上昇させ，その資産効果によって消費や投資を拡大させるという成長パターンであり，労働者の賃金を確保して需要を確保するフォーディズムとは対極にある。この金融主導型蓄積体制にはフォーディズム的成長と同じような長期動態的な安定性を備えているか，疑わしくなっている [Aglietta and Rebérioux 2004; Aglietta and Rigot 2009; Plihon 2001; 2002; Boyer et al. 2004; Artus and Virard 2009; ATTAC 2009]。このことから「洗練された株主価値モデル」あるいは「資産個人主義」の有効性は失われたといってよいであろう[21]。

3.4　外国人投資家の台頭（大陸ヨーロッパ・日本）

　ボワイエは，レギュラシオン学派の立場から，市場主導型，メゾ・コーポラティズム型，公共的/欧州統合型，社会民主主義型の4つの類型論を提示している[22]。そして，ボワイエは1960年から1995年にかけての北欧（社会民主主義型），大陸ヨーロッパ（公共的/欧州統合型），日本（メゾ・コーポラティズム型）の変化について論じている [Boyer 1999]。ボワイエによると資本主義のシステムの強さは3つの尺度で測定できるという。1つは動学的（長期的）効率性，2つ目が公平性，3つ目が短期的な柔軟性である。このうち，

---

20) 詳しくは Boyer [2000；2011] 参照。この蓄積体制の前提として，家計の資産形成において株式の果たす比重が大きいことなどが挙げられるが，この前提は「洗練された株主価値モデル」「資産的個人主義」と共通している。
21) またボワイエは2000年の時点で金融主導型成長の不安定性を指摘していた [Boyer 2000]。
22) 詳細な解説は山田 [2008, pp. 136–141] を参照のこと。

短期的な柔軟性への選好は成長率が急速に低下し，金融市場による資本主義諸国間の評価手法が変更された場合に起こりやすい。特に 1990 年代には長期的な意味における効率性や公平性に代わって短期的な柔軟性への志向がいずれの国でも強まった。

　ボワイエによると，いくつかの社会民主主義国では戦間期以来の危機を経験したが，その原因として，市場の圧力からの保護に経済主体が甘んじていたことを挙げている。また公共的／欧州統合型の経済停滞の要因として挙げられるのが，寛大すぎる福祉スキームと過剰な所得再分配に関連した硬直性と非合理性である。また，メゾ・コーポラティズム型については 1980 年代には高く評価されたシステムが，1990 年代には非効率とみなされるようになった。特に日本の金融は大蔵省（現財務省）の非効率的な管理下にあり，安定雇用と年功賃金が企業のリストラクチャリングと新技術の拡散を妨げ，結果として日本経済の回復を妨げている，とされた［Boyer 1999］。

　一方で，アングロ・サクソン型の金融市場資本主義は，理論化と推奨の対象になり，IMF，世界銀行，OECD といった国際機関によって普及させられた。90 年代を通じて多くの政府の経済政策の原型としてアメリカモデルが一般化した［Hall 1993; Jobert (éd.) 1994］。経済のグローバル化，金融イノベーションの増加，その国際規模での波及とともに，国際経済の不確実性が高まり，短期的な適応能力，すなわち柔軟性が重要なものとなってきた［Boyer 2004］。

　しかし，ボワイエによると，アメリカの経済の構造は特殊であり，その構図に近いのはイギリスのみである［Boyer 2011］。一方で，日本やドイツ，フランスで優勢なのは事業法人による付加価値の創造という生産主義のロジックである。また，ボワイエによると，金融主導型の資本主義のモデルは「経済的効率のゆえに普及するのでなく，規範的な権力を通じて普及する傾向にある。というのも，マクロ経済分析の示唆によれば，需要体制（レジーム）が賃金主導型ではない諸国のみがこのモデルを採用するメリットがあるからである。これが当てはまるのは，とりわけ，利潤分配メカニズムや，株式資本化によって運営される年金基金民営化が広く普及していることが観察され

る場合である［Boyer 2000］」としている［Boyer 2004 邦訳版，p. 137］。

また，ドイツとフランスのコーポレート・ガバナンスの変化を比較分析したゴイヤーによると，ヘッジファンド，ミューチュアルファンド（投資信託）はフランスへの投資をより好む傾向にある［Goyer 2007］。フランスはドイツと比較して，労働者の経営に関する権限が制約されている。ヘッジファンド，ミューチュアルファンドの短期的な視点と，フランス大企業の，労働者の関与が弱いコーポレート・ガバナンスは親和的である［Schmidt 1996; Hancké 2002; Rebérioux 2002］。ゴイヤーは，ドイツとフランスの制度は金融の規制緩和が起こる前から区別することができたが，金融の規制緩和によってその違いが顕著になった，と結論付けている［Goyer 2007］。このことから，ドイツとフランスの金融構造の分化は変化の原因ではなく，両国の労働編成の差異をより際立たせた結果である，と考えられる。

4　多様な制度的対応

この章では，日本，アメリカ，ドイツのコーポレート・ガバナンスの大まかな枠組みを，金融システム，経営者および労働者の関与の観点からみてきた。各国の特徴を簡単にまとめると，アメリカは活発な資本市場，独立性が高い取締役，経営から分離された労働者によって特徴づけられる。一方ドイツでは銀行のガバナンス上の地位が高く，労働者も監査役という形で企業経営に深く関わる形になっている。一方日本は，間接金融中心の資金調達構造であり，事業法人と銀行による株式相互持ち合いが行われていた。取締役会と監査役が代表取締役を監督するという形となっており，これらの役員の生え抜き率は高い。

また，比較資本主義論の議論によると，グローバル化によって，それぞれの国の特徴が消滅するという収斂論の根拠は薄い。むしろ，それぞれの国がその特性を生かしながらグローバル化に対応していると言った方が妥当である。また，アングロ・サクソン型のコーポレート・ガバナンスに対しては，2000 年代以降，アメリカで金融スキャンダルが多発し，さらに金融危機が

発生したことにより，その有効性には疑問の目が向けられることになった。つまり，「資本主義の多様性」は消滅せず，むしろその独自性を自己強化する傾向すらみられる。

　続く第3章では，このような議論を踏まえつつ，日本とアメリカの1960年代から現在までの雇用調整速度の分析を行う。

第3章

雇用調整の国際比較

1　はじめに

　企業は，労働サービス，機械設備，原材料といった生産要素を利用して生産活動を行っている。これらを多く投入すれば生産水準は高くなり，少なく投入すれば生産水準は低くなる。このことから，景気の上昇などの理由により，製品やサービスに対する需要が大きくなって，企業がそれに応じて生産水準を高くしたい場合は，これらの生産要素をより多く利用する必要がある。逆に，景気悪化に伴って製品やサービスに対する需要が減少し，それに応じて生産水準を低くしたいときは，生産要素の利用を控えなければならない。もちろん，労働サービスも例外ではない。このような労働量の調整は雇用調整と呼ばれる［太田 2010］。雇用調整で特に問題となるのは，企業が何らかの理由で投入する労働量を抑制する場合である。どのような形であれ，投入する労働力の抑制は労働者の生計に負の効果を持つからである。

　雇用調整の手法は様々である。厚生労働省「労働経済動向調査」では雇用調整の手段として，「残業規制」，「休日の振替，夏季休暇等の休日・休暇の増加」，「臨時・季節，パートタイム労働者の再契約停止・解雇」，「中途採用の削減・停止」，「配置転換」，「出向」，「一時休業（一時帰休）」，「希望退職者の募集，解雇」が挙げられている。この中で，労働者にとって最も損失が大きいのは「希望退職者の募集・解雇」である。本章では「希望退職者の募

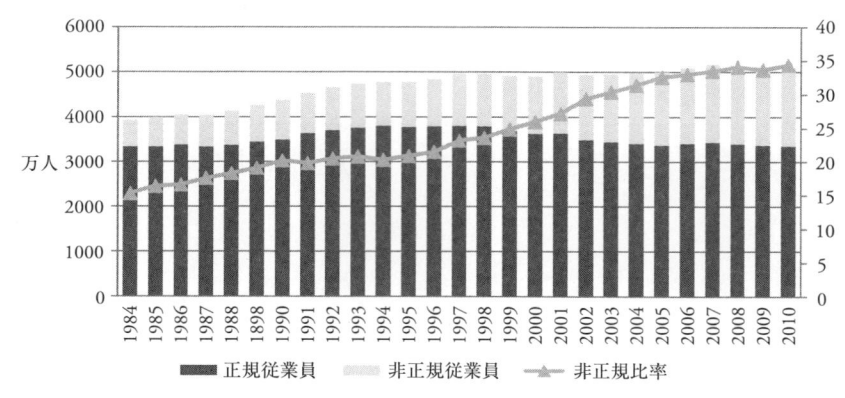

図 3-1 日本における正規および非正規労働者数の推移（男女計）
注：「労働力調査特別調査」と「労働力調査詳細集計」とでは，調査方法，調査月などが相違することから，時系列比較には注意を要する。右側の軸は非正規率のパーセンテージを示している。
出典：2001 年以前は総務省「労働力調査特別調査」，2002 年以降は同「労働力調査詳細集計」により作成。

集・解雇」を整理解雇，ないし解雇と呼ぶこととする。

　日本はアメリカに比べると，労働者の解雇があまり行われない傾向にあると言われている。このような仮説は第 1 章で紹介した諸理論と整合的である。この理由としては，日本企業の労働力の質的な柔軟性である。まず，日本では不況や業績の悪化で仕事量が減少した場合，労働者の解雇ではなく，残業時間の規制によって対応することが挙げられる。また，日本の報酬体系は職能給であり，企業内での配置転換が容易であることから，仕事量の変動に応じて雇用量を変化させる必要性は低い，という点にも注意が必要である。その一方で，総務省の「労働力調査特別調査」および「労働力調査詳細集計」によると，近年の日本では労働の非正規化が進んでいることが分かる。非正規率は 1980 年代半ばの段階では 15％程度であったが，2000 年代に入ると 30％台となっている（図 3-1）。非正規労働者の雇用保障は正規労働者に比べると弱いので，雇用調整は容易になると考えられる。また，続く第 2 節で述べるように日本でもいわゆる「『終身雇用制』の崩壊」を指摘する議論も現れて久しい。

　この章では樋口の研究［樋口 2001］にならい，日本とアメリカのマクロレベルにおける雇用調整速度の比較を行った。樋口と異なる点は，樋口が

1960年から99年までの分析であったのに対し、この章では2009年まで分析期間を拡張しているところ、および日本については、就業者数ベースのみならず、雇用者数ベースで分析を行っているところにある。2000年代のアメリカは「ニューエコノミー」の崩壊、サブプライムローン問題から生じた金融危機といった大きなマクロ経済上のショックを経験している。また、日本は、2000年代半ばまでは長期的な景気回復局面を経験した一方、次の第4章で述べるように、労働分配率は低下し、さらに2000年代末には先述した金融危機に直面した。

以下に本章の構成を述べる。第2節ではまず、日本の長期安定雇用の内実について述べる。その上で、長期安定雇用の近年の変化、雇用調整の手法、長期安定雇用を支えている法制度について言及する。

第3節では雇用調整の国際比較に関する先行研究および分析手法について述べる。雇用調整に関する研究では、かつては労働量の生産高弾力性を求める手法が主流であった。近年では新古典派ミクロ経済学を基礎とした労働需要関数を推計することによって、雇用調整速度を求める「部分調整モデル」が主流となっている。本章で用いるのはこの部分調整モデルであり、その導出の解説を行う。

第4節では、日本とアメリカのマクロ経済上の雇用調整速度の比較を行う。分析期間は1960年から2009年までである。この分析で用いる労働量は、日本・アメリカともに就業者数である。しかし、日本については雇用者数を用いた分析も行う。この理由は雇用関係にある就業者については、自営業主や家族従業者とは異なった調整メカニズムが作用していると考えられるからである。最後に第5節でまとめを述べる。

2　日本の雇用システム

2.1　長期雇用慣行とは何か

日本の雇用システムは長期安定雇用（終身雇用）であると言われている。

八代は，終身雇用とは「企業が，少なくとも常用雇用者については，景気後退期にも解雇しない代わりに，労働者も自己都合によっては安易に転職しないという，企業と労働者の間の相互信頼に基づく暗黙の長期的な雇用保障」であると定義している [八代 1997]。また，仁田は「企業が容易には労働者を解雇せず，雇い続ける傾向と，それを促す制度や慣行」，そして「労働者が容易には企業を辞めず働き続ける傾向と，それを促す制度や慣行」[仁田 2008] という2つの側面が不可分の一体をなし，ある種のルールとして労使当事者を拘束している状態を終身雇用慣行と定義している [野田 2010a]。

この長期安定雇用の「崩壊」は1990年代末ごろから意識され始めてきた。その傍証として雇用調整を実施した事業所の割合の増加，あるいは雇用調整速度の上昇が挙げられる。ただし，このことをもって長期安定雇用が崩壊したと判断するのは早計かもしれない。というのも1990年代以降，日本経済は長期停滞に入ったので，その経済状況を反映しているだけにすぎないという解釈もありうるからである [久本 2010]。加えて，経営者の意識についていえば，「終身雇用」への支持はいまだ高いばかりか，一部では揺り戻し傾向も存在する[1]。

次に，日本の雇用調整の内実についてより詳しく述べる。

ジャクソンは経済産業省の2003年の調査を用いて，2000年から2003年までの日本企業の雇用調整の内容を示している。それによると，雇用調整の手法は，新規採用の抑制，早期希望退職，出向[2]，企業内部での配置転換が主であり，整理解雇はまれにしか行われない。これは日本企業が採用を抑制し，あるいは年長の労働者に退職するインセンティブを与えることによって，「コア労働者」を守ろうとしているからである。さらに，雇用調整は系列企業も含めた企業グループ内の労働市場で行われることも多い。さらに，この調査によると，外国人持株割合や社外取締役の存在は雇用調整の方法には影響を与えていないことが示されている [Jackson 2007]。

---

1) 厚生労働省「雇用政策研究会」（配布資料「雇用を取り巻く状況について」http://www.mhlw.go.jp/shingi/2009/12/dl/s1216-11f.pdf），2011年8月29日アクセス。
2) 出向には賃金を子会社と分担する一時的な「出向」と永続的な「転籍」が存在する。かつてはそれぞれを「在籍出向」，「転籍出向」と呼んでいた。

この雇用調整のパターンは労働市場に関するデータをもとにした，他の計量分析と整合的である。これらの計量分析は，雇用保障は1980年代から大きな変化は起こっていないことを示している［Kato 2001］。

このような整理解雇を極力避ける日本企業の雇用調整は，近年の労働法の改正にもかかわらず，法的にも維持されていると言える［Yamakawa 2007; Araki 2005］。より正確に述べると，日本における雇用保障の仕組みは，ドイツなどの大陸ヨーロッパ諸国とは異なり，成文法によるものではなく，「判例法理」という不文のルールに依拠している点でユニークなものであった。

すなわち，日本では成文法上（民法，労働基準法）上は「解雇自由の原則[3]」を維持してきた。しかし，裁判所は，使用者の解雇権行使が客観的に合理的な理由を欠き，社会通念上相当として是認しえない場合には権利の濫用（民法1条3項）として無効になる，という判例法理（解雇権濫用法理）を確立している[4]。一般に権利濫用は例外的な場合にしか成立しないのが通常であるが，解雇の場合，裁判所は一般に労働者側に有利な事情を極力考慮し，解雇権行使を濫用とする傾向が顕著である。特に，広範な雇用調整が行われた1973年のオイル・ショックの後には，「解雇権濫用法理」と言われる経済的解雇に関するルールが判例上確立された。これは4つの要件[5]を備えて

---

3) 解雇に正当理由を必要とせず，一定の予告期間をおけば自由に解雇できるという原則を指す［荒木2000a］。
4) 日本食塩事件・最判昭和50年4月25日民集29巻4号456頁，高知放送事件・最判昭和52年1月31日労働判例268号17頁。なお，解雇権濫用法理自体は，昭和50年の最高裁判決が出される以前から，下級審裁判所では確立した考え方であった［荒木2000a］。
5) ①人員削減の経済的必要性がなければならない。必要性の程度について，かつては倒産必至の状態を要求する裁判例もあったが，現在の判例は，経営状況について詳細な認定は行うものの，使用者が明らかに矛盾した行動をしているのでない限り，人員削減を必要とした経営判断を尊重する傾向にある。②整理解雇に訴える前に種々の雇用調整措置（残業規制，退職者の不補充，有期契約の更新拒絶，新規採用の停止，配転・出向，一時帰休，希望退職者の募集など）を試み，解雇回避義務を尽くさなければならない。③被解雇者の選定は，客観的・合理的な選定基準に従ったものでなければならない。④労働組合や従業員に整理解雇の必要性や具体的な実施方法などについて説明，

いない整理解雇を解雇権の濫用として無効とするという法理である［荒木 2000a］[6]。

　しかしながら，2003年には労働基準法が改正され，「解雇権濫用法理」が明文化された。さらに2008年には労働契約法が施行され，「解雇権濫用法理」は労働基準法から移行した。

　この他，近年の重要な変化としては，2000年の連結会計の導入によって，子会社や関連会社に労働者を出向させる方法が，企業にとっては魅力的な方法ではなくなってきたことが挙げられる［Nakata and Takehiro 2001］。

2.2　雇用調整の動向

　次に，日本の雇用調整について時系列データを用いてみていく。図3-2は「労働経済動向調査」において，製造業に属する事業所の雇用調整を行った割合の推移を示したものである。これを見ると，1970年代後半以降，雇用調整のピークは8回あったと言える。第1のピークは，第1次オイル・ショックの時期であり，雇用調整を行った事業所の割合は一時期7割を超えた。第2のピークは，第2次オイル・ショックの時期である。もっとも，第1次オイル・ショックの調整が終わらない段階で，第2次オイル・ショックが発生したとも言える。第3のピークは1980年代前半の時期であり，第4のピークは1980年代後半の円高不況の時期である。そして第5のピークは1990年代前半のバブル崩壊後の不況期であり，第6のピークは1990年代末，第7のピークは2000年代初頭のITバブル崩壊の時期である。そして第8のピークは2008年以降の金融危機によるものであり，その規模は，第1次オイル・ショックに匹敵するものであったことが分かる。

　次に，雇用調整の手法について見ていく。いずれの時期でも雇用調整の手法として用いられているのが，「残業規制」である。すなわち，業績の悪化によって，仕事量が減った場合，労働者の数を減らすのではなく，労働時間

　　協議することが要求されている［荒木 2000a］。
6) 4つの基準については，「4要件」ではなく権利濫用の総合判断における「4要素」に過ぎないとする理解も有力になってきている［荒木 2000b］。

第3章 雇用調整の国際比較 | 69

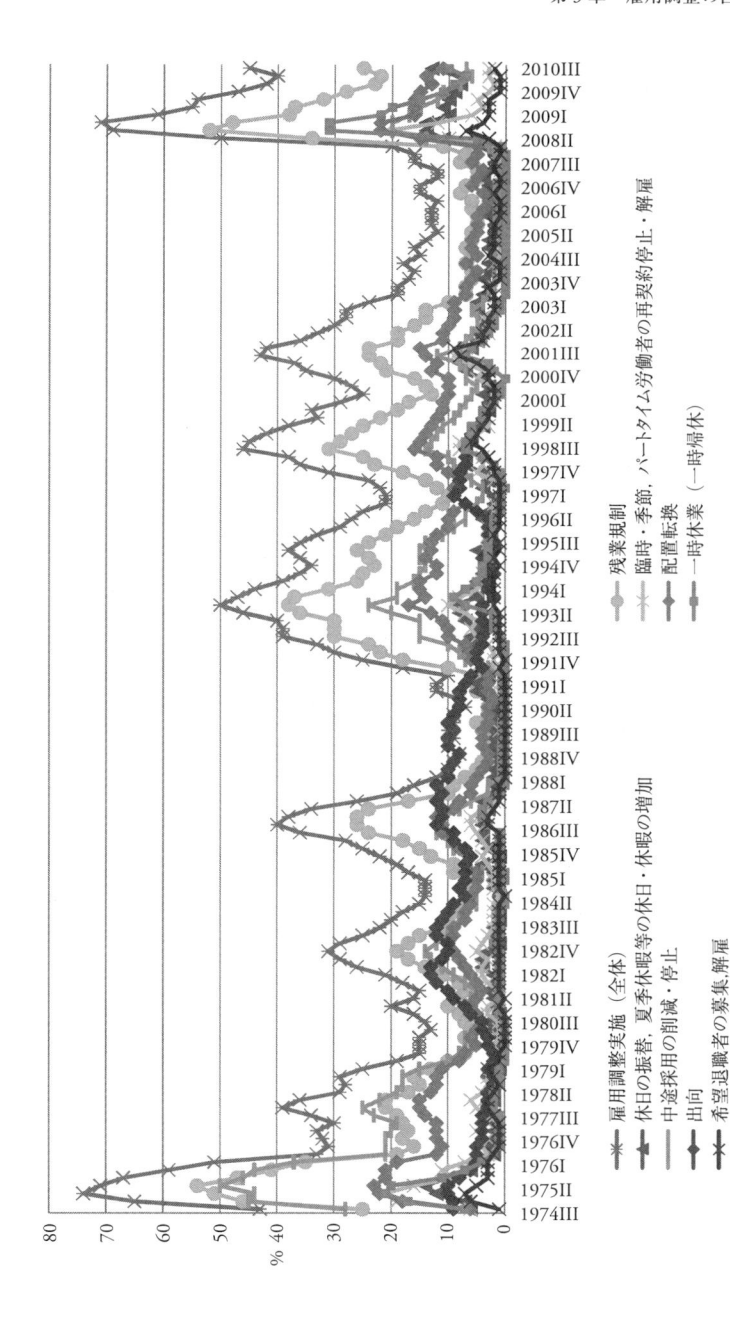

図 3-2 製造業における方法別雇用調整実施事業所割合の推移

注：1986年第2四半期（1986II）までは配置転換と出向は同一項目。
出典：労働省・厚生労働省「労働経済動向調査」

を減らすことによって対応する，というものであり，日本の雇用調整の特徴と言われている。また，オイル・ショック期には，中途採用の削減・停止も重要な雇用調整の手段であったことが伺える。逆に言えば，この時期は「終身雇用制」は確立されていなかった，と考えることもできる。一方1980年代になると，出向が雇用調整の有力な手法となっていることが分かる。これは子会社，関連会社，下請企業をはじめとする「系列」の形成と大きく関係しているものと考えられる。また，2008年の金融恐慌で生じた景気後退期には，一時休業（一時帰休）という手法が有力な雇用調整の手段となった。これについては主に「自宅待機」という表現で報道されたのが記憶に新しい。

3 雇用システムの国際比較

3.1 弾力性研究から部分調整モデルへ

1970年代，雇用調整の国際比較として一般に用いられてきた指標は，生産高に対する労働量の弾力性である。島田は日本，アメリカ，イギリス，西ドイツ，フランスの5か国について，労働量の生産高弾力性の比較を行っている。結論としては，日本の雇用調整は通説に反して大幅かつ迅速に行われたとし，それは西ヨーロッパ並みであるとしている。アメリカについては，さらに大きな調整が行われ，レイオフ制度に依存した特徴的なものであるとしている[7]。

その一方で，労働省統計情報部も同様の計測を行っている。その結論は島田のものとは若干異なる。こちらの分析では，アメリカの雇用調整は迅速であるものの，日本のそれは西ドイツに比べても遅い，ということが示されている。もっとも，観測期間の終期には日本の弾力性も相対的に高くなっている［労働省統計情報部 1975］。

---

7) 島田晴雄「過剰雇用を考える」『日本経済新聞』1976年4月11-12日付。

これらの弾力性による分析については，篠塚が以下のような批判を行っている。第1は，これらの研究では観察の初期点と終期点が比較する国の間で違いがあるので，弾力性の値の評価も大きくぶれる恐れがある。第2は，弾力性の変化率のとり方によって（すなわち基準時点からの変化率にするか，月次データなら対前月比にするか，対前年同月比にするか，によって），弾力性の値は異なる。第3は弾力性がマイナスの値をとった場合，その比較は困難である。第4は，これが最も重要な点であるが，弾力性には時間的遅れによる調整が含まれていない。生産の減少が雇用の減少に波及するまでは時間的なズレを伴っているのだが，弾力性の計算では当期の生産高の変化に対する当期の雇用（あるいは労働投入量）の変化を把握することしかできない［篠塚 1989，pp. 13-14］。

　こうした批判の後，弾力性を用いた研究は下火となり，代わって「部分調整モデル」を用いた研究が盛んとなった[8]。このモデルによる分析のサーベイとして村松［1995］，Harmesh［1993］がある。村松［1995］によると，日本で初めて部分調整モデル（後述）を用いて雇用調整速度を国際比較した論文は，篠塚・石原［1977］である。この論文では，雇用者数と延べ労働時間で測った労働投入量をそれぞれ被説明変数として，日本，アメリカ，イギリス，西ドイツの製造業に関して推計を行っている。その結果，雇用者数ベースでは日本はアメリカと比べて調整速度は遅いものの，イギリスや西ドイツとはそれほど変わらないことが明らかとなった。もっとも，延べ労働時間を用いた分析では，日本はアメリカと同程度の調整速度で雇用調整を行っていた。このことから，日本は主として労働時間を通じた雇用調整を行っていると考えられる。

　樋口は第1次オイル・ショック以前の高度成長期，そして第1次オイル・

---

8) 例外として，宇仁［2009］の研究が挙げられる。宇仁は雇用量変化率を従属変数，産出量変化率を独立変数とした回帰分析を行い，労働量の生産高に対する弾力性を計測している。分析の結果，日本の製造業雇用者数の生産高に関する弾力性は1970年から1984年までは0.20，1985年から1999年までは0.20，2000年から2008年までは0.25であった。同じく，アメリカの弾力性は，それぞれ0.61，0.56，0.77であり，いずれの時期でもアメリカの方が，弾力性が高いことが分かった［宇仁 2009, 第8章, 第9章］。

ショックからプラザ合意が成立した 1985 年の前年までの期間，そして 85 年から現在に至るまでの 3 期間に分け，雇用調整速度を計測した。その結果，日本とアメリカを比べると，アメリカの方が雇用調整速度は高いことが分かった。また，日本の雇用調整速度の推移について述べると，高度成長期の日本の雇用調整速度は遅かったものの，時代を経るに従って，上昇していったことが分かった［樋口 2001］[9]。

アメリカの調整速度が日本やヨーロッパ諸国と比べてなぜ速いのかについては，村松［1995］がいくつか理由を挙げている。残業割増率の違い，アメリカの先任権制度に基づく「レイオフ・リコール制」の存在，日本における「終身雇用慣行」や解雇に対する労働組合の抵抗，ヨーロッパ諸国における解雇規制や操業短縮手当の存在などである[10]。

次に図 3-3 に，OECD 諸国の常用労働者の解雇の困難度を示した。この指標は大きく分けて 9 種類の下位指標によって構成されている。①解雇告知の厳密性，②告知期間開始時点の厳密性，③告知期間の長さ，④退職金の額，⑤容認される解雇理由，⑥試用期間の長さ，⑦解雇の際の補償賃金の額，⑧復職の可能性，⑨異議申し立てが可能な期間，である[11]。解雇が最も容易な国はアメリカであり，先述した労働量の弾力性研究と整合的である。その一方で，日本では常用労働者の解雇はドイツやフランス，スウェーデンよりも容易であり，OECD 諸国の平均とほぼ同じ水準であることが分かる。

---

9) また，樋口［1996］は日本，アメリカ，イギリス，フランスの 1970 年から 91 年までの四半期データを用いて雇用調整速度の計測を行っている。分析の結果，労働量に雇用人員を使用した場合は，調整速度は日本では 0.623，アメリカでは 0.954，イギリスでは 0.417，フランスでは 0.632 であった。また，労働量に延べ労働時間を用いた場合は，調整速度は日本では 0.704，アメリカでは 1.000，イギリスでは 0.829，フランスでは 0.557 であった。

10) アメリカの「レイオフ・リコール制」，ドイツの「解雇制限」「操業短縮制」については小池［1981］の第 3 章を参照のこと。ヨーロッパ諸国の解雇制限の展開については鈴木［1993］を参照のこと。

11) 詳しくは以下のサイトを参照のこと。http://www.oecd.org/dataoecd/24/40/42740190.pdf（2011 年 11 月 17 日アクセス）

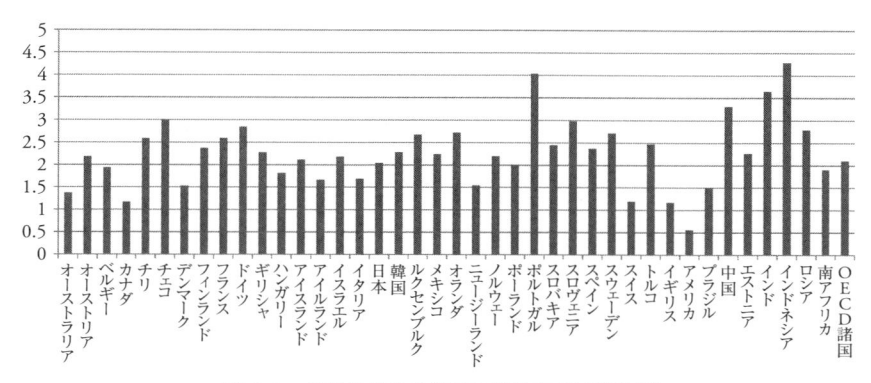

図 3-3 常用労働者の解雇の難易度の国際比較

注：値は 2008 年のもの。指標ごとに 0 から 6 までの値を回答させ，国ごとに加重平均を求める。解雇が困難であるほど，値は高くなる。

出典：OECD, *Stat Extracts*. http://stats.oecd.org/Index.aspx（2011 年 10 月 16 日アクセス）

3.2 部分調整モデルの導出

ここは篠塚［1989］の説明に従う形で，部分調整モデルを導出する。なお，部分調整モデルについての知識を既に有している読者は，この部分は読み飛ばしてもかまわない。企業は外部から需要が与えられると，生産計画に移行する。生産要素は資本 K と労働 L の 2 つしかなく，技術的組み合わせによって生産量 X が決まるものとする。アウトプット，インプットのそれぞれの価格が所与の下で，企業の生産の目標は利潤極大化である。生産物，労働，資本のそれぞれ 1 単位当たり価格を p, w, r とし，企業の生産関数を便宜上，コブ・ダグラス型に特定化する。

生産関数および利潤関数は次のように特定化される。

$$X = e^a L^\alpha K^\beta \tag{3-1}$$

$$\pi = pX - wL - rK \tag{3-2}$$

数式（3-1）の制約条件の下で，ラグランジュの未定乗数 k を用いて利潤を極大にするように数式（3-2）を変換する。

$$\pi = pX - wL - rK - k(X - e^a L^\alpha K^\beta) \tag{3-3}$$

数式 (3-3) の利潤極大化の条件は以下の 4 本の式より得られる。

$$\frac{\partial \pi}{\partial X} = p - k = 0 \tag{3-4}$$

$$\frac{\partial \pi}{\partial K} = -r + \beta k e^a L^\alpha K^{\beta-1} = 0 \tag{3-5}$$

$$\frac{\partial \pi}{\partial L} = -w + \alpha k e^a L^{\alpha-1} K^\beta = 0 \tag{3-6}$$

$$\frac{\partial \pi}{\partial k} = -X + e^a L^\alpha K^\beta = 0 \tag{3-7}$$

(3-4) を用いて (3-5) に (3-6) を導入して K を消去すると数式 (3-8) が得られる。

$$L = \left[\alpha e^a \beta^\beta \left(\frac{p}{r}\right)^\beta\right]^{\frac{1}{1-\alpha}} \cdot X^{\frac{\beta}{1-\alpha}} \cdot \left(\frac{w}{p}\right)^{\frac{1}{\alpha-1}} \tag{3-8}$$

整理すると,

$$L = \alpha_0 X^{\alpha_1} \cdot \left(\frac{w}{p}\right)^{-\alpha_2} \tag{3-8}'$$

ただし,

$$\alpha_0 = \left[\alpha e^a \beta^\beta \left(\frac{p}{r}\right)^\beta\right]^{\frac{1}{1-\alpha}}, \quad \alpha_1 = \frac{\beta}{1-\alpha}, \quad \alpha_2 = \frac{1}{1-\alpha}$$

パラメータの符号は

$$\alpha_0 > 0, \quad 0 < \alpha_1 < 1, \quad 0 < \alpha_2 < 1$$

である。(3-8)' から得られた労働需要関数は利潤極大化をもたらす最適雇用量を決定する。その最適雇用量を L^* で表す。

$$L^* = \alpha_0 X^{\alpha_1} \cdot \left(\frac{w}{p}\right)^{-\alpha_2} \tag{3-9}$$

この数式 (3-9) は以下のことを含意している。

第1に，数式 (3-9) はもうひとつの生産要素である資本ストックのKが入っていない。つまり，この労働需要関数は資本ストックの変動は考慮されていない。Kの変動が入らずに，生産量Xと賃金と生産物の価格比 w/p だけで，労働需要が規定される。資本ストックが増加すれば，資本と労働の代替が起こって，従業員数が減少するかもしれない。しかし，短期的には資本ストックの変動は生じないと考えられる。これらのことから，数式 (3-9) は短期的な労働需要関数であるといえる。すなわち，この労働需要関数を用いて長期にわたる期間を分析するのは本来適切ではない。

第2に，数式 (3-9) のXはあくまで内生変数であって，産出量Xは利潤極大化の条件によって決定される。しかし，数式 (3-9) ではXが外生的に与えられた結果，労働需要が決定されるという読み方が便宜上行われている[12]。

このような不備はあるものの，本章ではあえて部分調整モデルを用いた分析を行っている。その理由は，雇用調整速度を測る第1次的接近としてこの手法は非常に簡便であるからである［篠塚1989][13]。

雇用調整は，一般に時間のかかるものと考えられる。例えば，日本の労働基準法第20条によると，解雇を行う際には，原則として30日以上前に通告しておくか，もしくは30日分以上の賃金を支払わなければならない。また必要に応じて労働者を新たに雇入れる場合には，募集，採用，訓練にコストがかかる。このような関係を式に表したのが数式 (3-10) である。

$$\left(\frac{L_t}{L_{t-1}}\right) = \lambda \left(\frac{L_t^*}{L_{t-1}}\right) \tag{3-10}$$

ここで L_t^* は t 期における最適な雇用者数である。数式 (3-10) は前期の雇

---

12) この問題を解決するために，篠塚は利潤極大化の原理ではなく，費用最小化の原理を用いた分析も行っている［篠塚1989]。
13) この他，この部分調整モデルではコブ＝ダグラス型の生産関数に，1次同次性の制約を課していない。このため，結果的に1次同次性以外の性質も含まれる形になってしまっている。すなわち，完全競争の仮定が満たされていないため，計測すべき関数パラメータと，仮定した理論的解釈の間には厳密な整合性が保たれていない［篠塚1989]。

用 L_{t-1} に対する今季の雇用 L_t の変化率 L_t/L_{t-1} が最適な雇用変化率 L_t^*/L_{t-1} に対して、そのギャップをどれほどの期間で埋めていくのかを表した式である。ここで $(0<\lambda<1)$ は部分調整係数であり、λ が 1 であれば、最適水準への調整が瞬時になされ、λ が 0 に近くなるほど調整の時間は無限に近づいていく。実際の経済で従業員数が最適な水準とならず、部分的にしか調整されない理由は、雇用削減費用や採用費用、訓練費用などの調整費用が存在するためである。数式 (3-9) を数式 (3-10) に代入し、両辺に対数をとって代入すると以下の式が得られる。

$$\log L_t = \lambda \log \alpha_0 + \alpha_1 \lambda \log X - \alpha_2 \lambda \log\left(\frac{w}{p}\right) + (1-\lambda)\log L_{t-1} \qquad (3\text{-}11)$$

パラメータを書き換えると

$$\log L_t = c_0 + c_1 \log X + c_2 \log\left(\frac{w}{p}\right) + c_3 \log L_{t-1} \qquad (3\text{-}11)'$$

ただし、$c_0 = \lambda \log \alpha_0$、$c_1 = \alpha_1 \lambda$、$c_2 = -\alpha_2 \lambda$、$c_3 = 1-\lambda$。

雇用調整速度 λ は 1 から c_3 を引くことによって求められる。

以上解説したモデルを用いて、次節では雇用調整速度の日米比較を行う。

4　日米の雇用調整速度

4.1　使用するデータ

比較に先立って、まず、使用するデータについて述べる。日本のデータは GDP については内閣府「国民経済計算」、労働者数については総務省「労働力調査」、賃金については厚生労働省「毎月勤労統計調査」の各暦年データを用いる。一方、アメリカについては *Economic Report of the President* の各暦年データを用いている。これらのデータは樋口 [2001] で使用されたものである。

まず、日本のデータについてより詳しく述べる。GDP については 1960 年から 1979 年までのデータは 68SNA に基づく名目値、1980 年以降からは

93SNA方式に基づく名目値である。また，労働者数は「労働力調査」の就業者数を用いている[14]。また，賃金については，1960年から69年までは1985年の年平均現金給与総額を100とした賃金指数から，1970年以降は2005年の年平均現金給与総額を100とした賃金指数から，一か月当たりの賃金を求める[15]。また，GDPと賃金については，日本銀行の「国内企業物価指数」の「総平均」で実質化を行った。

次に，アメリカのデータについてより詳しく述べる。まず，GDPについては，「Gross domestic product」各年度の値を用いる。また，労働者数は「Civilian labor force-Employment-Total」の値を用いる。また，賃金については，「Average weekly earnings, total private, Current dollars」の値を4倍にして，月収に変換した上で利用している。そして，GDPと賃金については，「Producer price indexes, Total finished goods」の各年の値で実質化した上で使用している。

また，データは日本，アメリカともに雇用者（被用者）ではなく，就業者であることに留意が必要である。日本における両者の関係を図3-4に示した。この図を見れば分かる通り，一貫して労働の雇用化が進んでいる。1960年には就業者数に占める雇用者数は53.4%であったが，2009年には86.9%となっている。日本とアメリカの雇用調整速度を考察するにあたっては，就業者数ではなく，雇用者数を用いた方が望ましいが，アメリカについては，筆者の見るところ，日本の労働力調査とは異なり，就業者数に関するデータは*Economic Report of the President*に掲載されていなかったので，就業者数ベースでの分析を行う。また，日本については雇用者数を用いた分析も行う。

また，日本とアメリカの失業率を示したのが図3-5である。これによると，日本の失業率は1970年代の初めまでは2%以下であったことが分かる。その後，オイル・ショックを経てわずかながらに上昇したものの，バブル経済が崩壊するまでは2%台であった。しかし，その後2000年前後までにかけて上昇し，2002年には5.4%にまで上昇した。その後は景気上昇もあって

---

14) 1972年までは沖縄県を含まない値である。
15) 「調査産業計」「事業所規模30人以上」の値を用いている。

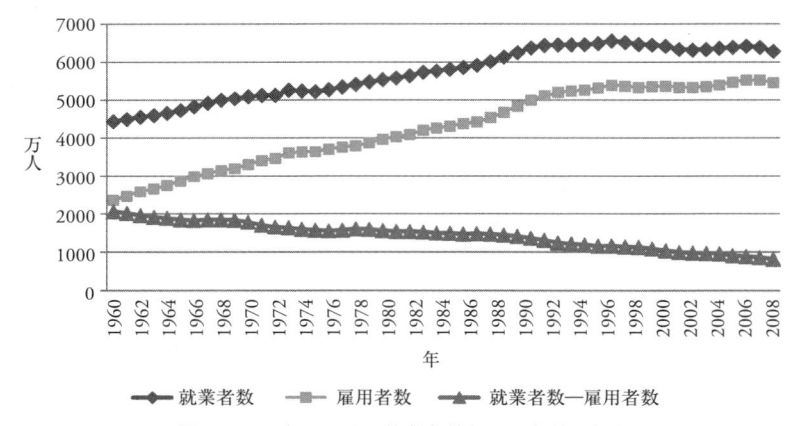

図 3-4 日本における就業者数と雇用者数の推移

注：1972 年までは沖縄県を含まない。
出典：総務省「労働力調査」

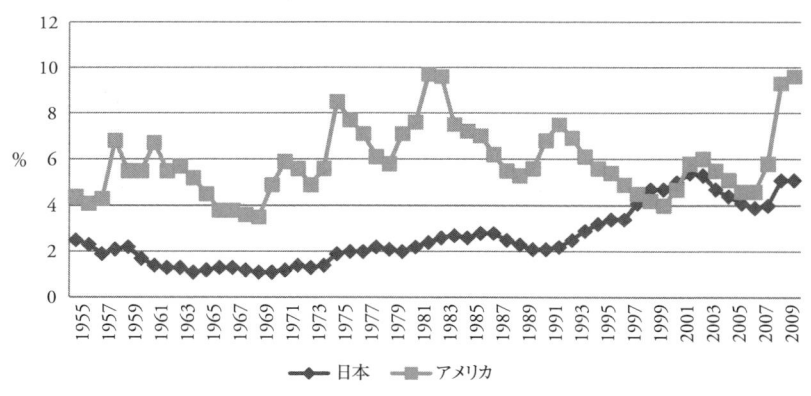

図 3-5 失業率の日米比較

出典：日本については総務省「労働力調査」(http://www.stat.go.jp/data/roudou/longtime/03roudou.htm の表2。2011 年 10 月 16 日アクセス)，アメリカについては *Economic Report of the President* 1955〜1969 年までは 2000 年版に基づく。1970 年〜2010 年までは 2011 年版に基づく。

失業率は低下したものの，2008 年のアメリカで起こった金融危機を反映し，再び上昇に転じた。

　一方アメリカの失業率は 2000 年前後の一時期を除いて常に日本よりも高いことが分かる。1980 年代前半および，2000 年代末の金融危機では 10% 近い水準まで失業率が上昇した。また，日本と比較すると，失業率が大きく変

動していることが特徴である．このことは，アメリカは日本と比較して人員ベースの雇用調整をより積極的に行うことを示唆している．このことから，アメリカの方が人員ベースでの雇用調整速度は速いと考えられる．

4.2　日米の雇用調整速度の変遷

　回帰分析は数式 (3-11)' をもとに行った．回帰分析の結果を以下に述べる．日本では 1960 年から 2009 年までの雇用調整速度は 0.1268 であった．時期を細かく区切って分析すると，1960 年から 1973 年までは 0.5401，1974 年から 84 年までは 0.4570，85 年から 99 年までは 0.5307 であった[16]．一方，アメリカでは 1960 年から 2009 年までの雇用調整速度は 0.1997 であり，日本よりも高いことが分かる．しかしながら，時期を細かく区切って分析すると，1960 年から 73 年までは 0.4069，74 年から 84 年までは 0.0967，85 年から 99 年までは 0.5606 である．つまり，特に，1974 年から 84 年までの期間については，日本の雇用調整速度の方が，圧倒的に速いことが分かる．この結果は樋口［2001］と異なる[17]．

　この違いは分析に用いられたデータの違いによって生じたと考えられる．アメリカについては，GDP の値を 1996 年の値を用いた連鎖方式によって作成された実質値を用いることによって，樋口［2001］とほぼ同じ結果を得ることができた[18]．

　また，日本については，1998 年までの GDP は 68SNA の値を用い，1988 年までの賃金は 1985 年の値を 100 とした指数を用いて得られた値を用い，就業者数の代わりに雇用者数の値を用いることによって分析を行った．その結果，1960 年から 99 年までの調整速度は 0.1292，60 年から 73 年までの調

---

16) この時期区分は樋口［2001］に依拠した．
17) もっとも，この時期の日本の雇用調整速度の有意水準は低いということに留意する必要がある．
18) *Economic Report of the President 2000* の値による．調整速度は 1960 年から 99 年までが 0.6220，60 年から 73 年までが 0.3365，74 年から 84 年までが 0.5394，85 年から 99 年までが 0.6966 である．

表 3-1　日本の雇用調整速度

	全期間	1960〜73年	1974〜84年	1985〜99年	1985〜2009年
切片	1.5503* [0.6268]	7.3468 [6.3190]	3.5953 [2.1065]	3.0092* [1.0499]	1.8262 [1.6048]
一期前の就業者数	0.8732*** [0.0568]	0.4599 [0.4726]	0.5430 + [0.2644]	0.4693*** [0.0943]	0.8514*** [0.1196]
実質GDP	0.0295 [0.0226]	0.0839 [0.0869]	0.1738 [0.1266]	0.2937*** [0.0423]	0.0553 [0.0567]
実質賃金	−0.0208 [0.0218]	−0.0408 [0.0624]	−0.0956 [0.1227]	−0.2641*** [0.0503]	−0.0797 [0.0780]
調整速度	0.1268	0.5401	0.4570	0.5307	0.1486
修正決定係数	0.9959	0.9837	0.9881	0.9929	0.9398
DW	0.9391	1.4674	2.5456	1.5125	0.6152
F値	3967.304***	263.1638***	278.7588***	654.1429***	125.8441***

注：***：0.1％水準で有意。**：1％水準で有意。*：5％水準で有意。+：10％水準で有意。各変数について、上段が係数、下段が標準誤差。
出典：内閣府「国民経済計算」、総務省「労働力調査」、厚生労働省「毎月勤労統計調査」。

整速度は 0.0664，74 年から 84 年までの調整速度は 0.0389，85 年から 99 年までの調整速度は 0.3513 となっている。1974 年から 84 年まで調整速度を除いては，ある程度樋口［2001］の値と近くなっている。

　また，1985 年から 2009 年までの雇用調整速度について述べる[19]。計測の結果，日本は 0.1486，アメリカは 0.8054 であった。つまり，日本の雇用調整速度は 1985 年から 99 年のものよりも低下したことが分かる。一方，統計的に有意ではないとはいえ，アメリカの雇用調整速度は，1985 年から 99 年までのものと比べると上昇している。

　また，日本の雇用調整速度について，就業者数ではなく，雇用者数を用いた分析も行った。その結果を表 3-3 に示した。これを見ると，全期間を対象とした調整速度は上昇したものの，1960 年代から 1980 年代半ばまでの調

---

19) また，2000 年から 2009 年までの雇用調整速度を見てみると，日本では，マイナスの値になっていた。このことは理想の就業者数と現実の就業者数のギャップが，むしろ拡大したことを意味する。一方，アメリカでは，同期間の雇用調整速度は 0.9987 と非常に高い値となっている。係数は有意ではないことに注意が必要であるが，この間に雇用の流動化が進んだことを裏付けるものといえる。また，特に日本については修正済み決定係数がかなり低下している。

表 3-2 アメリカの雇用調整速度

	全期間	1960～73年	1974～84年	1985～99年	1985～2009年
切　片	1.1727* [0.5129]	1.6630 [1.2831]	－6.2225 [3.7300]	3.9550** [1.0632]	5.4842*** [0.9146]
一期前の就業者数	0.8003*** [0.0961]	0.5931 [0.2487]	0.9033* [0.2811]	0.4394* [0.1676]	0.1946 [0.1515]
実質GDP	0.1062＋ [0.0582]	0.2293 [0.1669]	0.2071 [0.1330]	0.2330* [0.0921]	0.3777*** [0.0841]
実質賃金	－0.0786 [0.0639]	－0.1134 [0.1677]	0.2913 [0.2827]	－0.0483 [0.0987]	－0.2193* [0.0949]
調整速度	0.1997	0.4069	0.0967	0.5606	0.8054
修正決定係数	0.9972	0.9908	0.9785	0.9922	0.9909
DW	0.9784	1.4263	1.5973	1.3373	1.2333
F値	5752.770***	468.3805***	152.6349***	595.8983***	874.7853***

注：表3-1に同じ。
出典：Economic Report of the President.

表 3-3 日本の雇用調整速度（雇用者数を用いた場合）

	全期間	1960～73年	1974～84年	1985～99年	1985～2009年
切　片	0.5535＋ [0.3078]	2.5060 [1.6533]	－0.5401 [0.9846]	－2.2593* [0.7576]	－0.9526 [0.5826]
一期前の雇用者数	0.8452*** [0.0387]	0.8472** [0.2137]	0.8743** [0.2127]	0.7033*** [0.0565]	0.6526*** [0.0470]
実質GDP	0.0937*** [0.0262]	－0.0142 [0.0963]	0.1093 [0.1482]	0.3564*** [0.0407]	0.3147*** [0.0485]
実質賃金	－0.0750** [0.0236]	0.0531 [0.0737]	－0.0693 [0.1381]	－0.3507*** [0.0645]	－0.2728*** [0.0557]
調整速度	0.1548	0.1528	0.1257	0.2967	0.3474
修正決定係数	0.9988	0.9954	0.9840	0.9974	0.9945
DW	1.1538	2.3427	2.5000	1.4016	1.0896
F値	13108.65***	936.5221***	205.8255***	1817.112***	1436.825***

注：表3-1に同じ。
出典：表3-1に同じ。

整速度は低下したことが分かった。その結果，日本では就業者数ベースでは雇用調整速度はアメリカとそれほど変わらないか，あるいは部分的に上回っているものの，雇用者数ベースではアメリカの雇用調整速度をおおむね下回ることが分かった。

5　小括

　この章のまとめを述べる。まず，就業者数ベースで雇用調整速度の比較を行ったところ，日本とアメリカの雇用調整速度にそれほど大きな違いはみられなかった。その一方で，日本については，雇用者数について同じように分析を行ったところ，日本の雇用調整速度は低下した。特に，オイル・ショック期に当たる1974年から84年の調整速度が大幅に低下しているのが特徴的である。これは，日本企業が人員ベースの雇用調整を可能な限り避けたことを反映しているものと思われる。加えて，雇用者数を用いた分析では1985年以降日本でも雇用調整速度が上昇したことが分かった。この背景には企業に「株主価値」を重視するよう促す，制度上・環境上の変化があったものと思われる。

　また，本章の課題としては労働時間の調整をモデルに組み込めていない，という点が挙げられる。特に日本企業では，図3-2に示したように，残業規制は雇用調整の最も有力な手段である。労働時間を分析から除外することは，日本の雇用調整速度を過小評価することになる。また，正規労働者と非正規労働者の雇用調整速度は大きく異なると考えられるが，この章の分析では，正規労働者と非正規労働者の識別は行われておらず，これも今後の課題である。

　続く第4章では，1990年代以降の，日本企業のコーポレート・ガバナンスがどのように変化してきたのかを見ていく。そして日本企業の変容に関する議論を俯瞰する。

第4章

日本企業の株主構成の変化と「日本モデル」の変容

1 はじめに

　第2章では，それぞれの国の資本主義，あるいはコーポレート・ガバナンスの独自性は変化しつつも存続しているという見方が主流であることを示した。この章では，その中で日本企業がどのように変化したのかを，より具体的に明らかにすることが目的である。特に1990年代後半，日本企業においては株主構成，法制度面，および実態面で大きな変化が起こった。これらの影響について，議論を整理する。以下に本章の概要を述べる。

　第2節では1990年代以降の日本企業を取り巻く株主構成の変化について述べる。特に注目すべきは外国人株主の増加である。また，金融機関の内部構成も変化し，都市銀行・地方銀行の持株割合が低下し，信託銀行の持株割合が増加したことも重要である。このことは日本企業が「株主価値」への志向を強める原因となりうる。このような株主は株式の売買を通じて企業の経営に影響を与えるが，株主総会で株主提案を行うことによっても経営に影響を与えうる。このような「アクティビストファンド」についても説明する。

　また，第3節では1990年代以降の日本企業の行動の変化について述べる。この間の大きな変化として，社外取締役の導入が進んだこと，賃金の成果主義化が進んだこと，企業の付加価値の分配パターンが変化したことなどが挙げられる。

続いて第4節では，日本型コーポレート・ガバナンスの変容論とそれに対する反論，および日本企業のコーポレート・ガバナンスの多様化について議論を紹介する。変容論を端的に言い表すと，メインバンクの衰退や外国人投資家の台頭などによって，日本のコーポレート・ガバナンスも株主重視のアングロ・サクソンモデルに収斂するのではないか，というものである。しかしこのような収斂論に対しては，反論もある。また，多様化論は，日本企業のコーポレート・ガバナンスのあり方がいくつかのタイプに分岐してきたのではないか，というものである。つまり，「日本モデル」が変化し「アメリカ型」に収斂したのか，あるいはそうではないのかという二分法とは一線を画しているものである。この節ではこれらの議論の概観を紹介した後，このような議論の課題を紹介する。最後に，第5節でまとめを述べる。

2　日本企業の金融システムの変化

2.1　制度変化に関する理論

1990年代の以降の日本のコーポレート・ガバナンスにおける改革について，宍戸は，「demand pull」型（経済界主導）の改革か「policy push」型（政治主導）の改革かという観点で整理を行っている［Shishido 2007］[1]。そして明確な線引きは難しいとしながらも，自社株買いの自由化，ストック・オプションの自由化，取締役の責任限定，M&Aの要件緩和，純粋持株会社の解禁，株式移転制度・株式交換制度・会社分割制度の創設が demand pull 型の改革であり，委員会設置会社の導入，監査役の強化，時価会計の導入が policy push 型の改革であるとしている。

また，神田は戦後の商法改正の特徴を3つの要素から説明している［神田 2006］。その要素とは「ファイナンス」「ガバナンス」「リオーガニゼーション」である。そのうち「ファイナンス」は企業の資本構成や資金調達に関わ

---

1) 明治以降の日本の商法改正の動きを追ったものとして Shishido [2001] がある。

る分野である。この分野は戦後の資本市場の発達と共に一貫して規制緩和の方向にあった。90年代以降に限って言えば1994年以降自己株式の取得が断続的に緩和された[2]。また，「ガバナンス」は企業の権限の分配に関わる分野である。この分野は2001年までは一貫して規制強化であったものの[3]，それ以降はガバナンス分野において定款自治の余地が増え，ガバナンスの多様性が認められるようになった。一方で，「リオーガニゼーション」は企業組織の拡大，縮小，再編に関わる分野である。この分野は，戦後長い間，合併を除いて何も手が打たれていなかった。しかし，1997年に独占禁止法が改正されると，純粋持株会社設立の手段として，1999年に「株式交換制度」「株式移転制度」が創設された。また，2001年に「会社分割制度」が創設されたことにより，事業再編のためのM&Aが急速に増加した[4]。

2.2 株主構成の変化

近年のガバナンス改革の課題とは何かという問いに答えるには，日本企業の株主構成の変化を知ることが重要である。

図4-1に1985年度末から2009年度末までの株主構成の変遷を示す。これを見ると，事業法人と個人の持株割合はともにおおむね20％台を推移し，ほぼ横ばいといってよく，政府と証券会社の持株割合もきわめて低い水準で安定している。一方で金融機関の持株割合は1990年前後にピークを迎え，その後はほぼ一貫して減少していることが分かる。逆に外国人の持株割合は1980年代後半に底を打った後，ほぼ一貫して上昇していることが分かる[5]。

---

2) 例えば，新株予約権については三島［2007］を参照のこと。
3) 2001年の商法改正によって，2005年5月以降は，大企業の監査役の少なくとも半数は，厳密な意味での社外監査役で構成しなければならなくなった。1993年の商法改正ではすでに，社外監査役の導入は義務化されていた。しかし商法上，退職後5年経過した従業員は社外監査役の要件を満たしてしまうため，ほとんどの大企業は自社のOBを監査役に任命していたという実態があった［Shishido 2007］。
4) 詳しくは下谷［1996；2006］，宮島［2007］，蟻川・宮島［2007］，Shishido［2007］を参照のこと。
5) 東京証券取引所の定義によると，外国人とは「外国の法律に基づき設立された法人，

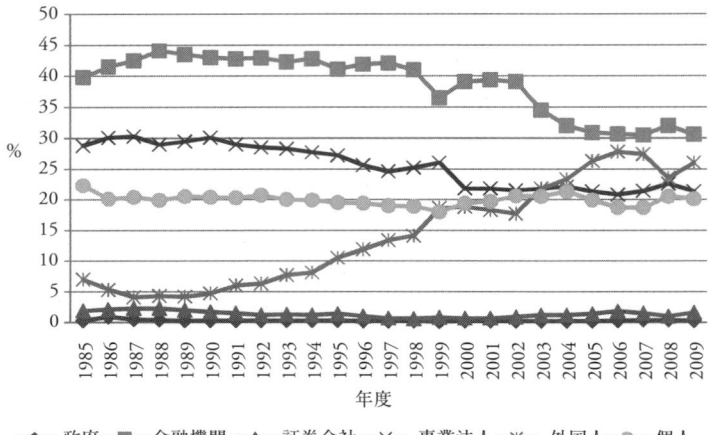

図 4-1　株主構成の変化

注：1985年度から2009年度までの各年度の値の推移を示している。値は金額ベースである。
出典：東証他「平成21年度株式分布状況調査の調査結果について」

　菊地は外国人投資家を，業態によって投資信託，年金基金，ヘッジファンド，プライベートエクイティ等に分類している［菊地 2007，p. 37］。

　また，金融機関についてはサブカテゴリが複雑なので，その内訳と推移を図 4-2 に示した[6]。かつては都市銀行・地方銀行等のシェアが一番大きかったが，その値は1990年代末以降急速に低下した。その結果2000年度前後に信託銀行と値が逆転していることが分かる。都銀・地銀等のシェアはその後も急速に下がり続け，2009年度末では4.3%となっている。一方で信託銀行の持株割合は特に2000年度以降急激に上昇した。その後若干低下したが2009年度末では18.4%となっており，金融機関に占める割合は最も大きく

　　外国の政府・地方公共団体及び法人格を有しない団体，並びに居住の内外を問わず日本以外の国籍を有する個人」のことである。また，有価証券報告書上の外国法人等の定義は「外国国籍を有する個人及び外国の法令に基づいて設立された法人など」である。http://www.tse.or.jp/market/data/examination/distribute/b7gje6000000508d-att/bunpu2010.pdf の p. 15 (2011年11月13日アクセス)。

6) 金融機関は都銀・地銀等，信託銀行，投資信託，年金信託，生命保険会社，損害保険会社，その他の金融機関で構成されている。なお，投資信託と年金信託の値は信託銀行に含まれている。

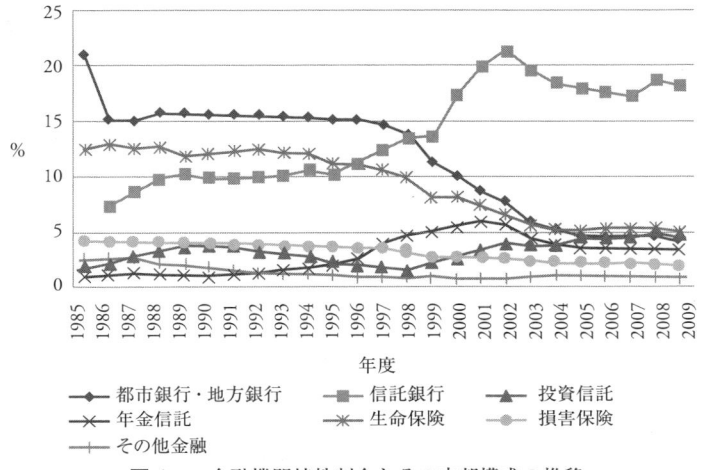

図 4-2　金融機関持株割合とその内部構成の推移

注：投資信託および年金信託の値は都銀・地銀等もしくは信託銀行に含まれている。信託銀行の値は1986年度から集計されている。その他は図4-1に同じ。
出典：図4-1に同じ。

なっている。また，かつては生命保険会社の持株割合も高かったが，都銀・地銀等と同じように低下していき，2009年度末では5.0％である。

　このような株主構成の変化の主要因として考えられるのが，銀行と事業法人間の株式持ち合いの解消である［宮島 2009］。1990年代半ば以降，事業法人の保有銀行株の売却が進展した。不良債権問題の深刻化を背景に，銀行株の下方修正が進み，事業法人にとって銀行株保有のリターンが低下する一方で，リスクが上昇したからである。他方，不良債権問題に直面した銀行は，償却原資が必要となり，保有株式を売却する必要が出てきた。2001年に銀行の株式保有を，BISの自己資本規制の範囲である総資産の8％程度に抑えることを目的とした，銀行等株式保有制限法が制定されるとともに，銀行の保有株売却は加速した［宮島・新田 2011］[7]。

　この持ち合い解消は選択的に行われた。宮島・黒木によると，事業法人については，保有株の売却・保有継続の意思決定の時点で，外国人持株割合が

---

7) 詳しくは藤川［2003］，増尾［2004］を参照。

高く，資本市場へのアクセスが容易な企業は保有銀行株の売却を選択した[Miyajima and Kuroki 2007]。逆に外国人持株割合が低く，依然銀行借入に依存している企業は，銀行株の保有継続を選択した。一方，銀行部門も，流動化が容易な株式市場の評価の高い保有株を売却し，逆に，負債比率が高く，市場の評価が低くても，自行への借入依存度の高い企業の株式は継続的に保有する傾向を明らかにした。

次にこれらの株主の性格の違いの一端を示してみたい。ここではそれぞれの株主の売買回転率（＝2009年の売買高／2009年度末の株式保有額）を比較してみる。売買回転率が低い株主は売買の頻度が小さく，安定株主であると言える。値を示すと，金融機関全体では0.41，都銀・地銀等は0.06，生命保険は0.13，信託銀行は0.62，投資信託は1.02，事業法人が0.11，外国人が3.00，個人が2.13であった[8]。このことから信託銀行や外国人は都銀・地銀や事業法人に比べると売買行動が活発であり，株価形成に大きく影響を与えると考えられる。

2.3　外国人投資家の動向と性格

ここでは，外国人株主，ないし外国人投資家とは何かという問題について述べる。外国人投資家についての先行研究は，保田[1995, 1997, 1999]，代田[2002]さらに近年では菊地[2007]などがある。

保田によると，1960年代から8回の外国人による対日株式投資ブームがみられるという。概要は表4-1に示したが，このなかで第6次ブームについては詳しく補足しておく。第6次ブームは90年11月から96年6月までの間であり，主な投資主体は欧米の年金基金および投資信託であった[9]。

---

8) データは東京証券取引所のサイトから採取した。売買高は東証・大証・名証の第1部および第2部の値である。また所有株式の総額は全社ベースの値である（http://www.tse.or.jp/market/data/sector/index.html および http://www.tse.or.jp/market/data/examination/distribute/index.html）。ともに2010年9月13日アクセス。

9) 外国人投資家の投資行動にはいわゆるhome country biasがあり，規模が大きく，資本市場の評判が高く，なおかつ歴史の古い企業の株式に偏った投資が行われる[村瀬2001；胥2002]。宮島・原村・江南によると，外国人投資家は成長性が高く，デフォ

表 4-1 日本企業に対する株式投資ブーム

	ブームの期間	投資主体	背景・その他の特徴
第1次ブーム	1961年6月から63年7月まで	アメリカの個人投資家および日本株を専門に運用するために設立されたジャパン・ファンド	ソニーがアメリカで預託証券(ADR)をニューヨーク市場で発行し、資金調達を行ったことから開始。
第2次ブーム	1967年7月から70年4月まで	ヨーロッパの投資信託	64年にIMF8条国に移行したことにより、貿易外取引および資本取引において自由化を推し進めることが義務化。
第3次ブーム	1971年2月から72年10月まで	日本企業の商社や輸出メーカーといった海外法人。いわゆる「黒い目の外人」	71年8月のドルの金兌換停止、12月のスミソニアン協定によるドルの切り下げ。
第4次ブーム	1979年12月から82年1月まで	中東のオイルマネー	79年に起こった第2次オイルショックによって、OPEC諸国の経常黒字が増大し、OPEC諸国が海外への投資を積極的に行った。
第5次ブーム	1982年9月から84年1月まで	ヨーロッパの投資信託と年金基金	世界的な株価上昇。
第6次ブーム	1990年11月から96年6月まで	欧米の年金基金および投資信託	①循環面、②構造面、③投資尺度からの評価面、④国際分散投資上の配分戦略面
第7次ブーム	1997年2月から7月までの短い間	アメリカの年金基金	アジア通貨危機によって終焉。
第8次ブーム	1998年10月から2007年7月まで	アメリカとヨーロッパの年金基金と投資信託に加え、アジアの投資家も参入	国際優良株から第2部、店頭株までの投資対象の広まり、インデックス運用からアクティブ運用にいたるまでの運用スタイルの広がり、買い越し金額の大きさ、買い越し時期の持続力。

注:第8次ブームの終期は東証「統計月報」の「投資部門別売買状況(株式)」の「第一部・売買代金」から筆者が判断した。
出典:保田[1995;1997;1999]より筆者作成。

特に94年1月から3月にかけて外国人投資家によって3兆円を超える買い越しが行われたが，この要因は①循環面，②構造面，③投資尺度からの評価面，④国際分散投資上の配分戦略面にあるといわれている。①は当時の日本経済は深刻な不況に陥っていたが，それはいつまでも続くということはなく，いずれ上向いてくるだろうという期待に基づくものである。②は円の持続的強さ，インフレ率および金利水準の低さ，ハイテク技術の展開力，地理的条件の良さ，貯蓄率の高さ，多額の貿易黒字が評価されたことによる。③はキャッシュフロー・レシオ（企業の1株あたり税引き利益プラス減価償却費）や株価純資産倍率がアメリカ，イギリス，日本を除いたアジアの株式よりも割安であったことに基づくものである。④は東京株式市場が新興諸国や欧州に比べて割安であったことから，再開発すべき宝庫とみなされたことに関係している[10]。

　また，菊地によると，外国人投資家は業態によって投資信託，年金基金，ヘッジファンド，プライベート・エクイティなどに分けられる［菊地2007］。ヘッジファンドには明確な定義はなく，金融庁の2005年12月に出したレポートには「ヘッジファンドは一般に私募，超富裕層向け，レバレッジ，多額のリスク，成功報酬などの要素を持つファンドと考えられているが，現状，ヘッジファンドの明確な定義はない」と述べられている。ヘッジファンドは比較的短期志向で，1つの企業に大きな金額を投資することはめったにないが，プライベート・エクイティは1つの企業に大きな金額を投資して，経営に関与しながら長期保有し，値上がり益を狙うファンドである[11]。

　外国人株主は経営者に厳しい姿勢で臨む傾向にあり，2005年の株主総会

　　ルトリスクが小さく，負債の社債依存度が高く，かつ規模の大きい企業に投資を行う傾向にある［宮島・原村・江南2003］。
10) 保田の外国人投資家投資ブームに関する分析は管見では以上であるが，図4-1に見るとおり90年代末より外国人持株割合がほぼ一貫して増加していることから，第8次ブームは長期間存続していたと言ってよい。
11) 日本で有名なプライベート・エクイティはRHJインターナショナル（旧リップルウッド）である。1998年に経営破たんした日本長期信用銀行を立て直して2004年に新生銀行として再上場させ，巨額の売却益を得た。プライベート・エクイティにも明確な定義があるわけではなく，バイアウトファンド，買収ファンドなどと呼ばれる。

で議案に反対した外国人株主がいた企業の割合は 55.7%, 資本金 1000 億円以上の大企業に限っては 89.4% であった[12]。株主総会で重要な議案の承認を得るために, 外国人投資家との対話の重要性が日本企業の経営者に理解されるようになり, 海外でのセミナーが開催されたり, 主要な外国人投資家を直接訪問して, 株式市場の見方や経営内容について説明・意見交換が行われたりするようになったと言われている［菊地 2007］[13]。

また, 上記のような株式市場の変化を背景に, 敵対的買収とそれに対抗する買収防衛策の導入の動きも出てきた。2004 年 9 月 16 日, 経済産業省に「企業価値研究会」の初会合が開かれ, アメリカのポイズンピルを参考に買収防衛策の検討が始まった。この背景には 2005 年に予定されていた商法改正がある。この改正が実現すると, 2006 年から外国企業にも株式交換によるM&A が可能となる[14]。このため, 時価総額の大きな外国企業によって日本企業が買収されるのではという危惧が高まっていた[15]。実際, 2004 年 9 月に経済産業省が行った調査によると, 調査対象企業の 71% が敵対的 M&A に脅威を感じていた。そのうち, 脅威を感じている背景として, 29% の企業が外国企業に比べて小さな時価総額を挙げていた[16]。さらに, 経団連は 11 月 11 日, 企業買収に対する合理的な防衛策を早急に整備すべきという意見書を発表した[17]。買収防衛策についての詳細は第 7 章で述べる。

2.4 アクティビストファンドの動向

以上述べた外国人投資家, あるいは日本の株主の中で, 日本企業の大株主

---

[12] 外国人株主が敏感な議案には, 役員報酬の金額, 買収防衛策の導入などが挙げられる。
[13] この他, 週刊東洋経済 2006 年 7 月 22 日号『『株主』大研究」も参照のこと。
[14] いわゆる「三角合併」であるが, 実際にはこの部分については, 施行は 1 年延期された。
[15] 日経金融新聞 2004 年 9 月 17 日付第 1 面。
[16] 「敵対的買収防衛策（企業価値防衛策）の整備　企業価値研究会の論点公開の骨子と企業価値防衛指針策定に向けた対応　参考資料」(http://www.meti.go.jp/committee/materials/downloadfiles/g50307a20j.pdf)。2010 年 9 月 29 日アクセス。
[17] 日本経済新聞 2004 年 11 月 12 日付第 7 面。

となって積極的に株主提案を行ったり，場合によっては TOB を仕掛けようとしたりするファンドが 2000 年以降から目立つようになってきた。いわゆる「アクティビストファンド」である。彼らの行動の特徴は，株主価値の向上という理念を掲げて企業経営者をコントロールすること，つまり，株主重視のコーポレート・ガバナンスを企業経営者に強いるという点にある [井上・池田 2010]。このアクティビストファンドがターゲットにした日本企業の特徴を分析した胥は，それらの企業が余剰資金を豊富に保有している点，株式持ち合い比率が低い点などで共通していることを示唆している [胥 2007]。ターゲットになった企業はフリーキャッシュフロー問題を生じさせやすいので，アクティビストファンドの活動はこの問題の解決に有益であると胥は主張している[18]。

このようなアクティビストファンドへの対応として注目を浴びたのが，先述した買収防衛策の導入である。広瀬・藤田・柳川は 2005 年 6 月までに買収防衛策を導入した企業の，年度末の業績および株価の変動を検討した [広瀬・藤田・柳川 2007]。分析の結果から，経営陣が業績悪化を見込んで防衛策を導入した可能性，および株式市場が防衛策の導入という情報から各社の業績悪化を予測していた可能性が示唆されている。また，柳川は敵対的買収（あるいはその脅威）という株式市場による経営者の規律付けの有効性を強調している [柳川 2005；2006]。そして買収防衛策の導入は，それが経営者と株主との情報の非対称性という問題を緩和させる限りにおいて望ましいと主張している。

一方で，こうしたアクティビストファンドの経営に与える影響については否定的な研究も存在する。鈴木は村上ファンドが株式を保有した 22 社を対象として，株式保有が明らかになった年度の 5 年前から 3 年後までの 9 年間にわたる，投資収益率と ROA の推移を観察した [鈴木 2006]。その結果，保有が明らかになってからの 3 年間は，各社の投資収益率は市場全体よりも高い数値を記録する一方で，ROA については同業他社と比べると劣ってい

---

18) フリーキャッシュフロー問題とは，経営者が自分の裁量下にあるキャッシュフローに安住して，経営努力を怠ることを指す。この問題については第 6 章でも述べる。

たことが明らかになった。鈴木はこのような経営効率の低下が起こった理由として，経営陣が敵対的買収者への対応に追われ，本来の企業経営に注力できなくなった可能性を挙げている。また，井上・加藤は村上ファンド以外のアクティビストファンドにも対象を広げた分析を行っている［井上・加藤2007］。分析の結果，村上ファンドは短期的にのみ株主価値を向上させていたが，その他のファンドは長期的にも統計上有意な超過リターンが残ったことが明らかになった。

また，岡田・窪井は買収防衛策を導入した企業の方が，コーポレート・ガバナンスの強化・改善につながる諸施策の導入に積極的であったことを明らかにしている［岡田・窪井2007］。加えて，防衛策導入後に株主価値が毀損されてはおらず，際立った業績の変化がみられたわけではないことから，少なくとも現時点において日本企業の防衛策は経営者のエントレンチメント[19]を反映したものではない，と結論付けている[20]。

また井上・池田は2007年7月19日の時点で，アクティビストファンドA社（匿名）によって株式大量保有報告書が提出されていた30社について，経営陣にインタビューする形で分析を行っている［井上・池田2010］。その結果，以下の3点が明らかになった。①ファンドAが各社の経営上の意思決定に影響を与えたことはほとんどなく，業績が向上していたとしてもそれはファンドAによる株式保有効果とはいえない。②各社はファンドAから自社株買い，自社株償却，増配，不採算事業からの撤退などの提案を受けていた。しかし，そのほとんどが採用されることはなかった。ファンドAとの間の考え方の隔たりが，各社にそのような対応をとらせたと考えられる。つまり，各社が長期的な方針にもとづいて事業運営を行っているのに対し，ファンドAはその内容を十分に理解しておらず，短期的なリターンの回収を重視する傾向があった。③配当にかんする経営陣の方針は，ファンドAの存在からほとんど影響を受けていなかった。基本的に各社は，長期的に安

---

19) エントレンチメント（entrenchment）とは，「塹壕」の意であるが，ここでは経営者が防衛策を導入することによって，自らの保身を図ることを指す。
20) アメリカの株主によるアクティビズムの動きについてはカルポフによれば「数多くの実証分析が存在し，評価は分かれている」とまとめられている［Karpoff 2001］。

定した配当を維持する方針を採用していた。各社はファンドAではなく，安定株主を意識した配当を行っていたと考えることができる。

　以上のことから，外国人投資家であれ，日本国内の投資家であれ，いわゆる「アクティビストファンド」が企業経営に与える影響は，それほど大きくないと言えそうである。もっとも，このようなファンドが台頭してきたのは近年になってからであり，井上・池田も認めるようにサンプル数が少ないことから，今後とも動向を見守っていく必要があろう。

3　日本企業の行動様式の変化

3.1　経営機構の改革

　外国人株主や投資ファンドなどの「外部」の株主の持株割合が増加しても，経営陣の中に彼らの意見を吸い上げる人物がいなければ，その意見は経営に反映されることはない。日本企業の経営陣，具体的に言えば代表取締役や取締役は，元はその企業の従業員であった人物が多数を占めており，外国人株主や投資ファンドの意見を率先して聞き入れるような存在とはいえない[21]。

---

21) メイスは社内取締役の問題をいくつか列挙している [Mace 1971]。例えば，社内取締役は①取締役会で社長に対して鋭い質問ができない，②経営の危機的な状況で社長を交代させることができない，③社長に対する事後的な評価を下せない，などの問題である [三輪 2010]。序章でも触れたように，アメリカでは社外取締役の比率は高く，また，社外取締役と企業業績の関係についての実証分析も多い。例えば，ハーマリン・ヴァイスバックやメーランは両者に有意な相関関係がないことを示している [Hermalin and Weisbach 1991; Mehran 1995]。また，イェルマックは最小二乗法を用いた分析によって，社外取締役比率とトービンのQは有意な負の相関関係を有しており，社外取締役の存在は時価総額の低評価と結びついていることを報告している [Yermack 1996]。しかし固定効果モデルを利用した回帰分析ではこのような関係は消滅し，さらに，取締役会の構成と他の企業業績（ROAや売上高利益率など）との間には有意な相関関係は存在しないことも示した。一方で，バガト・ブラックは取締役会の構成と企業業績との関係について実証分析を行い，取締役会の独立性を示す代理変数は企業業績と負の

これに対し，企業の出身ではなく外部より選任された社外取締役は外部の意見をある程度聞き入れやすいと考えられる。2002年商法改正によって設立が認められた委員会等設置会社（現在では委員会設置会社）では監査役を廃止し，その代わりに取締役会の中に指名委員会，監査委員会，報酬委員会を設置することが義務となっている。そして各委員会の過半数は社外取締役でなければならないとされている。しかしながら，2008年現在，東証一部上場企業の約97％は旧来型の監査役設置会社である[22]。監査役設置会社では，社外取締役の設置は会社法上任意である[23]。

このような状況を反映して市場関係者より，日本でも社外取締役の導入を進めるべきという意見が出された。例えば2008年5月にACGA（Asian Corporate Governance Association）によって発表された「日本のコーポレート・ガバナンス白書[24]」，同年7月に在日米国商工会議所によって発表された「企業価値研究会による2008年6月の主要提言を実行する法的枠組みの導入を[25]」，同年8月に東京証券取引所によって発表された「投資家向け意見

相関関係があることを示している [Bhagat and Black 1999]。このようにアメリカでの先行研究は社外取締役比率の高い企業では，必ずしも企業業績が高くないことを示している [三輪 2010]。

22) http://www.fsa.go.jp/singi/singi_kinyu/s_group/siryou/20090119/02.pdf（2010年9月30日アクセス）

23) また，日本企業の取締役会の特徴として，取締役会の人員が多いことがよく指摘されている。このことから，取締役会は重要な意思決定を行うには適さないという問題がある。解決策は2つあり，1つは法律で要求された取締役会とは別に，企業が独自に「経営会議」もしくは「常務会」といった会議体を別に組織し，そこで重要な意思決定を行うというものである [仁田 2000]。もう1つは近年になって出現した方法であり，取締役会それ自体を縮小し，新たに執行役員制を導入するというものである。この執行役員制は1997年にソニーによって初めて導入された。この狙いは業務執行を代表取締役の指揮に属する形で執行役員に担当させ，それを取締役会が監督するという仕組みにすることにより，意思決定・監督と業務執行を明確にすることであった。2004年の段階では執行役員制を導入した企業は東証1・2部の累計で893社，その割合は44.5％（＝893÷2007）となっている [宮島・新田 2007]。

24) http://www.midcgroup.com/j_libry/ACGAJapaneseTranslation_F_080630Revised.pdf（2010年10月1日アクセス）

25) http://www.accj.or.jp/doclib/vp/VP_CVSG-1.pdf（2010年10月1日アクセス）

募集に対して寄せられた意見の概要について[26]」などがある。これらの文書はいずれも、社外取締役の独立性を高め、あるいは社外取締役の導入を法的もしくは上場ルールによって義務付けることを求めている[27]。

　このような流れを受けて2008年末、経済産業省に「企業統治研究会」が設置され、社外取締役の原則導入の是非も含めた議論が行われた。ここでも証券市場関係者は上場企業への社外取締役の原則導入を主張した。それに対し、経団連は2009年4月に提言「より良いコーポレート・ガバナンスをめざして（主要要点の中間整理）」を発表した[28]。この中で経団連は社外取締役の強制について消極的な見解を示している。5月26日に企業統治研究会の制度案がまとまり、経団連の意向が反映され、社外取締役の設置の一律の義務化は見送られることになった[29]。

　また一方で、2007年の初めに金融庁に「金融審議会」が設置され、その中の「我が国金融・資本市場の国際化に関するスタディグループ」（以下スタディグループ）では2008年10月から、先に述べた企業統治研究会と同じような議論がなされてきた[30]。特に2009年1月19日に開かれた第18回の会議では社外取締役の導入の是非をめぐる議論が中心であった[31]。同年6月10日に行われた第23回の会議では、「我が国金融・資本市場の国際化に関するスタディグループ報告（案）―上場会社等のコーポレート・ガバナンスの強化に向けて」という題で、報告書案が提出された[32]。

　金融審議会の報告を受けて、東京証券取引所は2009年9月29日に「上場

---

26) http://www.tse.or.jp/rules/seibi/2008toushika_iken.pdf (2010年10月1日アクセス)

27) これらの議論は経済産業省「我が国のコーポレート・ガバナンスの在り方を検討するための基礎資料」にまとめられている。http://www.meti.go.jp/committee/materials2/downloadfiles/g81202a07j.pdf (2010年10月1日アクセス)

28) http://www.keidanren.or.jp/japanese/policy/2009/038.pdf (2010年9月30日アクセス)

29) 日本経済新聞2009年5月27日付第5面。

30) 日本経済新聞2009年6月10日付第4面。

31) http://www.fsa.go.jp/singi/singi_kinyu/s_group/siryou/20090119/02.pdf (2010年9月30日アクセス)

32) http://www.fsa.go.jp/singi/singi_kinyu/s_group/siryou/20090610/01.pdf (2010年9月23日アクセス)

制度整備の実行計画2009」を発表した[33]。さらに東証は2009年の12月30日に有価証券上場規程等の一部改正を行い，一般株主と利益相反が生じるおそれのない独立役員（社外取締役又は社外監査役）を1名以上確保しなければならないということを，企業行動規範の「遵守すべき事項」として規定した。

東証の「独立役員届出書の集計結果について」によると，集計対象となった2302社の上場会社の89.8％にあたる2067社が独立役員を確保済みとの届出を行っている[34]。以下詳しく見ていくと，独立役員の延べ人数は3945人である。独立役員が確保済みであるという届出を行っている上場会社1社あたり，平均1.9人の独立役員が確保されている。また，届け出られた独立役員のうち，24.5％にあたる966人が社外取締役，75.5％にあたる2979人が社外監査役となっている。さらに独立役員として社外取締役を1名以上届け出ている上場会社は独立役員を確保した2067社の27.8％にあたる575社となっている[35]。

次に，日本企業について社外取締役と収益性の関係を分析した研究を紹介する。

宮島らは前期からのROAの増分を被説明変数，社外取締役比率を説明変数とする，パネルデータを用いた回帰分析を行った。その結果，社外取締役比率の係数が正で有意であることが分かった［宮島・新田2007］。このことから，宮島らは社外取締役の招聘が企業業績の向上をもたらす可能性があるとしている。

また，入江らはクロスセクション・データを用いて，独立性の高い社外取締役の比率は企業価値の代理変数であるトービンのQと正の相関関係を有することを示した［入江・野間2008］。このことから，入江らは社外取締役の中で独立性の高い者のみが，高い企業価値をもたらすと解釈している。

さらに，三輪は2004年の社外取締役比率が，2004年から2008年の企業

---

33) 東証「上場制度整備の実行計画2009」http://www.tse.or.jp/about/press/090929s.pdf （2010年9月23日アクセス）
34) 2010年5月14日までに提出された独立役員届出書をもとに集計した結果である。
35) 東証「独立役員届出書の集計結果について」http://www.tse.or.jp/news/201005/100520_a1.pdf（2010年9月23日アクセス）

業績（資産の時価・簿価比率やROA）の平均値にどのような影響を及ぼすのか分析した［三輪 2010］。その結果，一部の回帰式を除いて，社外取締役比率と将来の企業業績の間に正の有意な相関関係は確認できなかった[36]。また，三輪は2004年から2005年にかけての社外取締役比率の上昇が，2005年から2008年までの企業業績の向上に及ぼす影響も分析した。分析の結果，両者の間には総じて有意な関係は確認されなかった[37]。

以上のことから，社外取締役による経営改善効果の有無については現状では断定できない。もっとも，社外取締役の導入の意義は経営効率改善だけではなく，危機に陥った企業の再建や，コンプライアンスの遵守なども目的としていることに留意しておく必要がある。また，取締役会の人員が削減される方向にある中で，わずかずつではあるものの，社外取締役の導入が進むことによって，日本のコーポレート・ガバナンスの特徴の1つであった「取締役の従業員性」が変容する可能性もある。

3.2 賃金制度の成果主義化

久本［2008］は日本の雇用システムの3大要素として，長期安定雇用主義，年功主義，労使協調主義を挙げている[38]。長期安定雇用は年功賃金制と強く結びついている。というのも年功賃金制は労働者が長期間にわたって，同一の企業に勤務する際のインセンティブを提供しているからである。「さらに言うと，特定の職務よりも年齢や職階にリンクした報酬体系は，高い機能的柔軟性を形成する企業内労働市場の存在を保証した」とされている［Jackson 2007, p. 292（引用者訳。以下同じ）］。しかし，経済産業省による2003年の「企業システムと雇用に関する調査」[39]によると，「年齢をベース

---

36) また，将来の企業業績の期間を4年から2年（2004年から2006年の期間）に短縮した場合にも，結果は同じであった。
37) 同じく，社外取締役の導入自体は直接的には企業業績の向上にはつながらないとする研究として財務省財務総合政策研究所［2003］がある。
38) 雇用，賃金の国際比較についてはMarsden［1999］，大藪［2009］も参照のこと。戦後の日本の賃金制度とその変容については梅崎［2008］または土屋［2008］を参照のこと。
39) この調査は2000年に日本の大規模な上場企業を対象に行われた。回答企業数は252

とした給与の重要性は，成果をベースとした給与スキームにとってかわられる形で，衰退し始めた」[同，p. 293][40]。ジャクソンによれば「成果給」，あるいは「成果主義」の意味は複数ある[41]。すなわち賃金を「個人の業績に結び付けるという意味，企業や事業部門の業績に結び付けるという意味，もしくは職能資格や職務といった他の要素に結び付けるという意味」[Jackson 2007, p. 293] である。

また，ジャクソンは経済産業省の調査を用いて，年功賃金制から成果主義への移行と，コーポレート・ガバナンスの関係を分析している。それによると，ほとんどの日本企業が賃金決定にあたって能力（77％），個人の業績（77％），職能資格（67％）といった要素を使用している。その他，年齢，職務，企業の業績といった要素の使用割合も4割を超えている。この他，コーポレート・ガバナンスの要素と，採用している賃金形態の関連についても分析を行っている[42]。この分析の結果，外国人持株割合やストック・オプションの導入は年齢，勤続に基づいた賃金からの脱却を促進していることが明らかになった一方で，新しい報酬のあり方の採用との直接的な関連は確認されなかった[43]。

ジャクソンによると，日本企業は，伝統的な年功と関連性の強い賃金制度から個人の業績や能力と関連性の強い賃金制度へと移行し続けている。しかしながら，成果給の採用に関する均質性の欠如は，これらの動きが過去からの急速な決別というよりも，賃金制度の漸進的な修正であることを示唆している。企業は，個人ないし企業の業績にリンクした賃金決定の方法について，試行錯誤を続けている。ほとんどの日本企業は成果給を長期安定雇用や企業

社で，回収率は12.6％であった。
40) 禹 [2010] は理由として従業員の高齢化，国内市場の成熟と企業のグローバル展開，経営実績の悪化の3つを挙げている。
41) この他の分類として成果主義には年功賃金からの脱却という意味と，成果と報酬を直接結び付けるという2つの意味がある。
42) コーポレート・ガバナンスの要素は，外国人持株割合，取締役会の内部出身者の割合，取締役会の報酬についてストック・オプションを採用しているか否か，である。
43) また，守島も，特定のコーポレート・ガバナンスの要素と賃金形態の間に1対1の強い結びつきは認められない，としている [Morishima 2002]。

内部でのキャリア養成の文脈で採用している。つまり成果給は既存の評価システムを覆すものではなく，むしろ成果給を既存の評価システムに適応させているとジャクソンは結論付けている［Jackson 2007, p. 298］。

3.3　付加価値配分の変化

　次にマクロレベルで，企業の付加価値がどのように変化したのかについて述べる。De Jong［1996］によると，労働者と投資家の間の付加価値の分配の変化は，不完全ではあるとはいえ，ステークホルダーの間の富の分配に関する重要な代理変数である。

　ドイツでは，ベイヤー・ハッセルが株式所有の分散が大きいほど，付加価値額に対する配当のシェアが大きくなるものの，それは直接的に労働分配率に影響を与えているわけではないことを示した。しかしながら同じ研究では株主価値を志向する企業行動は配当の増加および賃金シェアの低下と関係があることが示されている［Beyer and Hassel 2002］。

　ジャクソンは財務省の「法人企業統計」のデータを用いて，1980年から2005年までの，資本金10億円以上の日本企業の付加価値額とその分配の変遷を示している。それによると労働分配率は1980年代を通じて40％程度にとどまっていたが，その後上昇し景気が悪化した2001年には65.4％に達した。しかし景気回復期には労働分配率は低下し，2005年には40％程度に戻った。その一方で，役員への分配は1980年の0.5％から2005年には1.3％へ上昇した。また，大企業の負債の削減を背景として，利払いの割合は1980年代初頭にはおよそ16％であったものが，2005年には4％ほどに低下した。また配当金の割合は2001年までは2.5％から3.5％の間を推移していたが，2005年には7.1％にまで上昇した。最後に，内部留保は90年代半ばまでは20％台であったものが，2001年には5％台に低下した。しかしながらその後急速に回復し2005年には28％となった。

　ジャクソンはさらに時期を4つに分けて，付加価値の分配がそれぞれの期間でどのように変化したのかを分析している。表4-2を見れば分かるように，1980年から86年にかけては日本企業の付加価値は大きく増加し，ほと

表 4-2 付加価値の年間平均変化率の変遷

	付加価値	労働者	役員	利子	地代	配当	税金	内部留保
1980-1986	5.49	7.38	8.56	-1.01	5.62	6.18	4.61	7.18
1986-1997	3.73	6.06	11.10	-1.30	13.28	4.39	2.58	0.85
1997-2001	-5.23	-0.75	-3.31	-5.97	0.74	0.30	-11.14	-16.02
2001-2005	10.40	-1.35	17.51	0.22	0.71	35.32	32.15	136.09

注：単位は％。
出典：Jackson [2007, p. 301] 筆者修正。

んどの部門で分配額が大きく増加していることが分かる。1986年から97年にかけては，バブル経済の時期を含んでいることもあり，地代の増加が著しい。その一方で，1997年から2001年にかけては，付加価値が年間平均で約5％低下した。これは税と内部留保，利子の減少に反映されることになった。その一方で労働者への分配は保たれたままであった。しかしながら2001年以降になると，異なったパターンが登場した。付加価値は大きく増加し，それとともに，配当，役員の賞与，内部留保，税金への分配が大きく増加した。その一方で，付加価値が増加したにもかかわらず，労働者への分配は低下した。

ジャクソンは80年代の成長期と比較すると，2001年から2005年にかけて，ステークホルダーの間で異なった付加価値の分配パターンが形成されたと考えている。加えてこのような付加価値配分の変容は株主の重要性が高まっていることと，経営者と労働者の間で利害対立が生じていることを反映している，と述べている [Jackson 2007]。

4 近年の日本のコーポレート・ガバナンスに関する諸議論

4.1 日本型ガバナンスの変容論と反論

次に，このような環境の変化を踏まえた上で，日本のコーポレート・ガバナンスの変化について，どのようにとらえたらよいのか，以下にOlcott [2009, pp. 42-48] の整理に従う形で示す。

平成不況期に顕在化した日本の金融セクターの脆弱さはこれまで日本企業のガバナンスにおいて重要な役割を果たしてきたメインバンク・システム [Aoki 1990; Hoshi and Kashyap 2001] の有効性に疑問を投げかけた [Scher 1997]。このことはコーポレート・ガバナンスの不在を生み出し，それを埋めるべく株主[44]のより積極的な関与が求められることになった [経産省 2003]。こうして日本企業に対しては，所有者としての株主の地位をより積極的に認め，「株主価値」をより重視することが要求されるようになった。2002年の財務省の調査では，日本の年金基金の約50％，受託機関の70％以上が，日本の雇用システムは日本企業の再生にとっての障害と考えていることが報告された [Omura et al. 2002]。

　これらを踏まえ，1990年代を通じて多くの論者が日本の雇用システムは今にも崩壊するという予測を立てた [Hirakubo 1999; Mroczkowski and Hanaoka 1999; Ornatowski 1998]。しかしながら，一方で，「株主価値」の価値観が日本企業の経営者にどれだけ浸透しているかについては，疑う論者もいた [Morgan and Takahashi 2002; Yoshikawa and Phan 2001]。さらには，日本の雇用システムのように深く制度化された慣行が，容易に転換できるわけはないという意見もあった [Dedoussis 2001]。

　とはいえ，第2節で述べたような株式所有構造の変化は明らかに日本企業の行動に影響を及ぼした。日本の経営者は以前よりも自社の株価により大きな関心を払い，この結果，財務部のコア業務としてIR活動が急速に拡大した [Buchanan 2007]。また，ロビンソン・清水は，2004年の時点で日本企業の経営者が1週間にメインバンクとのやりとりに割く時間は平均で42分である一方で，IR活動に割く時間は平均で1.1時間であったことを明らかにした [Robinson and Shimizu 2006]。すなわち，日本の経営者はメインバンクよりも株主や投資家との関係により多くの労力を割くようになったと考えられる。

　これらのことを受けてドーアは，日本において「静かな株主革命」が起きたと結論付けた [ドーア 2006]。またジャコービィも，「市場と組織を両極

---

44) ここでの株主は，当然のことながら，法人株主や安定株主以外の株主を指す。

とした連続線において，日本はゆっくりとではあるが，市場の極に移動している」と述べている［Jacoby 2005］。

しかしながら，オルコットは，日本型の資本主義は危機に陥ったことに疑いを差し挟む余地はないにしても，ここから直ちに日本の企業組織がアングロ・サクソンモデルに「収斂」するとは予測できないと述べている［Olcott 2009］。「既存の確立された規範は，極度の業績低迷にあって厳しく問われるのであったとしても，今もなお，企業の役割とステークホルダーとの関係についての基本的考えを形作っているように思われる」［Olcott 2009 邦訳版, p. 46］。日本の上場企業の新たに選任された取締役と執行役員に関する調査によれば，ステークホルダーの序列の中で株主利益が第 1 位であるべきという考え方は 2004 年ごろから下火になり，それに応じて従業員利益が優先されるべきという考えが強くなってきた［日本能率協会 2006］[45]。コーポレート・ガバナンスに関する投資家の考えをまとめた財務省の報告書は，次のように結論付けている。「日本企業は依然として，日本の企業システムを反映したステークホルダーを重視しているというのが機関投資家の考えであり，つまり彼らの考えでは，日本企業のコーポレート・ガバナンスの構造は基本的には変化していないということになる」［Omura et al. 2002, p. 15］。

また，何人かの研究者は，株主の発言力を強める法的枠組みの変化にもかかわらず，ステークホルダー主導のガバナンスは変わらないと述べている［Nakamura 2004; Patrick 2004］。伝統的な日本企業によってもコーポレート・ガバナンスの変化が生み出されたが，それは「そうすることによって社会的な正当性を取り戻すことができるからであり，資本効率性を高めることができるからとか，ましてや株主価値を高めることができると考えたからではない」［Yoshikawa and Phan 2001］[46]。

---

45) オルコットによると，多くの論者が日本の労働市場とその制度における重要な変化，すなわち賃金決定におけるより大きな柔軟性と市場メカニズムの利用を観察するとしても，過去からの根本的な断絶を見ることはほとんどない，という［Olcott 2009］。また，Rebick［2005］は「日本の雇用システムは作用しなくなったわけではない。新たな経済環境と人口構造に対応するために自らを再構築しているだけである」と述べている。
46) 日本企業の組織構造と組織行動の特徴はこれからも持続するであろうというテーマ

4.2　日本企業の多様性論

　一方，日本企業の近年のガバナンスの変化を表す議論として「ハイブリッド」論と呼ばれるものがある。その議論を端的に述べると，好業績を挙げている日本企業は株式所有構造や金融構造，および従業員の報酬体系をアングロ・サクソン型に近づけつつも，従来型の取締役会や監査役制度，および長期安定雇用を維持している，というものである。

　ジャクソンは宮島・原村・稲垣［2003］による財務総合政策研究所の調査に基づき，日本企業のタイプを次のように類型化している。1つは間接金融から直接金融への企業ファイナンスの変化に応じて，とりわけ外国人投資家の増大に伴い，部分的ではあるが社外取締役や委員会設置会社形態などアメリカ型のガバナンスを導入する企業群である。さらに人材マネジメントに関しては，長期雇用の放棄と成果主義の導入が図られている。これらの企業はQuasi-US型と呼ばれる。もう1つは，執行役員制の導入などは導入するものの，ガバナンスの構造そのものは既存の形態を維持する企業群である。その上でこれらの企業群はさらに2つの類型に分けられる。1つは人材マネジメントに関して，長期雇用を維持した上で成果主義を導入する企業群であり，これがJ-Hybrid型と呼ばれる。もう1つは，長期雇用と年功賃金を維持する企業群であり，これが既存のJ型と呼ばれる。そして回答企業のうち，Quasi-US型が約17％，J-Hybrid型が約29％，そしてJ型が残りの54％を占めることを指摘している［Jackson 2004］。

　また，ジャクソン・宮島は，クラスター分析の手法を用いて日本企業を3つのタイプに類型化した［Jackson and Miyajima 2007］。ひとつは従来型の日本企業であり，関係志向的な金融・所有構造と内部組織を結合させたタイプ

は，企業システムに関する既存の研究にも見ることができる。ホイットリーは各国間の企業システムの競争が強まったとしても，海外直接投資（FDI）のパターンが地域の制度化された要因によって制約されることに変わりはなく，それゆえに，資本市場の国際化の影響と外国資本の役割は限定されたままであろう，と述べている［Whitley 1998］。すなわち「受入国の企業システムとそれに関連した諸制度が凝集したものであればあるほど，外国企業の存在が大きくなることの結果，システムは変化するということはおそらくありそうにない」［Whitley 1998, pp. 476-477］。

である。そして2つ目のタイプは「タイプIハイブリッド」であり，市場志向的な金融・所有構造と関係志向的な内部組織が結合したタイプである。これらの企業は収益性が相対的に高い。そして3つ目のタイプは「タイプIIハイブリッド」であり，関係志向的な金融・所有構造と市場志向的な内部組織が結合したタイプである。このタイプに属する企業はIT関連産業，小売業に分布し，創業者に率いられ，社齢の若い企業が多い。このクラスターに属する企業は従業員の高度の熟練に依存するところが弱いか（流通），高度ではあるが，汎用性の高いスキルに依存しているか（IT関連産業），あるいはより流動的な外部労働市場と結合している。収益性は分散が大きいものの平均的に高い。

　この議論は，比較資本主義論に共通する制度的補完性の議論と緊張関係にある[47]。制度的補完性の基本的な議論として，安定雇用と間接・長期的金融もしくは短期的雇用と直接・短期的金融の間に制度的補完性がある，というものがある。この議論を踏まえると新興企業の要素が強い「タイプII」はともかく，「タイプI」はシステムとしては理論的には維持できないということになる。

　これに対し宮島は，日本企業のガバナンスシステムの特徴であった，メインバンク・システムと長期雇用慣行の間の補完性はそれほど強くなかった，としている。そもそもメインバンクの機能は，財務危機時の救済保険の提供にあった。しかし，企業の財務構成が変化し負債比率が低下すれば，財務危機に陥る可能性も低下するので，メインバンクの重要性が低下するのは自然である，という［宮島2009］。

　また，関連して宮本は労働政策研究・研修機構（JILPT）の調査を用いて，日本企業の人材マネジメントの分岐を明らかにしている［宮本2007］。まず全企業に関して，長期雇用の維持と放棄，成果主義の導入と未導入の区別から，表4-3のように，4通りの組み合わせを示すことができる。それぞれの数値は全体に占める比率を表している。

---

[47] 制度的補完性とは「経済システム内部の複数の制度が相互に支えあい，個々の制度の有効性が他の制度の存在によって強化されること」である［Chavance邦訳版2007, p. 102］。

表 4-3　宮本による人材マネジメントの分岐

	PRP	NPRP
LTE	39.7％ (NJ 型)	30.0％ (J 型)
NLTE	18.2％ (A 型)	12.2％ (DJ 型)

注：J 型は従来の日本型，NJ 型は新しい日本型，A 型はアメリカ型，DJ 型は衰退した日本型を意味している。
出典：宮本 [2007, p. 78, 80]。

　すなわち回答企業のうち，39.7％は長期雇用の維持と成果主義の導入 (LTE + PRP)，30.0％は長期雇用の維持と成果主義の未導入 (LTE + NPRP)，18.2％は長期雇用の放棄と成果主義の導入 (NLTE + PRP)，12.2％は長期雇用の放棄と成果主義の未導入 (NLTE + NPRP) の組み合わせとなる。

　ここで表 4-3 の右上方のセル，すなわち長期雇用の維持と成果主義の未導入を日本企業の伝統的な人材マネジメント (J 型) とすると，コーポレート・ガバナンスの変化とともに，右上のセル (J 型) から左下のセル (A 型) への移行が想定される。すなわち，株主重視や株主支配型のガバナンスの作用が強まるにつれて，長期雇用と年功賃金の人材マネジメントは破棄され，雇用流動化と成果主義の人材マネジメントが支配的となるといった想定である。確かに一時期はこのような議論が優勢であった。しかし現実には，「短期雇用＋成果主義」型への移行よりも，「長期雇用＋成果主義」型への移行が支配的であった。宮本によると，「長期雇用を維持した上で成果主義を導入する，というのが日本企業の新たな方向のようである」[宮本 2007]。宮本はこの類型を「New-J (NJ) 型」と呼んでいる。

　この NJ 型の企業の特徴は，一般に大企業であり，近年の業績は相対的に好調であり，その上で株主重視のガバナンスを強める点で既存の日本 (J) 型と区別される。しかし株主重視のガバナンスは，長期雇用の否定を意味するわけではなく，長期雇用を維持した上での成果主義の導入を意味している。

　これらのようなハイブリッドモデルに対して磯谷が以下の 2 つの疑問を提示している [磯谷 2010]。

　第 1 に，このハイブリッドモデルは，中長期的に見て，果たして安定的に維持されうるものなのか，それとも，より完全な市場型のシステムに向けての過渡的な段階を表すだけなのかという疑問である。

第2はハイブリッドモデルの下で，これまでの技能形成・能力形成の仕組みを維持できるのか，また，これまでのように，技能形成と労働生産性の高機能連関を維持できるのかという疑問である。「階層的市場―企業ネクサス」論[48]において，磯谷は日本型雇用システムの特質を「年功賃金制と内部昇進の仕組み，長期雇用関係，内部訓練による企業特殊的技能の形成の3つが相互に補完的な関係にあるシステム」と定義した［磯谷 2010］。この雇用システムと，メインバンク・システムや株式持ち合いという，資本市場や株主による短期的な収益追求圧力を排除しようとする金融システムとの間の相互補完性が，日本型と呼ばれた企業システムの下で成立するものと理解されている。

　「この日本型雇用システムは，そこでの技能形成の仕組みが労働生産性と結びつくという形で高機能連関を達成する1つの競争優位のシステムとみなしうるものであった。新しいJ型企業の出現は，日本企業での長期雇用慣行の否定を意味していない。だが，長期雇用関係にある中核労働者の部分は確実に縮小している。むしろ非正規雇用の拡大を通じて正規雇用の維持が可能になっているといえる。問題は，新しいJ型企業の下で，これまでの技能形成・能力形成の仕組みを維持できるのか，またこれまでのように技能形成と労働生産性の高機能連関を維持できるのかにある」［磯谷 2010, p. 21］。

5　小括

　本章では日本のコーポレート・ガバナンスの変化について概観した。株主構成については外国人の比重が増加し，また金融機関内部でも信託銀行が台頭している。このような「外部の」株主の意見を反映させるべきという意見も強まり，上場企業については社外役員の義務化も行われた。これらに加え，賃金の成果主義化，付加価値配分の変化から日本企業において「株主価

---

48) 磯谷・植村・海老塚［1999］，Isogai, Ebizuka and Uemura［2000］，磯谷［2007, 2008］参照のこと。

値」の重要度は高まっているのは間違いない。しかしながら，それをもって日本企業のガバナンスが全面的に「アメリカ化」すると結論づけるのは早計であるという意見も多い。特に長期雇用慣行はジャクソン・宮島，および宮本 [Jackson and Miyajima 2007；宮本 2007] が示す通り業績のよい企業で維持される傾向にあり，今もなお，競争力の源泉とみなされている。

　また，日本企業はいくつかの類型に変化しているという指摘がなされている。この多様化論は「日本モデル」の変化というより，「拡散」，さらには独自のモデルとしての日本モデルの「消滅」を意味しうる。したがって，国家間比較を主題にしている比較資本主義論のあり方とは対立するものとなっている。しかし，現状では，計量分析の結果から多様性の存在を提示している段階であり，関係志向型雇用システムと市場志向型金融システムの補完性について理論的な説明をどのように行うか，課題が残る。加えて，労働法制や金融法制が同一である以上，日本企業のガバナンスに多様性が生じるにしても，それは一定の枠内に収まると考えられる。現時点では「ハイブリッド」論は比較資本主義論の枠組みを克服するものとはいえない。

　もっとも，日本企業の株主構成が一様に変化しているわけではなく，株主構成のあり方によって，企業の行動がある程度は分岐している可能性がある。第5章以降では，個別企業のミクロデータを用いた計量分析を行う。その際に，注目すべきは外国人（外国法人等）と，その内部構成が大いに変化した金融機関の持株割合である。日本企業はステークホルダー重視の企業経営を行っているとされてきたが，外国人の投資が活発になることによって何らかの変容が促される可能性がある。似たようなことは信託銀行の台頭についても当てはまるであろう。

第5章

日本企業の株主構成と雇用調整

1 はじめに

　投資家が株式を保有する場合，大きく分けて2つの目的がある。1つは株式に付与されている，議決権を行使して企業を支配するという目的，もう1つは，株式から得られる配当や，株価の上昇による利ザヤを獲得するという目的である。

　もっとも，株主総会の権限は万能ではないことに注意が必要である。現行の会社法上，株主総会の権限は意思決定に限定されており，執行を行うことはできない。さらに株主総会の意思決定は，原則として法律上定められた事項に限られる。それは①取締役・監査役などの機関の選任・解任に関する事項，②会社の基礎的変更に関する事項（定款変更・合併・会社分割，解散等），③株主の重要な利益に関する事項（剰余金配当，株式合併等），④取締役に委ねたのでは株主の利益が害されるおそれが高いと考えられる事項（取締役の報酬の決定等）である［神田 2006］。

　とはいえ，株主の行動と，企業行動の間に何らかの関連があることは十分に予想されることである。本章では，日本企業の株主構成と雇用の関係について論じる。

　長期安定雇用（終身雇用）は日本の雇用システムの重要な要素の1つである，と呼ばれてきた。このシステムは歴史的に形成されたものであり，仁田

は労使間の「終身雇用」合意は 1960 年ごろに成立したとしている［仁田 2003］[1]。ステークホルダー重視の中心的特徴である長期安定雇用は従業員の雇用を保護するとともに，企業内の人的資本蓄積を促進した。青木によれば，そのような効果はメインバンク制度に補完されることにより，強められていた。加えて内部昇進型の経営者や株式の相互持ち合いも，長期的な視野を持った経営を可能にするため，同様の効果を持っていたと考えられる［Aoki 2001；野田・平野 2010］。このことから，日本の雇用調整速度はアメリカより遅い，とされてきた［樋口 2001］。

しかしながら，日本企業の金融構造は大きく変化しつつある。その変化の 1 つは外国人株主の台頭である。1980 年代半ばから，外国人持株割合はほぼ増加の一途をたどっている。数量的に示すことは困難であるが，そのうちのかなりの部分をアメリカの機関投資家が占めると考えられる。アメリカは日本に比べて雇用保障が弱いので，アメリカの機関投資家は日本企業の経営者に対してアメリカのように迅速な雇用調整を行うよう要求する可能性がある[2]。

もう 1 つの変化は信託銀行の台頭である。金融機関は日本企業の主要な株主であり，その主要な部分を占めていたのが，都市銀行，地方銀行さらには生命保険会社であった。従来から日本のコーポレート・ガバナンス研究において，金融機関は安定株主であるという位置付けがされていたが，これは特に都銀・地銀の性格を反映したものである。しかしながら，このような金融機関の内部構成は変化し，1990 年代末以降信託銀行の比重が最も大きくなった。このことから，金融機関の性格が変化した可能性がある。

この章では，1985 年から 2009 年までの日本企業の株主構成・負債比率といったガバナンス構造と製造業企業の雇用調整速度の関係について分析を

---

1) 一方で，戦前の日本における雇用調整はきわめて迅速になされていたとされる［岡崎 1991］。
2) Jackson [2007] によるとアメリカやイギリスだけでなく，フランスやドイツと比べても，日本は 10% 以上の雇用削減が行われる頻度は低い。また，日本企業についても，Ahmadjian [2007] は，外国人株主の持株割合が高い企業は，アングロ・サクソン型の企業統治に近くなっていることを示している。

行っている。以下に本章の構成を述べる。続く第2節では，日本企業の雇用調整の特徴，および雇用調整速度と株主構成の関係について論じた先行研究の紹介を行う。第3章では雇用調整の国際比較研究について述べたが，ここでは主に日本の事業所ないし企業レベルの雇用調整速度についての先行研究を紹介する。

　第3節では，まず，本章で用いる計量モデルの解説を行う。本章で用いるモデルは第3章と同じく部分調整モデルである。しかしながら本章の分析では企業のパネル・データを用いるので，推定には Arellano and Bond [1991] による2ステップの GMM を用いる。そして第3章で用いた労働需要関数をもとに，日本企業のガバナンス構造の特徴を考慮した労働需要関数を導出する。次に，使用するデータの紹介を行う。分析の対象となる企業はジャスダックを除く日本の各種株式市場に1985年3月31日の時点で上場しており，2009年3月まで3月決算を維持した411社の製造業に属する企業である。そして雇用調整の動向を踏まえ，データを1984年度から1989年度，1990年度から1995年度，1996年度から2002年度，2003年度から2008年度の4つの時期に分割して分析を行う。

　第4節では，外国人持株割合差分と従業員数変化率の関係について分析を行う。分析の対象は2008年3月31日の時点でジャスダックを含むいずれかの証券市場に上場しており，1998年3月から3月決算を維持してきた1837社の企業である。第3節では最適雇用量への調整速度にガバナンス構造がどのように関わっているのかについての分析であったが，ここでは従業員数と外国人持株割合の関係について分析を行う。第3節での分析と照合することで，この期間の日本企業の雇用と株主構成の関係についての理解が容易になると思われる。なお，この節の分析では，全ての産業の企業データを用いた分析に加えて，企業データを産業ごとに分類した分析も行っている。最後に，第5節では本章の分析を踏まえて，まとめを述べる。

2 企業と雇用調整をめぐる研究

2.1 日本企業における雇用調整

　第3章では，マクロレベルでの雇用調整について考察した。ここでは，日本の企業単位での雇用調整について，村松［1995］に沿う形で先行研究を整理する。

　企業レベルでの雇用調整に関しては，製品需要の低下に応じて，まず「残業規制」から始まり，「中途採用の停止」，「臨時・パート労働者の再契約停止」と進む。さらに深刻になると「配置転換・出向」，「一時休業（一時帰休）」が行われ，最後には「希望退職者の募集・（指名）解雇」の正規従業員の人員整理が行われるのが普通とされている［村松 1995］。

　小池［1983］はセメント産業と電機産業における上場企業の経営実績と人員整理の発生を調べた結果，生産量の変化よりも経営実績の悪化の方が，人員整理との関係が強いことを明らかにした。そして2期（年）赤字が続くか，その恐れがある時に人員整理に踏み切る企業が少なくないことを発見した。

　村松は大手工作機械メーカー13社を調べた［村松 1986］。その結果，1973年から84年までの間に13社のうち9社が人員整理を行っていた。人員整理に準じるような大幅な人員削減を加えると，複数回行った企業も出てくるので，それらを含めると延べ21社となる。また，この産業でも「2期赤字で人員整理」という経験則が当てはまることが確認された。しかも，削減幅は従業員の約2割前後とかなり大幅であった［村松 1995］。

　一方，駿河は赤字期と黒字期で雇用調整速度が異なる仕組みをはじめて明示的に取り込んだ「赤字雇用調整モデル」を利用し，日本の代表的電力機器企業3社に関する雇用調整速度の計量分析を行っている［駿河 1997］。その結果，うち2社については赤字雇用調整モデルの当てはまりがかなり高いことが確認された。この論文が発表されて以降，赤字雇用調整モデルは日本の大規模かつ非連続的な雇用調整を検証する上での有力なツールとして，多くの研究の分析の雛形として用いられるようになった［岡本 2008］。

小牧は1981年度から1996年度までの期間の1316社によるパネル・データを用い，プロビット・モデルとスイッチング・モデルによる推定を行っている［小牧1998］。その結果，大きな赤字や2期連続して赤字になった場合に雇用調整速度が速くなるという赤字雇用調整モデルが支持され，日本の雇用調整は非連続的になされていると結論付けた。一方，ヒルドレス・大竹の研究では工場レベルのデータを用いて分析を行った結果，雇用調整は非連続的ではなく，連続的に行われていることを指摘した［Hildreth and Ohtake 1998］。

また，岡本は組合企業68社，非組合企業25社の1969年度から79年度までの雇用調整速度を計測した［岡本2008］。分析の結果，組合企業は第1次オイル・ショック前から後にかけて全体的な調整速度が低下した半面，赤字期の調整速度は上昇したことが明らかとなった。このことから岡本は，組合企業では，第1次オイル・ショック後の黒字期に雇用調整を行うコストが上昇したため，赤字期にまとめて大規模な雇用調整を実施する，赤字雇用調整モデルが想定するような雇用調整パターンが成立した可能性が高い，と結論付けている。一方で，非組合企業については，このような雇用調整パターンの成立を確認することはできなかった。

2.2 株主構成と雇用調整

次に日本企業の株主構成と雇用調整の関係を取り扱った先行研究を紹介する。株主構成と雇用調整速度の関係を分析した研究としては，まず阿部の研究が挙げられる。阿部は部分調整モデルを用いた分析を行っている。分析には「開銀企業財務データバンク」の，1978年から1995年までのデータを使用している。そして10大株主，事業法人，金融機関，証券会社の持株割合の効果について分析を行っている。分析対象は化学，鉄鋼，電気機械，卸・小売業である。分析の結果，化学では10大株主・金融機関・証券会社の持株割合が，電気機械では金融機関と証券会社の持株割合が，卸・小売では10大株主・事業法人・証券会社の持株割合がそれぞれ大きいほど，雇用調整速度は低下していた。一方，赤字の時では，化学では10大株主持株

割合が大きいほど雇用調整速度は低下する一方で，証券会社持株割合が大きいほど雇用調整速度は上昇していた。また，鉄鋼では事業法人と金融機関の持株割合が大きいほど雇用調整速度は低下していた。さらに，電気機械では金融機関と証券会社の持株割合が大きいほど雇用調整速度は上昇する一方で，事業法人持株割合が大きいほど雇用調整速度は低下していた［阿部 2005］。

また，栗田は 1982 年度から 2003 年度までの，東証・大証・名証の第 1 部・第 2 部いずれかに上場していた製造業 787 社のデータを用いた分析を行っている。栗田の分析の特徴はアレラーノ・ボンドの先行研究［Arellano and Bond 1991］による 2 ステップの GMM 推計法[3] を用いているところにある。この分析では，外国人，金融機関，事業法人の持株割合と負債比率が日本企業の雇用調整速度にどのような影響をもたらしているかを，阿部と同じく部分調整モデルを用いて分析している。1982 年度から 2003 年度までの分析では，従業員 1000 人以上の企業では外国人の持株割合が大きい企業では雇用調整速度は上昇する一方で，事業法人の持株割合と負債比率が大きい企業では雇用調整速度は低下していたことが分かった。また，1000 人未満の企業では，金融機関と事業法人の持株割合，さらに負債比率が大きい企業では雇用調整速度は低下していたことが分かった［栗田 2007］[4]。

また，栗田は東証，大証，名証のいずれかに上場していた 1460 社の 1990 年から 2005 年までのデータを用いて，同じく部分調整モデルによる雇用調整速度の分析を行っている。まず，全企業，製造業に属する企業，非製造業に属する企業ごとに分析を行い，さらに製造業と非製造業については低収益企業と高収益企業にそれぞれ分割して分析を行っている。ここでは，製造業

---

3) この推計法についての詳細は本章の第 3 節で述べる。
4) 株主構成と雇用削減の関係については，阿部および野田・平野の研究がある［阿部 1999；野田・平野 2010］。また，野田はメインバンクと雇用削減の関係について研究を行っている［野田, 2007］。一方，雇用調整速度については，富山と野田がメインバンクと雇用調整速度の関係について実証分析を行っている［富山 2001；野田 2008］。齋藤・橘木は中小企業を対象に経営者の出自と雇用調整速度の関係を実証した［齋藤・橘木 2005］。また，浦坂・野田は企業規模および経営者の出自（オーナーか内部昇進か）と雇用調整速度の関係を実証した研究を行った［浦坂・野田 2001］。

の結果について述べる。外国人持株割合の大きい企業では雇用調整速度は上昇しており，さらに低収益企業，高収益企業とサンプルを分割した場合でも，雇用調整速度は上昇していたことが確認された。一方，金融機関および事業法人の持株割合が大きい企業では雇用調整速度は低下していたことが分かった。しかしながら収益性で企業を分割すると，低収益企業では金融機関の効果は確認されなくなった [Kurita 2008]。

以上まとめると，一般的な傾向としては，外国人持株割合が大きい企業では雇用調整速度は上昇する一方で，金融機関や事業法人の持株割合の大きな企業では雇用調整速度は低下するという結果が得られている。この違いにはそれぞれの株主の性格の違いがあるものと考えられる。

すなわち，第 4 章でも述べたように事業法人や金融機関は安定株主であり，企業の急激な雇用調整を必ずしも支持しないと考えられる。というのも，事業法人や金融機関は投資先の企業と株式の持ち合いを行っていることが多く，一方が急激な雇用調整を要求した場合，もう一方もまた，報復措置として急激な雇用調整を要求する可能性が高いからである。

その一方で，外国人株主は海外の機関投資家であることが多く，安定株主のような株式の持ち合いは基本的に行わない。また，外国人株主は株式の売買頻度が高く，短期的な収益性に対する関心も高いと考えられる。よって必要と考えれば企業に対して急激な雇用調整を要求するインセンティブが高い。また日本企業の立場から見ると，外国人持株割合が高い企業はより強い資本市場の圧力を受けていると考えられる。よって，外国人株主が具体的に企業に具体的に働きかけなくても，企業は雇用調整を積極的に行うようになるかもしれない。

次に，雇用調整速度の分析ではないが，日本企業の株主構成と雇用の関係について分析した研究を紹介する。

野田・平野は 1991 年 4 月期から 2003 年 3 月期までのデータを使って，株主構成と希望退職・早期退職の実施の関係について，何らかの雇用・賃金調整を行った 620 社を対象に分析を行っている [野田・平野 2010]。分析にはプロビット回帰を用い，さらに 1991 年から 1996 年までの期間を「雇用維持期」，1997 年から 2003 年までを「人員整理期」としてデータを分割し

て分析している。

　分析の結果,「雇用維持期」では安定株主（金融機関・事業法人）および外国人の持株割合の係数は有意ではなく，なおかつ，収益性低下ダミーや赤字ダミーとの交差項の係数も有意ではなかった。その一方で,「人員整理期」においては安定株主の係数は負で統計的に有意であり，安定株主は雇用を維持する効果を持っていることが分かった。また，収益性低下ダミーや赤字ダミーとの交差項の係数は有意ではなく，経営を規律する効果は確認されなかった。一方，外国人株主の係数は有意ではなかったものの，収益性低下ダミーとの交差項の係数は正で統計的に有意であった。これは収益が低下し，人員整理を行う必要性が高い企業においては外国人株主によって人員整理が促進されていることを示唆している[5]。

　また，類似した研究として，野田は1991年4月期から2003年3月期までに，何らかの雇用調整を実施した企業を対象に，金融機関および外国人持株割合と希望退職・早期退職の実施の関係を分析している［野田 2010b］。分析の結果，1991年から1996年までについては，金融機関持株割合および外国人持株割合の効果は確認されなかった。その一方で，1997年以降は金融機関については希望退職・早期退職の実施確率を低下させていた。

　以上2つの研究をまとめると，1997年から2003年の間は金融機関を含む安定株主は，おおむね雇用調整を抑制していると考えられる。

3　部分調整モデルを用いた分析

3.1　部分調整モデルによる推計モデルの構築

　本章で使用するモデルは，阿部，栗田と同じく，基本的な部分調整モデ

---

[5] 阿部は1978年から1995年までの，東証，大証，名証の第1部もしくは第2部に上場していた化学，鉄鋼，電気機器，卸・小売業の財務データを用いて株主構成が企業の雇用削減に与える影響を調べている［阿部 1999］。しかしながら，外国人株主の効果は検証していない。

に株主構成の要素を取り入れたものである［阿部 2005；栗田 2007；Kurita 2008］。第3章で紹介した数式 (3-11)' を別の形で表現すると，数式 (5-1) となる。

$$lnL_t = \lambda a_1 + \lambda a_2 lnX_t + \lambda a_3 lnw_t + (1-\lambda)lnL_{t-1} \tag{5-1}$$

次に，企業のガバナンス構造が雇用調整速度に与える影響をモデルに組み入れるために，雇用調整速度 λ を数式 (5-2) のように定義する。

$$\lambda = \lambda_1 + \lambda_2 \cdot CG_{t-1} \tag{5-2}$$

CG_{t-1} はコーポレート・ガバナンス（株主構成と負債比率）を表すベクトルである（λ_2 もベクトルで，・は内積を表す）。数式 (5-2) を数式 (5-1) に代入すると以下の数式 (5-3) が得られる。

$$\begin{aligned}lnL_t = &\ a_1\lambda_1 + a_1\lambda_2 \cdot CG_{t-1} + a_2\lambda_1 lnX_t + a_2\lambda_2 \cdot CG_{t-1}lnX_t + a_3\lambda_1 lnw_t \\ &+ a_3\lambda_2 \cdot CG_{t-1}lnw_t + (1-\lambda_1)\ lnL_{t-1} - \lambda_2 \cdot CG_{t-1}lnL_{t-1}\end{aligned} \tag{5-3}$$

さらに，数式 (5-3) を整理すると数式 (5-4) となる。

$$\begin{aligned}lnL_t = &\ \beta_0 + \beta_1 \cdot CG_{t-1} + \gamma_1 \cdot lnL_{t-1} + \beta_2 \cdot lnX_t + \beta_3 \cdot lnw_t + \beta_4 \cdot CG_{t-1}lnX_t \\ &+ \beta_5 \cdot CG_{t-1}lnw_t + \gamma_2 \cdot CG_{t-1}lnL_{t-1}\end{aligned} \tag{5-4}$$

数式 (5-4) の γ_2 を見ることにより，企業のガバナンス構造が雇用調整に与える影響を確認することができる。γ_2 の係数が負であれば，雇用調整速度を加速させ，正であれば雇用調整速度を抑制することになる。

このモデルでは独立変数に従属変数の1期のラグが含まれるために，通常のパネル・データの推定では一致推定量が得られない。そこで，栗田の研究と同じく，アレラーノ・ボンドによる2ステップの GMM 推定を行うことにより一致推定量を求める［Arellano and Bond 1991］。前期の従業員数の操作変数は，それ以前の従業員数であり，前期の従業員数とガバナンス変数の交差項の操作変数には，それ以前の交差項を用いている。

ここで各ガバナンス変数の符号について仮説を立てる。株主が株式の短期的な収益性のみに関心を持っている場合，雇用調整速度を速くする（γ_2 が負）

と考えられる。これは外国人株主に当てはまると考えられる。外国人株主は他の株主に比べて株式の売買回転率が高く，外国人持株割合の高い企業は市場の評価に，より厳しくさらされていると言える[6]。このような企業の経営者は従業員，特に正規労働者の人員とその人件費を削減することによって，株式市場の歓心を買おうとする可能性が高い。また，外国人株主が企業に対してROAやROEなどの収益性の改善のために事業の選択と集中を要求した結果，希望退職の募集や会社分割による従業員の減少が起こる可能性がある[7]。

その一方で，株主が長期的な取引関係の構築や安定株主工作のために株式を保有している場合，雇用調整速度を遅くする（γ_2が正）と考えられる。これは事業法人に当てはまると考えられる。一方で金融機関は，かつては事業法人と同じような性格を持っていたが，1990年代後半からの信託銀行の台頭によって，その性格は外国人に近づいたと考えられる。本章では特にこの金融機関の性格の変化に注意して分析を行う。

負債比率もガバナンスに関連する指標である。負債比率が高い企業は銀行やメインバンクに対する依存度が強いと考えられる[8]。メインバンクは企業が危機的な状況に陥った際，企業経営に関与し救済を行う，とされている。その一方で，バブル経済崩壊後のメインバンクの機能については，非効率的な企業に寛大な融資を行い，救済するという「ソフトバジェット」問題，いわば「追い貸し」の存在が指摘されている。これは，顧客企業の収益の悪化を知りつつも，メインバンクが追加融資を行うことを経営者が織り込むこと

---

6) 第4章第2節参照。
7) 実際，外国人持株割合が高いほど，事業集約を行う可能性が高まると言われる［青木 2008］。また，岡村［2007］によると外国人持株割合の高い企業ではROEは低いものの，労働生産性（従業員1人当たり付加価値の対数値）は高い。さらに，松浦［2002］によると外国人持株割合が高い企業はROAも高い。また米澤・宮崎［1995］によると外国人持株割合が高いほど全要素生産性も高い。
8) もっとも，社債発行によって生じた負債も含まれているので，負債比率が高いといっても，必ずしも銀行やメインバンクへの依存度が高いことにはならない点には注意が必要である。

で，企業のリストラが遅れることを指す［野田 2007］[9]。このことから，負債比率が高い企業は雇用調整が遅れやすい（γ_2 が正）と考えられる。

3.2 使用するデータ

分析の対象となる企業はジャスダックを除く日本の各種株式市場に 1985 年 3 月 31 日の時点で上場していた製造業に属する企業である。データの採取期間は 1985 年 3 月から 2009 年 3 月までである。すなわち 1984 年度から 2008 年度までの財務データを使用している。本章ではパネル・データを使用するので決算期を調整する必要があるが，ここでは期間中 3 月決算を維持した 411 社のデータを用いた。データは日経 NEEDS Financial の単独決算データを用いている。栗田の研究では，日経 NEEDS のデータを使用するに当たって，年度換算値を用いていると考えられる。この場合，決算月の違いや変更に関わりなく，1 年分のデータが採取できるが，換算時にガバナンス変数と財務データの対応関係にずれが生じてしまうという問題がある。加えて，企業の間で決算期の違いも生じるという問題もある。この点を解決するため，ここでは 3 月決算を維持した企業のみ用いている。この手法では，このようなデータの対応関係にずれは生じない。その一方で，分析対象となる企業の数が減少すること，およびサンプリング・バイアスの問題が発生することには留意する必要がある。

従属変数は従業員数である。日経 NEEDS に収録されている従業員数は，「期末現在の従業員数。常勤嘱託，受入社員（他社からの出向者），組合専従および休職者を含み，兼務役員，臨時社員，他社への出向社員のうち人件費の負担を伴わない者を除く」となっている。また，売上高は「売上高・営業収

---

9) 星によれば，メインバンクが自己資本比率の低下などを恐れるために再生の可能性のない企業に「追い貸し」することによって「ゾンビ企業」が発生するとされる［星 2000］。これらの問題については関根・小林・才田，小幡・坂井，三平，ピーク・ローゼングレン，カバレロ・星・カシャップなどが分析を行っている［関根・小林・才田 2003；小幡・坂井 2005；三平 2006；Peek and Rosengren 2005; Caballero, Hoshi and Kashyap 2006］。

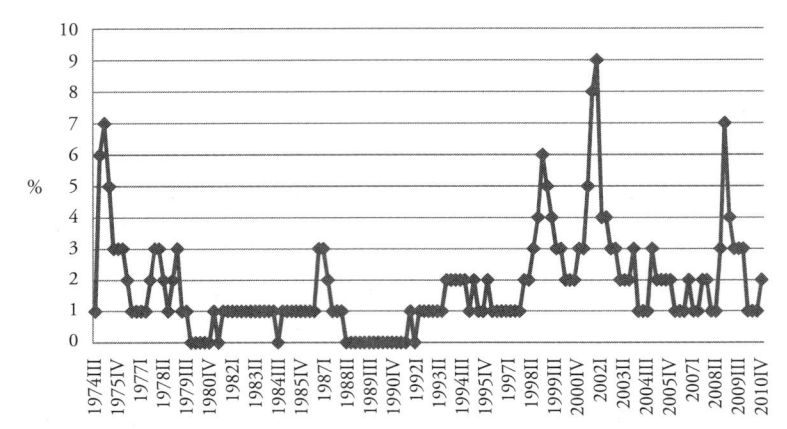

図 5-1 製造業における希望退職者の募集，解雇の実施事業所割合の推移
注：図 3-2 の「希望退職者の募集，解雇」のデータを抜粋したもの。
出典：図 3-2 に同じ。

益」の値を用いている。また，1人当たり賃金は「人件費・福利厚生費」を従業員数で除したものである。売上高と賃金は，日本銀行が発表している，2005年を基準とした国内企業物価指数の各年度の3月末の「大類別＿工業製品」の値で標準化してある。

また，労働力調査によると，1984年から1997年までは，正社員数と非正社員数がともに増加していたが，1997年から2005年までは非正社員が増加する一方で，正社員が減少した［久本2010］。また，野田・平野［2010］および野田［2010b］では，厚生労働省の「労働経済動向調査」のデータから，1991年から1996年までの期間を「雇用維持期」，1997年から2003年までの期間を「人員整理期」として，時期を分割して分析を行っている。

第3章で紹介した図3-2では，1974年から2011年の製造業における雇用調整の実施状況の推移を示してある。そして図3-2からは1985年以降，雇用調整には5つのピークがあることが分かる。最初のピークは1980年代後半の円高不況期，第2のピークはバブル崩壊直後の1990年代前半，第3，第4のピークはそれぞれ1990年代末と，2000年代初め，第5のピークは2008年以降の金融危機によるものである。このようなことから，データを1984年度から1989年度，1990年度から1995年度，1996年度から2002年

度，2003年度から2008年度の4つの時期に分割して，構造変化が生じたかを検証する。

1974年以降の希望退職者の募集，解雇の推移を示した図5-1によると，1980年代から1990年代末までは，希望退職者の募集や解雇はあまり行われなかったと考えられる。しかし，それ以降は，1999年，2001年，2009年をピークとして，このような手法による雇用調整を行う企業も増えてきたことが分かる。

3.3　日本企業の雇用調整速度の推移

分析の結果は表5-1に示した。1989年度までの円高不況期，1995年度までの雇用維持期については，ガバナンス構造と雇用調整速度の関連性はみられない。つまり，ガバナンス構造と関係なく，雇用調整が行われたと考えられる。その一方で，1996年度から2002年度までの人員整理期では金融機関，事業法人の持株割合が雇用調整速度を抑制していることが分かった。金融機関および事業法人の結果は，栗田，野田，野田・平野の分析と一致する結果である［Kurita 2008；野田 2010b；野田・平野 2010］。

その一方で，2003年度から2008年度までの金融危機を含む時期は，株主としての金融機関は雇用調整速度を加速させたことが分かった。これは第4章で述べたように，金融機関において，信託銀行の持株割合が上昇し，金融機関の性格が変化したことが原因と考えられる。その一方で，負債比率は雇用調整速度を抑制していた。

この分析では栗田［栗田 2007；Kurita 2008］とは異なり，外国人株主については目立った効果が確認されなかった。この理由として考えられるのは，分析の対象とした時期の違いである。栗田［2007］は2003年度，Kurita［2008］は2005年度までの分析であるが，本章で用いたデータでは2005年度以降は景気回復の後押しをうけてからか，従業員数の平均値が若干上昇している。このことから，人件費の増加を嫌って雇用の増加を抑制することが，雇用調整速度を低下させ，結果として外国人株主の効果を相殺した可能性がある。

表 5-1 労働需要関数の計測結果

	1984-1989	1990-1995	1996-2002	2003-2008
前期従業員数	0.621***	0.533***	0.077	0.566**
	[0.131]	[0.127]	[0.129]	[0.165]
金融機関持株割合×前期従業員数	0.036	0.151	0.635**	−0.858***
	[0.295]	[0.211]	[0.215]	[0.244]
事業法人持株割合×前期従業員数	0.024	−0.052	0.714***	−0.555
	[0.158]	[0.178]	[0.204]	[0.287]
外国人持株割合×前期従業員数	0.076	−0.389	0.585	−0.394
	[0.277]	[0.271]	[0.332]	[0.344]
負債比率×前期従業員数	0.000	−0.002	0.001	0.053**
	[0.001]	[0.004]	[0.001]	[0.018]
売上高	0.153	0.138	0.699***	−0.035
	[0.089]	[0.096]	[0.106]	[0.117]
金融機関持株割合×売上高	−0.074	0.029	−0.385*	0.524**
	[0.189]	[0.164]	[0.171]	[0.179]
事業法人持株割合×売上高	0.073	−0.024	−0.699***	0.492*
	[0.115]	[0.140]	[0.172]	[0.200]
外国人持株割合×売上高	−0.089	0.203	−0.427	0.144
	[0.211]	[0.212]	[0.265]	[0.248]
負債比率×前期従業員数	0.000	0.002	−0.003**	−0.034**
	[0.001]	[0.004]	[0.001]	[0.011]
賃金	−0.293***	−0.269**	−0.570***	−0.501***
	[0.080]	[0.080]	[0.079]	[0.108]
金融機関持株割合×賃金	0.204	0.047	0.156	−0.467*
	[0.131]	[0.135]	[0.177]	[0.223]
事業法人持株割合×賃金	0.013	0.056	0.167	−0.022
	[0.102]	[0.117]	[0.139]	[0.160]
外国人持株割合×賃金	0.199	−0.246	0.516**	−0.176
	[0.127]	[0.160]	[0.182]	[0.185]
負債比率×賃金	−0.002*	−0.001	0.004**	0.029+
	[0.001]	[0.001]	[0.001]	[0.017]
金融機関持株割合	−1.409	−2.427	2.694	−0.190
	[1.586]	[2.661]	[3.259]	[3.565]
事業法人持株割合	−2.144	0.205	9.871**	−8.079**
	[1.745]	[2.483]	[3.472]	[2.845]
外国人持株割合	−1.068	1.380	−1.111	1.716
	[2.431]	[2.894]	[4.173]	[3.815]
負債比率	0.028**	−0.008	0.006	0.045
	[0.009]	[0.072]	[0.016]	[0.151]
定数項	3.160**	3.797*	−2.470	11.351***
	[1.200]	[1.657]	[2.096]	[1.616]

年度ダミー	Yes	Yes	Yes	Yes
Sargan Test	50.762	58.057	83.141	58.112
P-value	0.008	0.092	0.135	0.091
AR (2) Test	−1.801	1.073	−2.146	−0.483
P-value	0.072	0.283	0.032	0.629
企業数	411	411	411	411
N	1644	1644	2055	1644

注：上段は係数，下段は標準誤差である。***：0.1％水準で有意。**：1％水準で有意。*5％水準で有意。
出典：筆者作成。

この他の理由として考えられるのが，先に紹介した，分析に使用されたデータの違いである。特に栗田の研究では，日経 NEEDS の年度換算値を用いているので，換算時にガバナンス変数と財務データの対応関係にずれが生じてしまうという問題があり，そのことが分析結果の違いに反映された可能性がある[10]。

4　外国人持株割合と従業員数の変化

さきほどの分析では，外国人持株割合は日本企業の雇用調整に対して，目立った関係を有していることが確認できなかった。この外国人株主について，別の角度から分析を行う。具体的には，外国人株主割合差分を独立変数，従業員数変化率を従属変数とした回帰分析を行う。

4.1　記述統計量

最初に，各産業の外国人持株割合と従業員数の 1997 年度から 2007 年度までの動向を見ておく（表 5-2）。この間外国人持株割合が減少したのは鉱業のみであり，さらに従業員数が上昇したのは不動産業のみであったことが分かる。また，この間最も外国人持株割合が増加したのは倉庫・運輸関連業で

---

10) この他，栗田は M&A により従業員数が大きく変化した企業を分析から除外しているが［栗田 2007；Kurita 2008］，本章では M&A を通じた従業員数の変化も雇用調整の一種と考えたので，このような処理は行わなかった。

表 5-2　産業別にみた外国人持株割合と従業員数の変化

	外国人持株割合（％）			従業員数変化率（％）
	1997年度	2007年度	差分	1997年度～2007年度
水産・農林業	8.9	18.4	9.5	−31.1
鉱業	16.0	15.0	−1.0	−48.6
建設業	7.7	12.7	5.0	−21.8
食料品	8.9	21.2	12.3	−37.7
繊維製品	9.1	13.1	4.0	−48.7
パルプ・紙	7.4	12.0	4.6	−48.6
化学	9.4	25.6	16.2	−31.1
医薬品	17.9	36.1	18.2	−14.5
石油・石炭製品	22.2	43.1	20.9	−31.6
ゴム製品	11.2	22.4	11.2	−13.9
ガラス・土石製品	8.7	21.0	12.3	−30.1
鉄鋼	9.4	19.5	10.1	−37.4
非鉄金属	13.7	19.6	5.9	−43.7
機械	9.8	23.7	13.9	−20.2
電気機器	17.4	30.5	13.1	−28.7
輸送用機器	13.1	37.8	24.7	−9.8
精密機器	11.1	30.6	19.5	−15.9
その他製品	11.7	21.3	9.6	−26.2
電気・ガス業	5.3	14.5	9.2	−21.6
陸運業	5.9	17.0	11.1	−59.7
海運業	9.3	24.1	14.8	−43.4
空運業	2.0	8.8	6.8	−14.9
倉庫・運輸関連業	6.7	51.7	45.0	−16.8
情報・通信業	16.6	22.9	6.3	−29.4
卸売業	7.7	24.1	16.4	−32.3
小売業	9.5	23.4	13.9	−26.5
不動産業	13.9	21.2	7.3	35.1
サービス業	10.9	17.5	6.6	−2.85

注：「業種集計値」の「輸送用機器」と「自動車」は「輸送用機器」に統合した。また，銀行，証券，保険，その他金融サービス業は，決算書類の様式が他の産業のものと異なるので分析から除外した。また，金属製品は「業種集計値」に対応する項目がなかったので分析から除外した。
出典：東京証券取引所「株式分布調査」，日経 NEEDS Financial Data「業種集計値」

あり，最も従業員が減少したのは陸運業であることが分かる。

表 5-2 における外国人持株割合差分（x）と従業員数変化率（y）との関係を散布図に示すと図 5-2 のようになる。回帰分析の結果は次の通りである。

なお，カッコ内の値は t 値を表している。

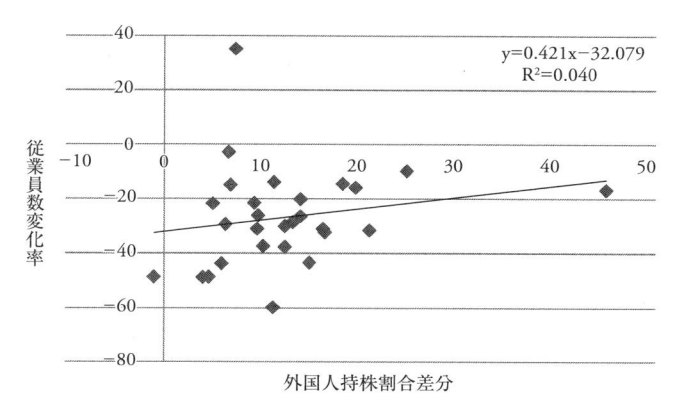

図 5-2 産業レベルでの相関関係

注：データは表 5-2 に基づく。

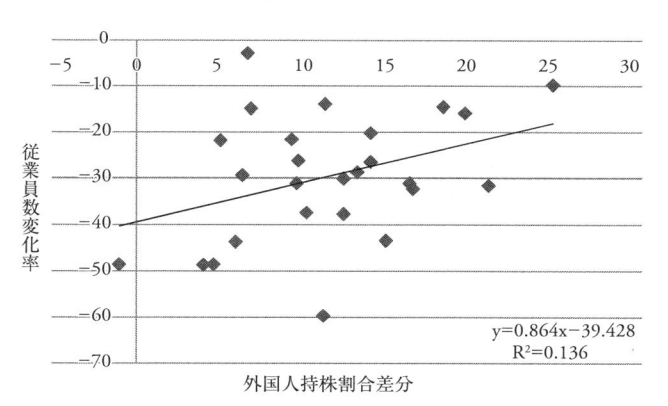

図 5-3 産業レベルでの相関関係（外れ値を除去したもの）

注：図 5-2 に同じ。

$$y = 0.421x - 32.079 \qquad R^2 = 0.040$$
$$(1.035) \quad (-5.259)$$

また外れ値である倉庫・運輸関連業と不動産を除外した回帰分析の結果は次の通りである。散布図は図 5-3 に示した。

$$y = 0.864x - 39.428 \qquad R^2 = 0.136$$
$$(1.944) \quad (-6.969)$$

産業別データにおいては，有意性はそれほど強いとはいえないが，外国人持株割合差分と従業員数変化率との間には正の相関がみられる。1997年以降，各産業をとりまく外部環境の違いが大きくなり，収益性の産業間格差が拡大している［植村2011］[11]。高収益産業では，従業員数の減少率が小さいと考えられるが，このような高収益産業に外国人が好んで投資することが，産業別データにおける外国人持株割合差分と従業員数変化率との間に正の関係をもたらしていると考えられる。

しかし，外国人持株割合差分と従業員数変化率との間の関係をより正確にとらえるためには，企業別データを使い，さらに各企業の外部環境・内部環境の相違をコントロールした分析が必要である。

4.2 回帰モデルの構築

分析の対象は2008年3月31日の時点でジャスダックを含むいずれかの証券市場に上場していた企業である。ただし，東証分類で銀行，保険，証券，その他金融業に属する企業は分析から除外している。採取期間は1998年3月期決算から2008年3月期決算までである。すなわち1997年度から2007年度までの財務データを使用している。ここでも期間中3月決算を維持した1837社のデータを用いた。従属変数は従業員数の変化率とした。

野田・平野の分析では外国人株主による雇用削減効果は限定的であったが，そのような結果が得られた理由の1つは雇用の削減を希望退職，早期退職に限定していることにあると考えられる［野田・平野2010］。従業員数の変化率を分析に用いることで，出向・転籍や採用抑制から生じる従業員の変動を捉えるようにすれば，結果は異なる可能性がある。

独立変数は①売上高（物価指数で実質化[12]）変化率，②資本集約度（有形固

[11) この他，企業の異質性の増加に関する研究としては第4章で紹介した「ハイブリッド」論に関する一連の論文，および本章の冒頭で紹介したアフマディジャンの研究［Ahmadjian 2007］などが挙げられる。
12) 日本銀行の発表している，2005年を基準とした「国内企業物価指数」の「総平均」の「年度末」の値で標準化してある。

定資産÷従業員数：物価指数で実質化）変化率，③自己資本比率（資本合計÷総資産），④外国人持株割合差分，⑤従業員1人当たり人件費（人件費・福利厚生費÷従業員数：物価指数で実質化）の対数値，⑥ROA（総資産利益率：営業利益÷総資産），⑦従業員数の対数値，⑧子会社ダミーである。データはすべて単独決算のものを用いている[13]。また，因果関係をより明確にするために従属変数と独立変数の間に時間差を設ける。データはbalanced panel dataとなっている。また推定にはEviews 6.0を用いる。

次に，独立変数の係数の予想を行う。

(1) 外国人持株割合差分

先に示した産業別のデータを用いた回帰分析の結果から，外国人持株割合の大きい企業は従業員数の減少幅が小さいと考えられる。よって外国人持株割合差分の係数は正になると考えられる。

(2) 自己資本比率

自己資本比率もガバナンスに関連する指標である。自己資本比率が低い企業，すなわち，負債比率が高い企業は銀行やメインバンクに対する依存度が強い可能性がある。先述したように，バブル経済崩壊後のメインバンクの機能については，非効率的な企業に追加的な融資を行って寛大な救済を行うという「ソフトバジェット」問題，あるいは「追い貸し」の存在が指摘されている。このことから，負債比率が低い企業，すなわち，自己資本比率が高い企業の従業員は減少しやすいと考えられる。よって自己資本比率の係数は負と予測される。

(3) 資本集約度の変化率

資本・産出高比率を一定とすれば，資本集約度の上昇は労働生産性の上昇

---

[13] 筆者はかつて，株主構成に関するデータ以外では連結決算のデータを優先して使用した上で同じような分析を行った[Fukuda 2009]。しかし，この方法では子会社・関連会社への出向をとらえることができないという問題があった。今回使用するデータを単独決算のものにしたのはこの点に対応するためである。

を意味する。労働生産性の上昇は企業が必要とする労働力を減少させるので，資本集約度変化率の係数は負であると考えられる。

(4) 平均賃金

先行研究において，野田・平野［2010］は実質平均賃金の対数値と希望退職・早期退職との間の関連を見出せなかった。一方，野田［2007］は機械業においては平均賃金と雇用削減の間に正の有意な相関を見出したのに対して，化学においては負の有意な相関を見出した。このことから，平均賃金の従業員数に与える効果は，産業によってまちまちであると考えられる。

(5) 収益性

野田［2007］および野田・平野［2010］はROAが高いほど雇用削減が行われる確率が低下することを示している。また，阿部は鉄鋼業において実質経常損益が高いほど，雇用削減が行われる確率が低下することを示した［阿部 1999］。つまり，このことから，ROAの係数は正であると考えられる。

(6) 売上高変化率

売上高の上昇に従って企業が必要とする労働力は増加するので売上高変化率の係数は正であると考えられる。実際，野田・平野［2010］では売上高成長率の高い企業は雇用削減を行う確率は低いことが示されている。

(7) 従業員数の対数値

宇仁によると，1990年から2000年代にかけて，日本では派遣労働や請負労働という間接雇用型の非正規労働の増加が著しく，また製造業においては従業員規模が大きい企業ほど従業員の非正規化が進展した［宇仁 2009］。このことから従業員規模の大きな企業では，従業員に占める派遣・請負労働者の割合が増えたと考えられる。加えて，宇仁は正規労働者と派遣・請負労働者との間には補完関係ではなく代替関係があると述べている［宇仁 2009, 第4章］。つまり，正規労働者の減少と派遣・請負労働者の増加は同時に発生する傾向が強いと考えられる。派遣・請負労働者は間接雇用であるので派

遣先，請負先の従業員数に計上されない可能性が高い。このことから，製造業においては，従業員数が大きな企業ほど有価証券報告書上の「従業員数」が減少したと考えられる。すなわち，製造業に属する産業では従業員数の対数値の係数は負となる可能性が高い。

(8) 子会社ダミー

子会社は本社より従業員の雇用保障は弱いと考えられる。よって係数は負であると考えられる。

なお回帰分析はすべてOLSによって行われている[14]。先行研究との違いは，従属変数が連続的であり，雇用の増減どちらにも対応できるということ，また，雇用の減少を希望退職・早期退職の募集または実施に限定していないということである。

以下では，それぞれの産業ごとに分析結果を紹介し，考察を行う。分析結果は表5-3，5-4，表5-5に示した。また，外国人持株割合についての結果は表5-6にまとめた。

なお，農林水産，パルプ・紙，石油・石炭については子会社のサンプルが存在しなかったので，子会社ダミーを除去した分析を行っている。また，石油・石炭については変量効果モデルでの推定が行えなかったので固定効果モデルでの推定結果を記載している[15]。また，空運についてはデータ数が極端に少なかったので推定は行わなかった。また，倉庫・運輸関連については多重共線性が発生し，その結果ハウスマンテストが行えなかった。そこで子会社ダミーを除去して推定を行ったものを表5-3に掲載した。

---

14) モデルの選択についてはまず，個体効果，時間効果ともに固定効果モデルで推定する。そして次に個体効果，時間効果についてF検定を行う。次に，赤池の情報量基準が最も低い値をとるモデルを選択する。次に，選択したモデルを変量効果モデルに変換して推定し，ハウスマンテストを行う。そしてF値が最も高いモデルを選択する。具体的手法は松浦・マッケンジー[2005]，北岡他[2008]を参照のこと。

15) Eviewsで変量効果モデルによる推定を行うにはクロスセクションのデータ数が独立変数の数を上回っている必要がある。

表5-3 従業員数変化率を従属変数とした推計結果①

	全産業	農林水産	鉱業	建設	食品	繊維	パルプ・紙	化学	医薬品	石油・石炭
定数項	-0.992 [0.683]	8.392* [3.927]	14.99 [69.20]	16.75** [6.130]	9.490 [14.53]	6.662 [5.823]	-6.280 [7.301]	1.208 [7.314]	24.68** [7.948]	70.88*** [17.83]
資本集約度変化率	0.002*** [0.000]	-0.012 [0.014]	-0.023 [0.024]	0.000 [0.001]	-0.001 [0.005]	0.001** [0.000]	-0.040* [0.019]	-0.008* [0.004]	0.000 [0.005]	0.009 [0.014]
自己資本比率	0.003 [0.002]	-0.020 [0.017]	0.123 [0.076]	0.014 [0.008]	0.024 [0.029]	0.002 [0.011]	-0.007 [0.014]	0.009 [0.011]	-0.009 [0.013]	0.005 [0.064]
外国人持株割合差分	0.019* [0.010]	0.168** [0.052]	-0.485 [0.371]	-0.017 [0.018]	-0.021 [0.057]	-0.256** [0.082]	-0.143 [0.081]	0.006 [0.018]	0.028 [0.023]	-0.059 [0.059]
ROA	0.103*** [0.008]	0.145* [0.066]	-0.520 [0.860]	0.142*** [0.015]	0.153* [0.069]	0.075 [0.056]	0.441*** [0.083]	0.089** [0.030]	-0.014 [0.034]	0.276** [0.095]
売上高変化率	0.007** [0.002]	0.015 [0.031]	0.065 [0.085]	0.003 [0.003]	-0.004 [0.015]	0.023 [0.016]	0.012 [0.034]	0.005 [0.006]	0.007 [0.009]	-0.005 [0.013]
従業員数の対数値	-0.170*** [0.026]	-0.993*** [0.267]	-2.577 [1.442]	-3.003*** [0.301]	-2.733*** [0.492]	-0.340 [0.217]	0.101 [0.233]	-2.457*** [0.333]	-3.855*** [0.612]	-7.848*** [1.583]
子会社ダミー	0.334* [0.149]		-3.682 [3.763]	0.208 [0.229]	-0.254 [1.131]	0.602 [0.981]		0.446 [0.378]	0.363 [0.559]	
従業員1人当たり賃金	0.076 [0.042]	-0.133 [0.237]	-0.321 [4.148]	0.171 [0.379]	0.349 [0.829]	-0.386 [0.344]	0.288 [0.479]	0.896* [0.380]	0.161 [0.498]	-1.181 [0.617]
個体効果	No	No	No	Fixed	Fixed	Random	No	Fixed	Fixed	Fixed
時間効果	Fixed	No	No	No	No	Random	No	No	Random	No
企業数	1837	5	4	149	86	50	16	151	36	4
N	16533	45	36	1341	774	450	144	1359	324	36
Durbin-Watson stat	2.046	1.955	2.059	2.281	2.344	2.261	1.320	2.168	1.904	1.104
Adjusted R-squared	0.035	0.378	-0.041	0.184	0.087	0.041	0.201	0.126	0.149	0.422
F-statistic	38.15***	4.824***	0.587	2.942***	1.791***	3.419***	6.130***	2.239***	2.319***	3.555***

注:上段は係数、下段は標準誤差である。***:0.1%水準で有意。**:1%水準で有意。*:5%水準で有意。
出典:筆者作成。

表 5-4　従業員数変化率を従属変数とした推計結果②

	ゴム	ガラス・土石	鉄鋼	非鉄金属	機械	電気機器	輸送用機器	精密機器	その他製品
定数項	4.749 [9.918]	1.879 [2.704]	-1.425 [16.88]	-0.584 [8.528]	-12.31*** [2.970]	-3.123 [2.280]	-0.212 [1.571]	-1.360 [10.57]	59.44** [20.73]
資本集約度変化率	0.006 [0.006]	-0.008** [0.003]	-0.001 [0.008]	0.001 [0.005]	0.060*** [0.003]	-0.003** [0.001]	-0.002 [0.002]	-0.019** [0.007]	0.001 [0.001]
自己資本比率	0.040*** [0.015]	0.009 [0.006]	0.051* [0.023]	-0.017 [0.019]	0.019*** [0.005]	0.001 [0.004]	0.004 [0.004]	0.015 [0.019]	-0.070* [0.030]
外国人持株割合差分	0.001 [0.020]	0.039 [0.031]	0.023 [0.048]	0.005 [0.065]	0.023 [0.035]	0.016 [0.020]	0.026* [0.012]	0.411*** [0.099]	-0.140* [0.063]
ROA	-0.097 [0.069]	0.057* [0.025]	0.033 [0.035]	-0.024 [0.076]	0.077** [0.027]	0.050* [0.022]	0.061** [0.020]	0.113 [0.092]	0.094 [0.075]
売上高変化率	0.020* [0.009]	0.018** [0.007]	-0.007 [0.009]	0.016 [0.014]	-0.006 [0.007]	0.014** [0.005]	0.009** [0.004]	-0.019 [0.025]	0.028 [0.015]
従業員数の対数値	-3.179*** [0.744]	-0.142 [0.091]	-2.994*** [0.780]	-0.733** [0.258]	-0.261** [0.100]	-0.084 [0.061]	-0.063 [0.041]	-0.562 [0.320]	-3.773*** [0.741]
子会社ダミー	-1.011* [0.417]	-0.076 [0.408]	-0.738 [0.664]	1.737 [2.328]	0.448 [0.537]	0.320 [0.312]	0.666*** [0.200]	1.012 [1.623]	1.092 [1.552]
従業員1人当たり賃金	0.978* [0.485]	-0.142 [0.172]	1.216 [0.875]	0.391 [0.557]	0.826*** [0.197]	0.208 [0.149]	0.004 [0.106]	0.208 [0.662]	-2.105 [1.126]
個体効果	Fixed	Random	Fixed	No	Random	No	Random	Random	Fixed
時間効果	No	Random	Random	No	Random	Random	Random	Random	No
企業数	16	49	49	29	171	194	88	29	56
N	144	441	411	261	1539	1746	792	261	504
Durbin-Watson stat	1.971	1.554	1.966	2.282	2.599	1.553	1.889	2.529	2.256
Adjusted R-squared	0.367	0.062	0.164	0.014	0.202	0.017	0.058	0.081	0.119
F-statistic	4.598***	4.658***	2.544***	1.466	49.76***	4.777***	7.081***	3.861***	2.082***

注：表5-3に同じ。

表 5-5　従業員数変化率を従属変数とした推計結果③

	電気・ガス	陸運	海運	倉庫・運輸	情報通信	卸売	小売	不動産	サービス
定数項	56.30***	21.85***	22.87	30.47**	40.55**	58.59***	−43.69***	30.92	−24.44*
	[8.987]	[8.376]	[50.59]	[11.78]	[15.59]	[13.57]	[11.56]	[20.69]	[11.45]
資本集約度変化率	−0.019	−0.004	−0.007	0.008	0.000	0.002	0.002***	−0.013***	−0.002*
	[0.012]	[0.011]	[0.015]	[0.006]	[0.000]	[0.001]	[0.001]	[0.002]	[0.001]
自己資本比率	−0.130***	−0.187***	−0.089	−0.026	0.018	0.004	0.004	0.043	−0.037
	[0.024]	[0.052]	[0.048]	[0.020]	[0.026]	[0.009]	[0.020]	[0.025]	[0.022]
外国人持株制合差分	0.011	0.083	0.016	−0.033	−0.036	0.060*	0.269*	−0.015	−0.052
	[0.043]	[0.109]	[0.082]	[0.038]	[0.035]	[0.028]	[0.128]	[0.044]	[0.035]
ROA	−0.016	0.212	0.114	0.003	0.016	0.184**	0.365***	0.153**	0.030
	[0.062]	[0.224]	[0.060]	[0.061]	[0.046]	[0.051]	[0.091]	[0.060]	[0.044]
売上高変化率	−0.029	0.022	−0.028	0.005	−0.011	−5.11E-05	−0.064*	0.007	0.012
	[0.016]	[0.031]	[0.024]	[0.011]	[0.011]	[0.006]	[0.028]	[0.007]	[0.009]
従業員数の対数値	−5.763***	−2.706***	−8.403***	−7.099***	−4.256***	−4.492***	−1.410***	−4.248***	−2.365***
	[0.716]	[0.541]	[2.686]	[0.692]	[0.572]	[0.486]	[0.340]	[0.912]	[0.679]
子会社ダミー	−0.235	1.758	−0.862	0.674	−1.023	−0.353	2.510	1.531	1.363
	[0.681]	[1.499]	[1.451]	[0.664]	[0.971]	[0.755]	[2.510]	[1.531]	[1.363]
従業員1人当たり賃金	−0.310	0.248	1.262	0.921	−0.921	−2.115**	3.157***	−0.664	2.801***
	[0.328]	[0.350]	[2.595]	[0.664]	[0.902]	[0.733]	[0.721]	[1.221]	[0.594]
個体効果	Fixed	Fixed	Fixed	Fixed	Fixed	Fixed	Random	Fixed	Fixed
時間効果	Random	No	No	Random	No	No	Random	No	No
企業数	18	53	15	33	68	208	85	33	78
N	162	477	135	297	612	1872	765	297	702
Durbin-Watson stat	1.770	2.332	1.860	1.382	2.173	2.038	1.806	2.249	1.988
Adjusted R-squared	0.454	0.075	0.146	0.343	0.176	0.066	0.118	0.218	0.144
F-statistic	6.349***	1.641**	2.039**	4.956***	2.735***	1.619***	13.73***	3.065***	2.392***

注：表5-3に同じ。

表 5-6　外国人持株割合の効果

	外国人株主の効果		外国人株主の効果
全産業	正	機　械	不明
水産・農林業	正	電気機器	不明
鉱　業	不明	輸送用機器	正
建設業	不明	精密機器	正
食料品	不明	その他製品	負
繊維製品	負	電気・ガス業	不明
パルプ・紙	不明	陸運業	不明
化　学	不明	海運業	不明
医薬品	不明	倉庫・運輸関連業	不明
石油・石炭製品	不明	情報・通信業	不明
ゴム製品	不明	卸売業	正
ガラス・土石製品	不明	小売業	正
鉄　鋼	不明	不動産業	不明
非鉄金属	不明	サービス業	不明

4.3　企業別データを用いた回帰分析

　外国人持株割合差分は全産業ベースでは正で統計的に有意であり，仮説と整合的な結果が得られた。さらに産業ごとに企業を分類して分析を行ったところ，農林水産，輸送用機器，精密機器，卸売，小売においては，係数は正で有意であったものの，繊維，その他製品の係数は負で統計的に有意であった。その一方で過半数の産業では有意な結果が得られなかった。

　全産業ベースで外国人持株割合差分の係数が正で統計的に有意になったのは，図 5-3 の散布図にみられるような，産業別データにおいて正の相関がみられたことと関係していると考えられる。その一方，全産業における外国人持株割合差分の係数の値は小さい。仮に 1 年間に外国人持株割合が，0.5％ポイント上昇しても（この期間の外国人持株割合差分の平均は 0.58％），従業員数変化率が 0.01％ポイント増加するだけである。この期間の従業員数変化率の平均が－0.38％ポイントであることを考えると，その影響は極めて小さいと言える。いずれにせよ，外国人持株割合と従業員数との関連は小さいと言える。むしろ，多くの産業では企業レベルの外国人持株割合の変化に関係なく，従業員数が減少したと考えた方が正確であろう。

　この結果は，外国人株主の雇用調整速度に対する寄与が大きいとした栗田

の二つの分析［栗田 2007；Kurita 2008］とは異なる結果である。この原因として考えられるのは，Kurita [2008] は外国人持株割合と従業員数について，その水準値を使用したのに対して，本章では差分および変化率を使用したことが挙げられる。つまり，外国人持株割合の水準が高い場合は，必要労働力の変動に応じて企業は従業員数を迅速に変化させるが，外国人持株割合の変動については，企業はあまり反応しない，という仮説が考えられる。

また，労働力調査によると，1984 年から 1997 年までは，正社員数と非正社員数がともに増加していたが，1997 年から 2005 年までは非正社員が増加する一方で，正社員が減少した［久本 2010, p. 66］。つまり，この期間は日本の労働市場にとって構造変化の時期であったと言うことができよう。本章の分析期間は 1997 年度から 2007 年度までであり，この構造変化の時期とほぼ一致する。それに対し，栗田［2007］，Kurita [2008] は分析時期が構造変化の時期と一致していないため，分析結果に違いが出た可能性もある。

また，他の独立変数についても考察する。

まず，従業員数対数値は仮説の通り，大半の産業で係数は負で統計的に有意であった。このことから宇仁の指摘［宇仁 2009］の通り，製造業に属する企業では企業規模が大きな企業ほど正規労働者から間接雇用の非正規労働者の置き換えが進み，その結果として有価証券報告書上の従業員数が減少したと思われる。それに加えて今回の分析では，非製造業においても類似した結果が得られた。

また，自己資本比率は全産業ベースでは係数は正で統計的に有意ではなく，仮説に反する結果が得られた。産業ごとに見ると，ゴム，鉄鋼，機械において係数は正で統計的に有意である一方，その他製品，電気・ガス，陸運においては仮説通り係数は負で統計的に有意であった。このことから，「ソフトバジェット」問題は少数の一部の産業においてのみ発生していると言える。

また，資本集約度変化率については全産業ベースでは係数は正であり，統計的に有意であった。これは仮説に反する結果である。産業ごとに分析を行ってみると，繊維，機械，小売において係数が正で統計的に有意である一方，パルプ・紙，化学，ガラス・土石，電気機器，精密機器，不動産，サービス

においては仮説通り係数は負で統計的に有意であった。全産業ベースで，資本集約度変化率の係数が正でなおかつ統計的に有意となったのは，機械において資本集約度変化率の正の効果が大きく，またサンプル数も多かったことが理由として考えられる。ここではむしろ，仮説通りの結果が得られた産業の方が多いことを強調すべきであろう。

このほか，ROA，売上高変化率はおおむね仮説通りの結果が得られた。

5　小括

本章の分析では，以下のことが明らかになった。1995年度までは，ガバナンス構造と雇用調整速度の間の関係は確認されなかった。しかし，希望退職，解雇の実施事業所が増加した1996年度から2002年度までの時期では，金融機関と事業法人が雇用調整速度を抑制していることが分かった。この結果は野田・平野［2008］および野田［2010b］と整合的である。また，2003年度から2008年度までの金融危機を含む時期においては，金融機関が雇用調整速度を加速させていたのに対し，負債は雇用調整速度を抑制していたことが分かった。負債のこの効果は，いわゆる「ソフトバジェット」効果の存在を示唆するものと言える。

分析結果から得られた，金融機関の効果の変化は信託銀行の台頭によるものと考えられる。よって今後の日本のコーポレート・ガバナンス研究においては，金融機関を安定株主としてではなく，別の性格を持つ主体として捉えなおす必要がある。

この他，外国人持株割合差分と従業員数変化率の関係についても分析を行った。その結果，ほぼすべての産業レベルで，1997年度末から2007年度末にかけて，外国人持株割合の増加と，従業員数の減少が生じていた。さらに個別企業の財務データを用いて回帰分析を行ったところ，全産業ベースでは外国人持株割合差分と従業員数変化率の間に正の相関があったものの，外国人持株割合差分の係数の値は小さく，その効果は極めて小さかった。さらに，産業ごとにデータを分類して回帰分析を行ったところ，多くの産業では

外国人持株割合差分の係数は有意とはならなかった。このことから，1990年代末以降，日本の上場企業においては，外国人持株割合の変動に関わりなく従業員数が減少したと考えられる。

　また，この分析では「ソフトバジェット」の存在については一部の産業においてのみ確認された。もっとも，この問題をきちんと分析するには，負債のうち，銀行借り入れと社債を分離するなど，より厳密な独立変数の設定が必要であり，留意する必要がある。

　本章の2つの分析から共通して言えることは，外国人株主が雇用調整に果たした役割は小さい，ということである。この結論は栗田の二つの分析［栗田 2007；Kurita 2008］とは異なる。これには分析時期の設定等が大きな役割を果たしていると考えられる。本章の分析結果は，日本には外国人株主の圧力から経営者を守る制度的な要因の存在を示唆している。このような制度的要因は経営者の従業員的性格や労働組合の存在[16]，さらに近年では買収防衛策の導入や株式持ち合いの復活などを意味していると思われる。

　最後に今後の課題を述べておきたい。まず，「従業員数」の取り扱いである。先に述べたようにここでの「従業員数」は正規労働者が中心となっている。しかし，その一方で非正規労働者の雇用調整を扱えなかったことは課題として残る。また，労働需要関数は，実質売上高と実質賃金の関数となっているが，賃金に応じて正規労働者の数を変化させるという仮定は，日本企業の行動を反映したものかどうか，という問題もある。また，ガバナンス構造の効果は企業が赤字に陥っているか否かで異なると考えられるが，本章ではこのような雇用調整の非連続性を考慮していないという課題がある。

---

[16] 労働組合と雇用調整の分析については野田［2002；2006；2008；2010a］，野田・平野［2010］に詳しい。

第6章

日本企業の株主構成と配当政策

1　はじめに

　株主にとって，企業の配当額の大きさは重要な関心事である。配当は株主の収入になるだけでなく，企業経営についての情報を発信し，株価の形成にも大きな役割を果たすことが知られている。ジェンセンは，組織のゆるみ（organization slack）[Cyert and March 1963] を抑制するために，企業から余分な資金を吸収する配当に対して，株主は強い関心を持っていることを示している [Jensen 1989]。

　伝統的に日本の上場企業は配当への関心が薄いと言われてきた。その理由として株式の持ち合い，あるいは安定株主の存在が指摘されている。すなわち，日本の上場企業の発行株式を多くの部分が友好的な金融機関や事業法人に所有されているので，それ以外の株主が増配を株式総会等で要求しても，実現する可能性は非常に小さい。その一方で，友好的な金融機関や事業法人は配当や短期的な株価の上昇よりも，取引関係の維持や，それによって生じる長期的な株価上昇を追求していた。「外部」から介入が行われるのは，当該企業の経営が相当程度悪化した場合に限られていた。

　しかし，第4章で指摘した通り，1990年代後半から，金融機関，具体的には都市銀行や地方銀行の株式放出が進み，安定株主の持株割合は減少していったと言われている。また，時を同じくして外国人株主や信託銀行の持株

割合が増加してきた．また，村上ファンドの台頭に象徴されるように，企業経営に積極的に発言するアクティビストファンドも目立つようになってきた．

このような状況を考えると，日本企業の配当政策について詳細な分析が必要になる．特にガバナンス要因に関して述べると，外国人持株割合が重要な役割を果たしていると考えられる．第4章で述べたように，この外国人株主の大部分は海外の年金基金をはじめとする機関投資家であると考えられる．機関投資家が安定株主に比べて配当に対する選好が強いと仮定すると，外国人持株割合が大きい企業は配当率が高くなる可能性が高い．また，金融機関も1990年代後半以降については，信託銀行が占める割合が大きくなったことから，配当に対する選好は強くなったと考えられる．本章のテーマは株主構成と配当率の関係の解明にある．

また，配当についての分析を行う意義は他にもある．近年，日本では経済格差が深刻となっている．橘木は1980年代後半から1990年代初めにかけての所得格差の拡大を，厚生省（当時）「所得再配分調査」からジニ係数を算出することで明らかにした［橘木1998］．それに対し，大竹は1999年までの総務省「全国消費実態調査」からジニ係数と対数分散を求め，その年齢層別の値と推移を分析した結果，1990年代の格差拡大の主要因は人口高齢化であると主張した［大竹2003；2005］．つまり，高齢者は所得の不平等度が高いので，人口の高齢化にするに従って格差が拡大しているというものである．この人口高齢化による格差の拡大という見解は内閣府も採用している［内閣府2007］．その一方で宇仁は大竹が使用しなかった総務省「全国消費実態調査」の2004年のデータを利用して分析した結果，1999年から2004年にかけては，同一年齢階層における格差の拡大の規模は全体の格差の拡大の規模に匹敵していることが分かった［宇仁2009］．すなわち，同一年齢階層における格差拡大は所得の不平等化に大きく影響していたことを意味している．

このような格差拡大の一因として企業の配当の増加を含めた株主配分の増加を指摘する研究も存在する．柴田は，2001年から2006年までの配当金に比べた賃金の伸び率は，外国人持株割合が大きい産業ほど抑制されているこ

とを明らかにした［柴田 2009］。また，経済産業省も，配当に対する選好が強い外国人の持株割合が高い産業では実質賃金ギャップのマイナス幅が大きくなると指摘している［経済産業省 2008, pp. 169-170][1]。つまり，株主構成は配当政策を通じて労働分配率に反映されることが分かる。配当政策の企業間の差異が大きくなれば，労働者の賃金格差も拡大する可能性がある。

　本章の構成は以下のとおりである。続く第 2 節では不完全市場に対応した配当理論と，関連する実証研究を紹介する。取り上げる理論は主として配当顧客層仮説，シグナリング仮説，フリーキャッシュフロー仮説，ペッキングオーダー仮説，ライフサイクル仮説である。完全市場が成立している場合は，配当政策は企業価値に対して中立的である。しかしながら，完全市場の仮定は多くの場合は成立しない。また，実際の市場では増配は株価の上昇に，減配は株価の下落に結びつくことが多い。不完全市場に対応した諸理論はこのような現象を説明し，さらに配当のもつ意義について説明を行っている。

　第 3 節では日本企業の配当の動向について述べる。具体的には日本企業の配当額ないし配当率の動向，かつて日本企業で支配的であった安定配当政策の内容とその変化について説明する。第 4 節では分析手法についての説明と，分析結果の考察を行う。使用したデータは 1984 年度から 2008 年度までの，製造業企業のパネル・データである。これらのデータについて記述統計量を示した後，最小二乗法によってガバナンス構造と配当率の関係について分析を行う。最後に第 5 節でまとめを述べる。

2　配当理論と関連した実証研究

　モジリアーニ＝ミラーの定理（MM 定理）によれば，株価は将来の収益の現在価値であり，配当政策は企業価値に対して中立的である［Modigliani and Miller 1958; Miller and Modigliani 1961］。しかしながら，この命題が成立す

---

1) 実質賃金ギャップとは実質賃金上昇率と中立的賃金上昇率の差である。中立的賃金上昇率は，労働分配率を一定に保つような賃金上昇率である。すなわち，実質賃金ギャップがマイナスであることは，労働分配率が低下することと同義である。

るには，①税や取引コストが存在しない，②情報が対照的である，③契約が完全であるといったかなり厳しい完全市場の条件が満たされていることが必要である。しかしながら，現実にはこのような条件が満たされているケースは少ない。以下では，石川および花枝・芹田のまとめに従い，不完全市場に対応した合計5つの配当理論を紹介する［石川 2007, pp. 44-47；花枝・芹田 2008］。

　まず，税制と取引コストの存在に着目した配当理論として配当顧客層仮説がある。この仮説においては，投資家は税制や取引コストといった外的な投資環境および，自らの選好に適合した配当水準の株式に対して投資を行うと想定されている。例えば，キャピタルゲイン課税と株式売却手数料の和がインカムゲイン課税よりも低い場合，富を最大化したい合理的な投資家は現金配当よりも株式売却（自家製配当）を選択するということになる。さらに，現時点における現金収入を必要としない，高い課税層に属する高額所得者は，株式売却もせず，配当にも魅力を感じない可能性がある。そのような投資家は低配当あるいは無配企業を選んで投資を行うかもしれない。このような状況の下では，企業がどのような配当政策を採用しようと，その配当政策を支持する十分な数の投資家が存在すれば，配当政策と株価は無関連になる。この点は MM 定理と似通っている。

　次に，配当の情報効果についてはブラーヴらが2つの情報を区別して考えている［Brav et al. 2005］。第1に，配当が経営者の将来に対する自信・確信を伝える（convey）役割としての情報である。第2に，配当や自社株買いを意図的な情報伝達（signal）として経営者が用いる場合である。財務理論のシグナリング仮説［Miller and Rock 1985; Vermaelen 1981］で想定されているのは，第2の情報効果である。ここではこの2つを情報効果仮説とまとめて呼ぶことにする。

　このうちシグナリング仮説では，自社の将来キャッシュフローに関する私的な情報を経営者が投資者に伝達するための信頼性の高いシグナルとして，配当を使用すると仮定される［Bhattacharya 1979; Miller and Rock 1985; John and Williams 1985]。配当には高度な「拘束性[2]」が備わっている。これは将来の収益見直しに対してよほどの自信があった場合だけ増配が行われ，逆に減配はギリギリまで回避されることを意味する。したがって増配は企業の自信の表明と受け取られ，株価が上昇する一方，減配は企業が困難な状況に陥っていることの表れと受け取られ，株価が下落することになる。

花枝・芹田は配当については第1の意味についての調査を行っている［花枝・芹田 2008][3]。分析の結果，「増配／自社株買いは，投資家に対して，将来の利益増大という経営者の持っている内部情報の伝達効果を持つ」という命題に対する賛成が多い一方で，「増配／自社株買いは，投資家に対して，自社の投資機会が少ないとみられてしまう可能性がある」という命題の賛成は少なかった。つまり，増配ないし自社株買いについては，プラスの情報効果はあるものの，マイナスの情報効果はないと考えている企業が多いことが分かった。

次に，契約の不完全性に着目した配当理論としてフリーキャッシュフロー（FCF）仮説がある。企業は事業活動によって毎期キャッシュフローを獲得する。そのキャッシュフローは事業活動に再投資されるとともに，その一部は余剰資金として企業内部に蓄積される。そのフリーキャッシュフローは経営者の裁量下にあるので，経営者はそれに安住して経営努力を怠る可能性がある。この仮説では経営者に配当支払いを約束させることによって，裁量性の高い FCF が削減され，企業経営に規律がもたらされると仮定される［Grossman and Hart 1980b; Easterbrook 1984; Jensen 1986; Lang and Litzenberger 1989］。つまり，この仮説の下では，増配はエージェンシーコストの削減を

---

[2] 一般に企業は，増配後の配当水準を維持するだけの好業績を達成し続けられるかどうか不安があるので，配当額を頻繁に増額することはしない。その一方で株価下落を伴う減配はできるだけ回避しようとする。これを配当の「拘束性」(binding power) と呼ぶ。とりわけ減配を回避するインセンティブが強いので，配当は下方硬直的といえる［石川 2007, p. 20］。

[3] 花枝・芹田は日本国内の証券取引所に上場している企業に対して行ったアンケート調査のデータを用い，紹介した4つの配当理論（情報効果仮説，フリーキャッシュフロー仮説，ペッキングオーダー仮説，ライフサイクル仮説）の妥当性について検証している［花枝・芹田 2008］。

通じて株価上昇をもたらす。もっとも，花枝・芹田の研究においては，配当についてはフリーキャッシュフロー仮説があてはまらないことが示されている［花枝・芹田 2008］。

　この3つの配当理論をまとめると，配当顧客層仮説は MM 定理と同じく，株価に対する配当政策の中立性を示唆するが，シグナリング仮説とフリーキャッシュフロー仮説は基本的には増配は株価の上昇，減配は株価の下落を示唆する，ということになる。石川の研究［石川 2007］によると，ほとんどの先行研究で増配アナウンスメントに市場がプラスの反応を示し，減配アナウンスメントにマイナスに反応することを示している。このことから，石川は配当顧客層仮説よりも，シグナリング仮説もしくはフリーキャッシュフロー仮説の方が説明力は高いと結論付けている。

　このほかに，2つの配当理論を紹介する。それはペッキングオーダー仮説とライフサイクル仮説である。

　ペッキングオーダー仮説では外部金融に比べた内部金融の有利性が強調される。外部金融は内部金融よりも，企業と投資家の間での情報の非対称性が大きいと考えられる。その結果，企業が資金を調達する際，適正なコストで資金が調達できない可能性が高くなる。このような外部金融の問題点を回避するために，企業は内部金融を選好する，というものである［Myers and Majluf 1984］。しかしながら，花枝・芹田の調査ではこの仮説は支持されなかった［花枝・芹田 2008］。

　また，ライフサイクル仮説では，企業の成長段階に応じて企業の配当政策は異なることが強調される［DeAnglo et al. 2006］。特に新興企業のように成長段階初期の企業では資金需要が旺盛なため，たとえ利益が多くても配当は行われず，内部留保として蓄えられる。また，それを投資家も是認する。それに対して，成長段階の後半に位置する成熟企業では有利な投資機会が少ないので利益は株主に分配される。そのような配当政策を行わない企業ではフリーキャッシュフロー問題を抱える危険性が出てくる。なお，花枝・芹田の調査［花枝・芹田 2008］ではこの仮説は支持されなかった[4]。

---

[4] 一方，アメリカでは増配が成熟化のシグナルであるという実証分析が報告されている

3　日本企業の配当政策

　石川の1977年度を起点とした分析［石川 2007］によると，上場企業の配当総額の時系列推移は3つの時期に分けられるという[5]。第1の時期は1991年度までの時期であり，配当総額は1977年度の約1兆円から約2兆6000億円まで順調に増加している。第2の時期は1992年度から2000年度までであり，2兆4000億円から2兆9000億円の間で増減を繰り返している。第3の時期は2001年度以降であり，2005年度まで4年連続で増配を行っている。そのなかでも，とりわけ2004年度と2005年度の配当総額の伸びが顕著であり，2年連続で約1兆円ずつ配当総額が増加している。結果，2005年度の配当総額は実に5兆2200億円に達している[6]。

　また，1株当たりの配当（DPS: Dividend Per Share）は，かつては「額面配当率主義とセットになった配当＝コスト視するビヘイビア」［広田 1992，p.35］により，「1株当たり5円配当」を基準とした横並びの配当が慣行となっていた。実際，1980年代は約20％の企業が1株当たり5円配当を実施していた。しかしその割合は低下していき，2005年度にはその割合は7.7％となっている。それと並行してDPSが5円以上10円未満の企業の割合も，1989年度の44.6％から2005年度には16.5％へと低下している。それに対して，DPSが10円以上の企業の割合は1977年度は19.1％であったが，2005年度には53.8％と増加した。

　このように，すでに上場企業の半数以上がDPSを10円以上に設定していることから，「1株当たり5円配当」や「額面配当率主義」といった横並びの配当慣行は，過去のものになりつつある。また，DPSを一定に保つ「安

　　［Grullon et al. 2002］。
5）石川の分析は1977年4月期決算〜2006年3月期決算の上場企業，延べ90,289社の企業を対象にしている。2001年以前の店頭登録銘柄を含み，銀行・証券・保険業は除外されている。
6）また配当を行っている企業，有配企業の割合は1990年度の93.7％をピークにして2001年度の72.3％まで急激に低下した。しかしその後持ち直し，2005年度までには83.6％までに回復した。

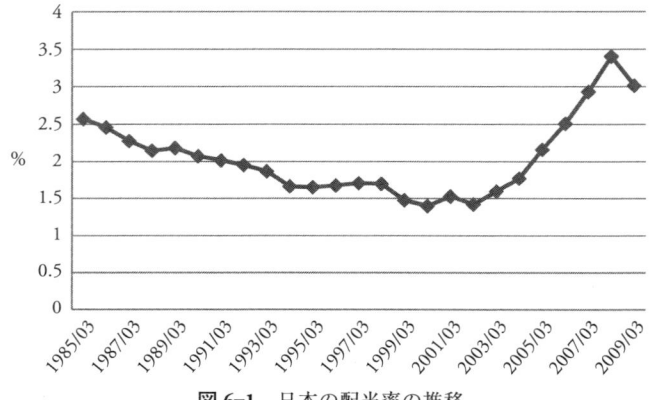

図 6-1 日本の配当率の推移

注：配当率は（普通株式中間配当額＋普通株式配当金）/資本合計。値は業種集計値。業種集計値は，2009年8月1日現在で上場（ジャスダック除く，マザーズ，ヘラクレスを含む）している会社。1983年4月期から連続してデータを取得可能な1633社を収録。ここでの対象は製造業。
出典：日経 NEEDS Financial Data。

定配当政策」を採用する企業の割合は，1990年代半ばまではおおむね50％から60％の間を推移していたが，1992年度の61.8％をピークとしてその比率は低下の一途をたどっている。その一方で増配・復配企業の割合は2001年度以降増え続け，2004年度と2005年度は約40％の企業が増配あるいは復配を行っている。

　また，企業は中間配当という形で1年回に複数回配当を実行することがある。中間配当の総額はバブル経済の絶頂期である1990年度まで徐々に増加したあと，2002年度まで9000億円から1兆1000億円の間で安定的に推移している。その後，2004年度は約1兆5000億円，2005年度は約2兆円に急増している。中間配当額の配当総額に占める割合は，1981年度以降ほぼ40％弱で安定的に推移している。また，中間配当を実施している企業の割合は1977年度の36.3％から2005年度の45.7％へと増加している［石川2007］。

　次に，本章での分析の対象である製造業に属する上場企業の配当率を図6-1に示す。2000年前後にかけて配当率は一貫して低下していたが，その後急速に上昇したことが分かる。上場企業の製造業平均では2008年3月の

配当率は 3.40％に達している。しかしこの値は欧米企業に比べれば依然低い[7]。

4 株主構成と配当政策の実証分析

4.1 分析モデルの構築

まず，分析に使用するデータについての説明を行う。本章での分析には日経 NEEDS Financial の企業財務データを用いる。分析対象はジャスダックを除いた各種株式市場に，1985 年 3 月 31 日付で上場していた，製造業に属する企業である。採取期間は 1985 年 3 月から 2009 年 3 月までであり，期間中継続して上場を維持しており，なおかつ 3 月決算を維持した企業のみ分析に用いる。なお，データはすべて単独決算のものを用いている。このようなデータ構築の結果，438 社，24 年分の balanced panel data が構築された。従属変数は 1 年後の配当率を用いているので，2009 年 3 月度の財務データは脱落している。

また，期間の前半（1985 年 3 月～1996 年 3 月）と後半（1997 年 3 月～2008 年 3 月）でデータを分割した分析も行った。特に宍戸が指摘するように［Shishido 2007］，1990 年代後半に日本企業をとりまく制度環境が大きく変化したことから，このようにデータを分割して分析することは意味があると思われる。

また，全企業を対象とした分析に加えて，1985 年度から 2009 年度までの ROA の平均値をもとに，サンプル企業を低収益企業と高収益企業に分割して分析を行った。ROA の水準によって，株主構成の効果に変化がないか調べるためである。

次に，分析に使用する計量モデルについて述べる。回帰分析で使用する従

[7) 生命保険協会「平成 21 年度株式価値向上に向けた取り組みについて」によると，2008 年度の日本企業の配当率は 2.2％であるが，アメリカ企業のそれは 6.8％である。また石川によると，2005 年度の配当率は日本では 2.2％，米国では 5％台，欧州では 6％台である［石川 2007］。

属変数は1年後の配当率である。配当率は普通株式中間配当額と普通株式配当金の和を資本合計で除したものである。

また，独立変数には資本合計の当期から1年後にかけての変化率を加える。というのも，配当率は配当金総額を資本合計で除したものであるため，その他の条件が一定であると仮定した場合，資本合計が増加すると配当率が低下するためである。資本合計が上昇すると配当率が減少するので係数は負であると考えられる。

また，配当は利益の株主への分配という性格があると考えられるので，ROAを独立変数に加える。実際，久保・齋藤や福田はROAと配当の間に正の有意な関係を指摘している［久保・齋藤2006；福田2008］。よってROAの係数は正であると予想される。

また，海外売上高比率（輸出売上高・営業収益/売上高・営業収益）が高い企業は，不確実性が高く，突如，資金需要が生じる可能性が高いので配当率は低くなると思われる。これも独立変数に加える。よって海外売上高比率の係数は負であると予想される。

また，財務状況をコントロールするために自己資本比率を独立変数に加える。株主の権利は債権者の権利に劣後しているので，自己資本比率が低く，負債の返済圧力が高い企業が配当率を増やすことは難しい。久保・齋藤［2006］は負債比率と配当の関係に負の有意な関係があることを示した。よって自己資本比率の係数は正であると予想される。

4.2　株主構成についての仮説

次に，独立変数として使用する株主構成について論じる。本章の分析で登場する株主は，安定株主として扱われることの多い事業法人および金融機関，機関投資家として扱われる外国人および投資信託，そして企業内部のメンバーであることが多い役員である。ただし，日経NEEDs Financialで提供される金融機関の持株割合には投資信託の持株割合が含まれるため，実際の分析では金融機関の持株割合は投資信託の持株割合を除いたものを用いている。以下に，それぞれの株主が配当率に与えると考えられる影響とその根拠

を述べる。

　まず，安定株主は配当率を低下させると考えられる。日本では安定株主が配当を抑制すると考える理由がいくつかある。まず，株式相互持ち合いという状況では，投資先の企業に増配を要求すると，投資先も増配を自社に要求することが予測され，増配によるメリットが相殺される［Sheard 1994］。次に，先の点と関連するが，配当が低い水準に抑えられることによって，利益を投資に振り向けることが容易になるというメリットがある［Thomas and Waring 1999］。加えて安定株主にとっては，投資先企業が取引関係を脅かすような環境の変化に耐えられるように，内部留保を緩衝材として蓄えてもらう方が望ましい［Bourgerious 1981］。ゲダロヴィックらの分析［Gedajlovic et al. 2005］では，事業法人持株割合と配当の間には負の相関があったものの，有意ではなかった。

　しかしながら，金融機関の効果については注意が必要である。90年代後半から，金融機関と，その金融機関が投資を行っている事業法人の関係は市場志向化が進んだ［e.g. Inoue 1999; Yasui 1999］。特に日本の金融機関は不良債権の問題に直面していたので，保有する株式を売却してキャッシュフローを得る必要が生じた。それに加えて，株式の投資先をより慎重に選ぶ必要も出てきた［Fukao 1999］。第4章で示した図4-1および4-2はこのような動きを裏付けている。なお，ゲダロヴィックらの分析［Gedajlovic et al. 2005］では金融機関の持株割合が高い企業は配当も高いということが示されている。本章の分析期間は1985年から2008年であるが，前半の時期は，金融機関は安定株主として行動し，配当を抑制するものと考えられる。しかしながら，後半の時期は，金融機関は安定株主としてはもはや行動せず，むしろ配当を増やすよう企業に要求するものと思われる。

　次に，機関投資家の投資目的は株式投資のリターンを可能な限り高めるためであり，特に外国人株主は投資先企業の配当率を上昇させると考えられる。モジリアーニ・ミラーの研究［Modigliani and Miller 1958］によれば，配当政策と株主価値は無関係である。しかしながら，エージェンシー理論は，機関投資家は配当額が高い企業を高く評価することを示している。この点に関して，ジェンセンは，組織のゆるみ［Cyert and March 1963］を抑制することに

よって，経営者が効率的な企業経営を行うインセンティブが強くなることから，機関投資家の関心は配当という形で還元されるフリーキャッシュフローにあることを示している。ゲダロヴィックらは外国人持株割合が高い企業の配当が高いことを示している [Gedajlovic et al. 2005]。また，福田 [2008] も外国人持株割合が上昇するとその2年後に配当率が上昇することを示している。

しかしながら，日本国内の機関投資家である投資信託には上記の議論が当てはまらない可能性がある。日本では証券会社のセールス活動のために，投資信託は売買を繰り返し行うので，投資信託のパフォーマンスはどちらかといえば短期的に評価される [Fukao 1999]。その結果，投資信託のマネージャーは長期的視野に立った投資が難しくなり，配当よりもキャピタル・ゲインによる収益を追求するようになると予想される。また，そのような投資信託の事情を知っている日本企業の経営者は，投資信託の持株割合が増えると，配当を抑制する可能性もある。ゲダロヴィックらによると，投資信託の持株割合が大きい企業は配当が少ないことが示されており，このような予想と整合的である。

最後に，理論的には企業内部の株主は，2つの理由から増配を要求する。第1に，エージェンシー理論によると，企業内部の株主は企業の残余利益に対して情報・権限の両面から最も容易にアクセスできる立場にあるので，企業に増配を行わせることは容易である [Alchian and Demsetz 1972]。第2に，企業内部の株主の利益は企業に大きく依存しているので，配当を通してキャッシュフローを還元することは企業内部の株主が余分な資金を自社から引き出し，他社に投資を行って自社特有のリスクを分散させることを可能にする [Chandler 1990; May 1995][8]。しかしながら，一方で，特に役員は，配

---

8) また，ストックオプション（以下オプション）と経営者の持株は，エージェンシー問題を緩和する手段として同様の機能を持っていると考えられる。しかしながらオプションの株式との違いの1つは，配当を生み出さないという点である。このことから，経営者の保有するオプションは，持株に比べて配当を上昇させる効果は低いと考えられる [久保・齋藤 2006]。アメリカではフェン・リアングが1993年から1997年までの1108社のデータを用いた分析を行っている [Fenn and Liang 2001]。それによると，ストック・オプションを多く所有している経営者ほど，配当を出さず，自社株買いを行

当として分配するのではなく，企業の内部留保として蓄積し，自らの裁量下に置くことを選択するかもしれない。久保・齋藤［2006］は日本企業の経営者の持株割合と配当額決定の関係についてロジット分析の手法を用いて実証を行っている。その結果，社長や取締役会のメンバーの持株割合は配当実施，増配の確率を有意に高める一方で，無配の確率を有意に低めていた[9]。

4.3 株主構成と配当率

次に，回帰分析に入る前に，表6-1に記述統計量を示す。

今回分析に使用するサンプルでは，外国人持株割合の値は，図4-1の値に比べると低いということが分かる。その理由として，外国人の投資が時価総額の高い企業に偏っているという理由が挙げられる。それに加えて，外国人の投資が新興企業に偏っているということも考えられる。今回のサンプル企業は1985年3月から2009年3月まで上場を継続した企業なので，外国人の投資という面では偏りがあると言える。

また図6-1で示された配当率と比べると特に後期はその水準は低い。また，図6-1では2000年度前後から配当率は上昇傾向にあるのに対し，表6-1の全企業の後期の配当率と1年後の配当率をみるとほとんど変化はなく，決算月を3月に絞ったことによってサンプルに偏りが生じているものと思われる。

最初に，全企業を対象にした回帰分析の結果を表6-2に示す[10]。

まず，金融機関の持株割合が高い企業では配当率が上昇することが分かった。さらにデータを前期と後期に分けて細かく分析すると，後期においての

う傾向にあることが分かった。
9) また，過去の研究では，経営者と企業業績の間に非線形の関係が存在するのではないかということが指摘されている［Morck et al. 1988; Short et al. 1999］。これはいわゆるエントレンチメント効果（第4章注19も参照）と呼ばれるものであり，経営者の持株割合が小さいときには持株割合と業績の間に正の相関があるものの，持株割合が一定の水準を超えると負の相関が観察される，というものである［久保・齋藤 2006］。このような非線形の効果は経営者の持株割合と配当の関係にも生じる可能性がある。
10) モデルの選択については第5章第4節の分析と同じ。

表6-1 記述統計量

		事業法人	自己資本比率	資本合計変化率	役員	配当率	配当率(1年後)	海外売上高比率	金融機関	外国人	投資信託	ROA
全企業(全期間)	平均値	29.4	40.9	5.8	2.0	1.7	1.7	12.9	30.9	6.3	2.0	3.7
	標準偏差	18.2	18.7	72.4	3.9	1.2	1.1	16.1	14.3	8.4	3.4	3.8
全企業(前期)	平均値	31.2	37.5	8.1	2.7	1.9	1.8	12.2	32.5	4.3	2.2	4.1
	標準偏差	18.2	17.8	58.2	4.8	1.2	1.2	14.1	14.3	5.7	3.3	3.8
全企業(後期)	平均値	27.6	44.3	3.5	1.3	1.5	1.5	13.5	29.3	8.3	1.8	3.3
	標準偏差	18.0	19.0	84.2	2.6	1.1	1.1	17.9	14.2	10.0	3.50	3.8
低収益(全期間)	平均値	29.4	35.3	4.5	1.9	1.5	1.5	13.4	30.3	5.4	1.9	2.1
	標準偏差	18.4	17.0	71.7	3.8	1.3	1.3	17.0	14.6	7.8	3.4	3.3
低収益(前期)	平均値	31.2	33.2	7.7	2.5	1.8	1.8	13.0	32.6	3.9	2.0	2.6
	標準偏差	18.5	16.6	69.9	4.6	1.4	1.3	15.0	14.5	5.7	3.2	3.4
低収益(後期)	平均値	27.6	37.3	1.2	1.3	1.2	1.2	13.8	28.0	6.9	1.7	1.6
	標準偏差	18.2	17.1	73.3	2.6	1.1	1.1	18.7	14.2	9.2	3.6	3.0
高収益(全期間)	平均値	29.4	46.5	7.2	2.1	1.9	1.9	12.3	31.5	7.2	2.1	5.2
	標準偏差	17.9	18.6	73.2	4.0	1.0	1.0	15.2	14.0	8.9	3.4	3.7
高収益(前期)	平均値	31.2	41.9	8.5	2.9	2.0	1.9	11.4	32.4	4.7	2.4	5.6
	標準偏差	17.9	17.8	43.3	4.9	1.0	1.0	13.0	14.0	5.7	3.4	3.6
高収益(後期)	平均値	27.6	51.2	5.9	1.3	1.7	1.8	13.2	30.6	9.8	1.9	4.9
	標準偏差	17.8	18.3	94.0	2.5	1.0	1.0	17.1	14.0	10.6	3.4	3.8

注:平均値はすべてパーセント表記。標準偏差はすべてパーセント表記で計算したもの。
出典:筆者作成。

み配当率を有意に上昇させていることが分かった。これは仮説におおむね整合的な結果である。井上や安井は1990年代半ば以降の金融機関の性格の変質を指摘し，なおかつ図4-2も金融機関の内部構成の変化による性格変化を示唆している［Inoue 1999; Yasui 1999］。配当率との関係で言えばこのような金融機関の変化は実証されたと言える。一方で前期においては金融機関と配当率の間には有意な関係はなく，積極的に安定株主を果たしていたとは言えない。

また，外国人の持株割合が高い企業では配当率が上昇することが分かった。これは当初の仮説と整合的な結果である。つまり外国人株主は配当に対する選好が強く，企業がそのような株主に対応する結果，配当率が高くなりがちである，ということである。また，外国人の効果は90年代半ば以降，より大きくなったと言える。

また，事業法人は前期のみ配当率を有意に低下させていた。つまり，1990年代半ばまでは事業法人は安定株主として機能していたものの，それ以降はそのような機能は確認されなくなった。

また，投資信託および役員には，配当率に対して有意な効果は見出せなかった。

次に，収益性でサンプルを二分し，分析を行う。具体的には，各企業についてROAの全期間の平均値を求め，その値を基準に企業を2分する。低収益企業と高収益企業の比較をすると，いずれの株主についても低収益企業の方が配当率を高める効果が相対的に大きくなると考えられる。というのも，低収益企業は企業の資産を有効に活用できていないので，株主にとっては高い配当を得てその資金を他社への投資に振り向けた方が合理的だからである。分析の結果は表6-3に示した。

まず，役員持株割合は，低収益企業では効果は確認されなかったものの，高収益企業では全期間ベースおよび後期で配当率を有意に減少させている。これは先に示した仮説と整合的である。

また，金融機関持株割合は低収益企業では全期間ベースでのみ配当率を有意に上昇させていたものの，高収益企業ではその効果は確認されなかった。これも先に示した仮説と整合的である。

表 6-2　配当率の決定要因（全企業）

	全期間	前期 (85-96)	後期 (97-08)
定数	0.926*** [0.091]	2.182*** [0.194]	0.724*** [0.102]
事業法人	−0.001 [0.001]	−0.021*** [0.003]	0.001 [0.002]
自己資本比率	0.001 [0.001]	−0.004* [0.002]	0.003** [0.001]
資本合計変化率	−2.61E−05 [0.000]	−0.000 [0.000]	8.94E−05 [0.000]
役員	−0.007 [0.004]	−0.007 [0.006]	−0.009 [0.007]
海外売上高比率	−0.000 [0.001]	−0.005* [0.003]	−0.001 [0.001]
金融機関	0.008*** [0.001]	0.002 [0.004]	0.005** [0.002]
外国人	0.020*** [0.002]	0.008* [0.004]	0.022*** [0.002]
投資信託	−0.003 [0.003]	−8.18E−05 [0.006]	2.76E−06 [0.004]
ROA	0.107*** [0.003]	0.111*** [0.004]	0.092*** [0.004]
個体効果	Random	Fixed	Random
時間効果	Random	Fixed	Fixed
Adj-R2	0.165	0.503	0.321
F-value	232.0***	12.63***	125.2***
N	10512	5256	5256

注：上段は係数，下段は標準誤差である。***：0.1％水準で有意。**：1％水準で有意。*：5％水準で有意。＋：10％水準で有意。分析は Eviews 6.0 を用いて行っている。

　また，外国人持株割合は低収益企業に対しては全期間ベースおよび後期で配当率を有意に高め，さらに高収益企業に対しても全期間ベースおよび後期で配当率を有意に高めていることが分かった。しかしながらその一方で，高収益企業においては前期のみ配当率を有意に低めていることが分かった。これは奇異な結果であるが，この時期は収益性が高く，なおかつ配当率が低く，それゆえに今後増配，さらには株価の上昇が期待できる企業の株式を，

表 6-3 配当率の決定要因 (収益性で分割)

	低収益企業			高収益企業		
	全期間	前期 (85-96)	後期 (97-08)	全期間	前期 (85-96)	後期 (97-08)
定数	0.575*** [0.128]	1.816*** [0.231]	0.308 [0.185]	1.628*** [0.126]	2.531*** [0.206]	1.504*** [0.149]
事業法人持株割合	0.001 [0.002]	−0.012*** [0.003]	0.002 [0.003]	−0.005** [0.002]	−0.011*** [0.003]	−0.004 [0.002]
自己資本比率	0.002 [0.001]	−0.007** [0.002]	0.009*** [0.002]	−0.002* [0.001]	−0.013*** [0.002]	0.001 [0.002]
資本合計変化率	7.58E-05 [0.000]	−0.000 [0.000]	0.0004* [0.0002]	−0.000 [0.000]	−0.000 [0.000]	−9.06E-05 [0.000]
役員持株割合	0.008 [0.006]	−0.002 [0.008]	0.022 [0.012]	−0.016*** [0.005]	−0.009 [0.007]	−0.040*** [0.011]
海外売上高比率	−0.001 [0.001]	−0.007** [0.003]	−0.000 [0.002]	−3.82E-05 [0.001]	0.004 [0.002]	−0.003** [0.001]
金融機関持株割合	0.013*** [0.002]	0.006 [0.004]	0.006 [0.003]	−0.002 [0.002]	−0.006 [0.003]	−0.003 [0.002]
外国人持株割合	0.024*** [0.003]	0.006 [0.006]	0.026*** [0.003]	0.015*** [0.002]	−0.011** [0.004]	0.015*** [0.003]
投資信託持株割合	0.005 [0.005]	−0.005 [0.009]	−0.009 [0.006]	−0.002 [0.004]	−0.019** [0.006]	0.000 [0.005]
ROA	0.139*** [0.004]	0.158*** [0.006]	0.108*** [0.006]	0.089*** [0.003]	0.101*** [0.005]	0.078*** [0.005]
個体効果	Random	Random	Fixed	Random	Random	Random
時間効果	Random	Random	Fixed	Random	Random	Random
Adj-R2	0.198	0.216	0.572	0.148	0.192	0.323
F-value	145.1***	81.39	15.72***	102.1***	70.50***	63.78***
N	5256	2628	2628	5256	2628	2628

注:表6-2に同じ。
出典:表6-2に同じ。

外国人投資家が集中して購入したという背景があるのかもしれない。

また,事業法人持株割合は低収益企業において前期の配当率を有意に低下させる一方,高収益企業では全期間ベースおよび前期で配当率を有意に低下させていた。これもまた先に述べた仮説と整合的である。

また,投資信託持株割合は高収益企業に対して,前期のみ配当率を有意に

表 6-4　分析結果のまとめ

		外国人	金融機関	事業法人	役員	投資信託
全企業	全期間	増配	増配	不明	不明	不明
	前期	増配	不明	減配	不明	不明
	後期	増配	増配	不明	不明	不明
低収益	全期間	増配	増配	不明	不明	不明
	前期	不明	不明	減配	不明	不明
	後期	増配	不明	不明	不明	不明
高収益	全期間	増配	不明	減配	減配	不明
	前期	減配	不明	減配	不明	減配
	後期	増配	不明	不明	減配	不明

減少させていた。これも先に述べた仮説と整合的な結果であった。

以上の分析結果は表 6-4 にまとめて示した。

5　小括

本章の分析結果を簡単にまとめてみる。

まず，全企業を用いた分析では外国人が一貫して配当率を上昇させる一方，金融機関は 1990 年代半ばから配当率を上昇させていることが分かった。これは，金融機関に関する仮説と整合的である。つまり，金融機関の性格が市場志向的になったことにより，金融機関が企業に対して増配を行うよう，求めるようになった可能性がある。その一方で事業法人は 1990 年代半ばまでは配当率を低下させる役割を果たしていた。これはこの時期までは事業法人が安定株主としての役割を果たしていたことを意味する。しかしながら，1990 年代後半以降は，その役割を確認することはできなくなった。

また，役員については配当率に対する影響は確認できなかった。役員の持株割合が高い場合，増配によって得られる役員の個人的な利益が高いので，役員持株割合には増配の効果があるという仮説は支持されなかった。すなわち久保・齋藤 [2006] のものとは異なる結果である。本章の分析が OLS を用いたものであったのに対し，久保・齋藤の分析 [久保・齋藤 2006] がロジット回帰を用いたものであったことが，分析結果の違いを生んだ理由の 1 つと

して考えられる。

　さらに，低収益企業と高収益企業で比較すると，ほぼすべての株主について，低収益企業に対しては配当率を上昇させる方向に機能し，高収益企業に対しては配当率を低下させる方向に機能する傾向にあることが分かった。このことから株主は投資主体に関わりなく，企業の収益性に応じて態度を変えていることが分かった。

　なお，外国人株主は近年になって低収益企業の配当率を高める効果を持ち始めている。このことから，低収益企業については外国人投資家が株主になることで，エージェンシー問題を緩和し，経営の規律付けの主体となる可能性がある。その一方で，外国人株主は高収益企業についても配当率を高めているが，投資資金の収益性の観点からはあまり望ましいことではない。そもそも，外国人株主には収益性の高い企業に対して投資を行う傾向があるため [宮島・新田 2011]，収益性の低い企業の外国人持株割合を高めることは難しい。宮島・新田は取締役会人数の削減や社外取締役の導入が外国人投資家を呼び込む要因として挙げている [宮島・新田 2011]。このことから，低収益企業に対してはガバナンス改革を促すことによって外国人による投資を呼び込む必要があるのかもしれない。

第7章

日本企業の株主構成と買収防衛策

1　はじめに

　買収防衛策は敵対的買収が行われた際に，その買収を防ぐためのものである。「敵対的買収」と聞くと，買収を仕掛けた側と，買収の標的となった企業が敵対しているという印象を持つかもしれない。このことから，「敵対的買収」という用語にマイナスのイメージが見出されることもある。しかし，実際には「敵対的買収」とは，標的となった企業の経営陣の同意が得られていない買収のことであり，買収の是非を判断するのは，買収の対象となった企業の株主である。すなわち，敵対的買収が株式の買取額等の観点から適切なものと株主が判断すれば，株主は買収に応じ，敵対的買収は成功する。その一方で，適切でははないと判断すれば，株主は株式を売却せず，敵対的買収は失敗に終わる。買収防衛策は，既存の株主が敵対的買収の是非について判断する機会を奪うものと言える。

　2005年に生じたライブドアとフジテレビによるニッポン放送争奪戦を契機に，日本でも買収防衛策（ライツプラン）の導入が始まった。また，2007年には延期されていた三角合併が解禁された。これは外国企業が日本国内に子会社を設立し，その子会社が親会社の株式を用いて株式交換によって日本企業の株主から株式を取得し，子会社と日本企業を合併させる手法である。日本企業の株価は外国企業に比べて割安であり，日本の経済界では「外資脅

威論」が台頭した。三角合併の延期はこのような経済界の要請を受けてのものであった。三角合併解禁もまた，買収防衛策の導入を促進した。

日本は企業を共同体ととらえる考え方が強いと言われてきた [Shishido 2007]。すなわち，外国人株主や「村上ファンド[1]」のような投資ファンド，あるいはライブドアのような新興企業であればまだしも，日本の伝統的な企業にとって「共同体」を売買の対象とするのは抵抗があったと考えられる。しかしながら，2006 年には王子製紙から北越製紙に対する敵対的買収が試みられた。結果は失敗に終わったものの，日本の歴史のある事業法人が敵対的買収の当事者となったということで，敵対的買収あるいは買収防衛策に関する世間の関心は一層高くなった。

また，買収防衛策の導入の可否は日本企業の株主総会の重要な議題の 1 つとなった。1990 年代以降の日本の企業システムの変容を指摘する研究については第 4 章ですでに紹介したが，敵対的買収の増加や買収防衛策の導入もその重要な課題である。このことを反映して，日本でも買収防衛策に関する研究が盛んとなった。

しかしながらその一方で，防衛策の新規導入は 2008 年後半以降少なくなっており，現在は防衛策導入を検討していた企業は，ほとんど導入を完了した状況にあると考えられる。また，外国人株主の持株割合も，2008 年にアメリカで生じた金融危機が背景にあるのか，その値の上昇は止まったように思える。このように事態がある程度沈静化した中で，これまで導入された防衛策について分析を行うことは重要と考えられる。

本章の構成は以下のようになっている。第 2 節ではまず，2005 年に公表された，経済産業省の「企業価値報告書」に記載されている 3 種類の買収防衛策の説明を行う。さらに日本企業の買収防衛策の導入の手法について述べ

---

[1] 通産省（現・経済産業省）の官僚であった村上世彰氏が率いていていた投資ファンド群の総称であり，管理・運営を担っていたのは株式会社 MAC アセットマネジメントである。2000 年に昭栄に対して，2005 年には新日本無線に対して敵対的買収を試みたが，失敗に終わった [前田 2007]。また，2005 年には阪神電気鉄道の株式取得を大量に取得し，話題を集めた。2006 年に村上氏がニッポン放送株式のインサイダー取引の容疑で逮捕されたのをきっかけに，同ファンドは解散した。

る。また，買収防衛策は経営者の保身の手段とみなされることもあるため，株価に対して負の効果を持つと言う指摘もある。この点について分析した先行研究を紹介する。

第3節では藤本・茂木・谷野［2006］，藤本他［2007；2008a；2008b；2009］が紹介しているデータをもとに，日本企業の買収防衛策の導入状況と，経過および特徴について論じる。

第4節では買収防衛策の導入要因について，日本とアメリカの理論および実証研究を紹介する。ここでは買収防衛策の導入要因をガバナンス上の要因と財務上の要因に分けて紹介している。この際，留意する点は，これまでの分析で示唆したように，金融機関の性格が変容している可能性がある，ということである。近年では信託銀行の金融機関における比重が大きくなっている。従来日本のガバナンス研究では金融機関を安定株主として捉えることが多かったが，本章もまたこのような分析の枠組みから離れている。

続く第5節では本章の分析手法の紹介と分析結果についての考察を行う。本章の分析では比例ハザード分析の手法を用いている。従来の分析では，防衛策を早い段階で導入した企業，遅くになって導入した企業，導入しなかった企業を単一の回帰式のもとで分析することはできなかった。今回，比例ハザード分析を用いたことによって，2005年度から2009年度までに防衛策を導入した企業と，2009年度末に至るまで防衛策を導入しなかった企業をまとめて分析することができるようになった。最後の第6節ではまとめを述べる。

2 買収防衛策とは何か

2.1 買収防衛策の類型

日本では，2005年はじめに起きたライブドアとフジテレビによるニッポン放送争奪戦を契機に，買収ルールや買収防衛策に関する法制度を整備する

必要があるという認識が高まった[2]。それを受けて，経済産業省内に設置された企業価値研究会によって「企業価値報告書」(以下「報告書」)が，経済産業省と法務省によって「企業価値・株主共同の利益の確保又は向上のための買収防衛策に関する指針」(以下「指針」)が，同じ2005年5月27日に公表された。

「報告書」には防衛策の雛形が示されている。そこでは防衛策は「ライツプラン」と称されている。そして「ライツプラン」は第一類型の「事前警告型ライツプラン」，第二類型の「信託型ライツプラン（直接型）」，第三類型の「信託型ライツプラン（SPC（注：特別目的会社）型）」と分岐している[3]。

「ライツプラン」とは「新株予約権を利用した買収防衛策の仕組み」であり，「買収者（典型的には2割の株式を買い占めた者）だけが行使できないという差別的行使条件を付した新株予約権を全株主に無償で割り当てて，買収者以外の全株主に買収者登場前の時価の半額で数個の株式を取得させ，買収者の持株割合を低下させる」ことを目的としている。しかしながら「ただし買収者は新株予約権の消却を求めて会社と交渉することになるので，この仕組みが現実に発動することは想定されていない」とされており，実際，「ライツプラン発祥の地であるアメリカでも，ライツプランが実際に発動した事例はない」としている［経済産業省 2005, p. 120］。

それぞれの防衛策について詳しく見ていくと，第一類型の「事前警告型ライツプラン」は「買収者登場時に講じる防衛策について，平時のうちに開示して事前警告を行う。買収者登場後，事前警告に従い，買収者だけが行使できないという差別的行使条件を付した新株予約権を全株主に無償で割り当

---

2) 実際にはこれ以前から第三者割当増資が買収防衛策の機能を果たしていた［服部 2007］。

3) 具体的には，買収者が取締役の同意なしに一定以上（20％以上など）の買い付けを行う場合，買収者側に十分な情報提供（対価の算定根拠，資金的裏付け，買付後の経営・事業方針等）や時間的猶予（60〜90日など）を求めるという「大量買付けルール」をあらかじめ設定しておく。そして，そのルールが遵守されない場合は，新株予約権発行などの対応措置を講ずるという形で運用される。詳細は「企業価値報告書」「参考資料②-1　ライツプランの類型について」を参照 (http://www.meti.go.jp/press/20050527005/3-houkokusho-honntai-set.pdf)。2010年9月14日アクセス。

て，買収者以外の者に買収者登場前の時価で株式を取得させ，買収者の持株割合を低下させる」と説明されている。

一方，第二類型の「信託型ライツプラン（直接型）」は「平時のうちに，買収者だけが行使できないという差別的行使条件を付した新株予約権を信託銀行に対して無償で発行し，信託銀行は買収者登場時の株主（受益者）のために新株予約権を信託勘定内で管理する。買収者登場（受益者確定）後，信託銀行は，全株主（受益者）に対して，管理していた新株予約権を無償で交付し，買収者以外の者に買収者登場前の時価の半額で株式を取得させ，買収者の持株割合を低下させる」と説明されている。

また，第三類型の「信託型ライツプラン（SPC型）」は「平時のうちに，買収者だけが行使できないという差別的行使条件を付した新株予約権をSPCに対して無償で発行し，SPCは信託銀行へ信託する。信託銀行は買収者登場時の株主（受益者）のために新株予約権を信託勘定内で管理する。買収者登場（受益者確定）後，信託銀行は，全株主（受益者）に対して，管理していた新株予約権を無償で交付し，買収者以外の者に買収者登場前の時価の半額で株式を取得させ，買収者の持株割合を低下させる」ものである［経済産業省 2005, pp. 121-123］。

これらの説明を総合すると，新株予約権を買収対象の会社が直接株主に発行するのが「事前警告型ライツプラン」であり，信託銀行を仲介させるのが「信託型ライツプラン（直接型）」，信託銀行とSPCを仲介させるのが「信託型ライツプラン（SPC型）」であると言える。

本章の冒頭でも述べたが，株式売買の当事者は株主と買収者であって，会社の取締役は当該取引の当事者ではない。防衛策は第3者間の取引に対する妨害という側面を有する。この意味で買収防衛策は「株式売却妨害策」と言い換えることもできる。株式の所有者は株主であるから，企業の経営者や取締役がその売買を妨害することは，極論すると財産権の侵害とも言える［藤縄 2006］。

このような防衛策を正当化する1つの要因として株主総会での賛成が挙げられる。言い換えると，株主総会における承認の存在は取締役会の権限行使の濫用性を否定する要素の1つである。以下では株主総会が買収防衛策の導

入および発動にどのように関わっているのか整理する。

　藤縄は「報告書」，「指針」，そして防衛策をめぐる裁判所決定の間で，防衛策についての考え方，特に株主総会の承認の必要性についての見解に違いがあることを指摘している［藤縄2006］。「報告書」では第3者チェック型（独立社外チェック型），客観的解除要件設定型，株主総会授権型がそれぞれ適切な防衛策として同列に扱われている[4]。しかし「指針」では株主意思の原則が強調され，総会授権型が他の2つの類型より適切とされている[5]。さらに「指針」公表後に出されたニレコ事件の東京地裁の決定では，防衛策に何らかの総会承認を求める必要性が「指針」よりも強調されている［藤縄2006］。

2.2　買収防衛策の導入および発動の手法

　買収防衛策の導入にあたっては，信託型ライツプランのように防衛策の設計上，導入そのものに総会決議が必要な場合がある。この場合，総会の承認の内容や方式は会社法の定める特定の方式によらざるを得ない。それ以外の防衛策においては，「総会承認」とは以下に述べるように幅のある概念である。

　まず，総会承認の取り方には，多く分けて①防衛策の導入や発動そのものを直接決議の対象とする直接承認方式と，取締役の選任議案などを通じて間接的に承認を得る方式がある。そのうち直接承認方式には，②防衛策の導入や発動を定款上の総会決議事項とする方式と，それ以外の方式[6]がある。また，③決議の内容には特別決議と普通決議の選択肢がある。さらに④決議のタイミングとしては有事と平時の選択肢がある[7]。

---

4)「企業価値報告書（要約）」http://www.meti.go.jp/press/20050527005/2-houkokusho-youyaku-set.pdf（2010年9月13日アクセス）

5)「企業価値・株主共同の利益の確保又は向上のための買収防衛策に関する指針（要約）」http://www.meti.go.jp/press/20050527005/2-shishinn-youyaku-set.pdf（2010年9月13日アクセス）

6) 実務では「勧告的総会決議方式」や「アンケート方式」などと呼ばれている。

7) 有事における決議の一例として，香田・鈴木・渡辺［2005］の「株主総会判断型の買

株主（株主総会）の意思を尊重するという立場をとれば，①防衛策の導入および発動そのものを，②定款上の規定に基づく総会議案として，③特別決議を経ることを，④有事に行うことが最も望ましいということになるといえる［藤縄 2006］。

次に，実際に日本企業がどのような方法で防衛策を導入しているのかについて述べる。藤本らは2008年7月までに防衛策を導入した累計570社について分析を行っている［藤本他 2008a］。買収防衛策導入を株主総会の議案として上程された会社は542社（表7-1の(a)(b)(c)(e)）であり，全体の95.1％と買収防衛策に対する株主意思の確認を株主総会で行う方法が圧倒的に主流となっている。

次に株主総会の付議方法について述べる。法令または会社の定款規定に基づかない事実上の決議（以下「勧告的決議」とする）として上程した会社が284社（49.8％）である。一方，定款に買収防衛策の導入を株主総会決議事項とすることができる趣旨の規定を設けた上で，当該規定に基づき株主総会で

表7-1　買収防衛策の導入方法（2008年7月まで）

導入方法	社　数	構成比
(a) 株主総会特別決議（新株予約権有利発行）	7社	1.2％
(b) 株主総会特別決議（発行可能株式総数拡大）	2社	0.4％
(c) 株主総会特別決議（定款規定設置）＋普通決議	249社	43.7％
(d) 取締役選任議案に防衛策に同意している旨記載	13社	2.3％
(e) 株主総会決議＜勧告的決議＞	284社	49.8％
(f) 取締役決議のみ	15社	2.6％
計	570社	100.0％

出典：藤本他［2008a］

収防衛策」がある。この概要は以下の通りである。まず，平時に取締役会で「取締役会の賛同を得ずに公開買付を行う場合は，公開買付期間を現行証取法（引用者注：当時）上の最長期間である60日に設定すること」「20％以上の株式取得を行う場合，または，結果として20％以上を取得する場合には事前に取締役会の賛同を得ること」という内容のプレス・リリースを行う。そして買収者が出現し，前述の買収ルールを遵守しない場合は原則として取締役会の判断で防衛策を発動する。一方買収ルールが遵守された場合は，臨時の株主総会を開催し，株主の賛同が得られた場合に限り，防衛策を発動するというものである。

承認決議を行った会社は 249 社（43.7％）である。一方で，1 年前の 2007 年 7 月における勧告的決議と定款規定に基づく決議の割合はそれぞれ 52.0％，32.0％である。

　藤本らはこのように構成比が変化した背景にはブルドッグソース事件下級審における判決があると考えている［藤本他 2008a］。この判決では株主総会の特別決議を経た場合，差別的行使条件や取得条項の付された新株予約権の無償割り当ては，株主平等原則に反しないとされた。このことを踏まえ，日本企業で買収防衛策の法的安定性を高める目的で定款規定の設置が進んだと藤本らは考えている。

　次に買収防衛策発動時の手続きについて述べる。有事における防衛策の発動時に株主意思の確認を行う企業は 160 社であり，事前警告型防衛策の 28.5％に相当する。ちなみに，1 年前の段階ではその割合は 8.4％であった。なお，2007 年 8 月から 2008 年 7 月までの導入企業に限定すると 45.9％にあたる 94 社であり，約半数を占めている。ブルドッグソース事件の最高裁において，83.4％の株主が総会で賛同したことが防衛策発動を容認する理由として挙げられたことが，原因と考えられる［藤本他 2008a］。

　このように日本では買収防衛策導入にあたっては，ほとんどの企業が何らかの形で株主意思の確認を行い，発動にあたっても株主意思の確認を行う企業が増加しつつあるということが言える。

2.3　買収防衛策が企業価値に与える影響

　買収防衛策が企業にもたらす効果については，理論的には以下のようなものが考えられる。まず，防衛策導入のマイナス面としては①経営者の規律が失われる，②シナジー効果や効率化に資する M&A が阻害される，③株主にとって，有利な価格で売る機会が失われるという点が挙げられる。次に，プラス面としては④従業員や取引先などの企業のステークホルダーの関係特殊的投資を促進あるいは維持する，⑤経営者が長期的視点に立った戦略を取りやすくなる，⑥買収時の値段を釣り上げるのに役立つ，といった点が挙げられる。

アメリカでは1982年に初めて買収防衛策（ライツプラン）が登場し，80年代後半にかけて急速に普及した。それを受けて，株価への影響に関する実証研究も活発に行われるようになった。多くの研究はイベント・スタディの手法により[8]，防衛策の導入に関する情報開示がなされる前後における，短期間での株価変化を分析している［竹村・白須・川北 2010］。

アメリカにおいて1986年までの導入企業を対象とした分析には以下のようなものがある。マラテスタ・ウォークリングは防衛策導入が，一般的に株価にとってマイナスであることを示している［Malatesta and Walkling 1988］。くわえて，リンガエルトは買収が既に進行中の場合や役員の持株割合が低い場合に導入すると，マイナスの影響が大きくなることを示している［Ryngaert 1988］。一方で，1998年までの導入企業の分析では Heron and Lie ［2006］が株価に対しては有意な結果は得られなかったことを示している。

一方日本においてもアメリカ同様，イベント・スタディの手法を用いた分析が行われている。短期的な超過収益率を用いた分析としては千島［2006］，岡田・窪井［2007］，広瀬・藤田・柳川［2007］が挙げられる。千島［2006］は2005年導入企業に対してマイナスの影響があったとしている一方，岡田・窪井［2007］は2006年までの導入企業に対して有意な影響はなかったとしている。また，広瀬・藤田・柳川［2007］は2005年導入企業に対してはマイナスの影響があったが，2006年導入企業に対しては有意な影響はなかったという結果を示している。

竹村・白須・川北［2010］はこのような議論を念頭に置いたうえで買収防衛策の導入が中期的に株価収益率に与える影響を分析した。なお，使用したデータは2005年度から2007年度のデータである。分析の結果，株式市場は防衛策を導入した企業を，全般的に低く評価していることが明らかになった。さらに，持ち合い比率が高く防衛策導入の必要性が低い企業が導入すると，株価へのマイナスの影響の度合いが大きいことも明らかになった。

---

8) イベント・スタディとは，「個別の銘柄に影響を与えるような「イベント」が生じた時，マーケットがその情報を如何に受けとめ，価格形成にどのような影響を与えたかを調査する」分析手法である（http://www.tse.or.jp/glossary/gloss_a/i_ibennt.html）。2012年1月23日アクセス。

これらの研究を踏まえると，統計的に有意な結果が得られなかった研究もあることに留意が必要であるものの，大まかな傾向としては，買収防衛策の導入は導入企業の株価に対してマイナスの効果を持つものといえそうである。竹村・白須・川北 [2010] が指摘しているように，経営者に対する規律の喪失，シナジー効果や効率化に資する M&A の阻害，株主の株式売却機会の喪失といったマイナスの要素が，株式市場で敏感に評価されているものと考えられる。

3　買収防衛策の導入動向

　日本の買収防衛策の直近の状況は藤本他 [2009] に詳しい。それによると，2009 年 7 月までに買収防衛策の導入を開示した企業は累計で 609 社であり，そのうち買収防衛策を廃止・非継続とした企業は累計で 42 社である。よって 2009 年 7 月時点で買収防衛策を導入している企業は 567 社となる。

　次に，買収防衛策についての時系列データを図 7-1 に示す。新規導入数は 06 年 7 月までは 154，06 年 8 月から 07 年 7 月までは 227，07 年 8 月から 08 年 7 月までは 207，08 年 8 月から 09 年 7 月までは 21 と推移した。また累計数はそれぞれ，154，381，570，567 と推移しており，新規導入数の減少に応じて，累計数もわずかであるが減少していることが分かる。この理由について藤本他 [2009] は東証・大証・名証の一部上場企業における買収防衛策の導入比率は約 24％に達し，必要性を感じる企業の導入が一段落したことに加え，世界的な金融危機を背景に，投資ファンドから企業経営者に対する働きかけが減少傾向にあったことなどを挙げている。

　また 2008 年 8 月から 2009 年 7 月にかけて（以下「調査期間」）防衛策の有効期間の満了を迎えたのは 167 社であり，そのうち 15 社が防衛策を廃止した。なお買収防衛策の類型について，調査期間中に新規導入した 21 社と更新した 152 社の計 173 社の中では，信託型ライツプラン型は 1 社であり，残りはすべて事前警告型であった。

　次に，買収防衛策を導入した企業を産業別により細かく見ていく。表 7-2

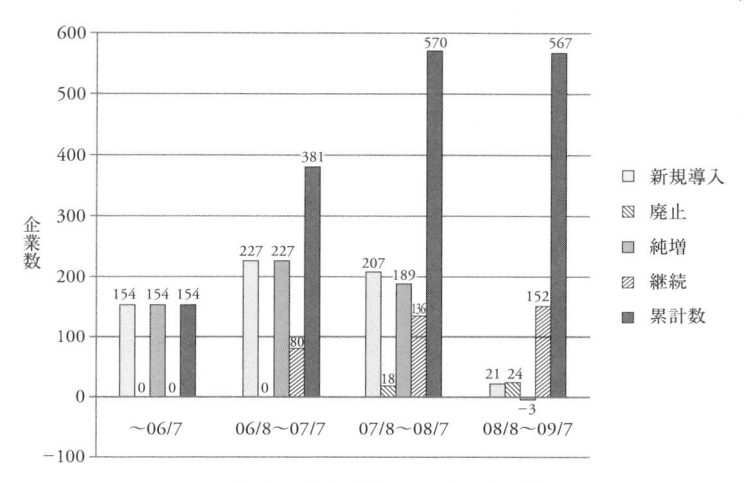

第7章　日本企業の株主構成と買収防衛策　167

図7-1　買収防衛策導入社数の推移

注：「累計数」は前期の「累計数」と「純増」の和である。「純増」は「新規導入」と「廃止」の差である。
出典：藤本・茂木・谷野［2006］、藤本他［2007, 2008a, 2008b, 2009］。

に2006年7月末、2007年7月末、2008年7月末時点での防衛策導入企業数および導入比率を産業別に示した。前述のとおり、2008年8月以降は買収防衛策の新規導入が大きく減少したのでこれ以降のデータは省略した。なおここでは、既存の防衛策を更新した企業は重複してカウントすることはせず、1社として取り扱っている。表7-2ではそれぞれの時点で導入比率が上位5位以内、および10位以内の産業のセルを塗りつぶしている。化学、鉄鋼、精密機器、その他製品、陸運はすべての時期において導入比率で上位10位以内に入っていることが分かる。

化学が当初から防衛策導入比率が高いのは、2003年12月に起こった米投資ファンド「スティール・パートナーズ・ジャパン・ストラテジック・ファンド（以下スティール）」によって、東証2部上場のユシロ化学工業に対する本格的な敵対的買収が行われたことが理由として考えられる。この事件の後、同業他社が危機感から後追い的に防衛策を導入した可能性が高い。

また、陸運については村上ファンドによる阪神電鉄株の買い占め、鉄鋼についてはミタルスチールによるアルセロールの買収など、社会的に注目を浴

表 7-2　買収防衛策導入社数の推移（業種別）

	2006年7月末時点		2007年7月末時点		2008年7月末時点	
	導入社数	導入比率	導入社数	導入比率	導入社数	導入比率
水産・農林業	1社	9.1%	1社	9.1%	1社	10.0%
鉱業	0社	0.0%			2社	28.6%
建設業	2社	0.9%	7社	3.2%	14社	6.5%
食品業	9社	5.7%	26社	17.0%	42社	28.6%
繊維製品	5社	5.7%	9社	11.1%	14社	18.4%
パルプ・紙	1社	3.4%	6社	22.2%	8社	29.6%
化学	14社	6.4%	34社	15.7%	57社	25.7%
医薬品	4社	7.5%	9社	17.3%	11社	20.8%
石油・石炭製品	1社	7.7%	1社	7.1%	1社	6.7%
ゴム製品	0社	0.0%	4社	19.0%	5社	23.8%
ガラス・土石製品	2社	2.7%	8社	11.1%	17社	24.3%
鉄鋼	7社	12.5%	16社	28.6%	22社	38.6%
非鉄製品	3社	7.1%	8社	18.6%	7社	17.9%
金属製品	5社	5.0%	11社	11.2%	19社	19.0%
機械	11社	4.4%	25社	10.0%	53社	20.9%
電気機器	12社	3.9%	31社	10.0%	51社	16.5%
輸送用機器	5社	4.7%	9社	8.5%	14社	13.2%
精密機器	4社	7.7%	12社	22.6%	16社	30.8%
その他製品	10社	8.7%	25社	21.4%	31社	26.3%
電気・ガス業	1社	4.0%	1社	4.0%	1社	4.0%
陸運業	9社	13.2%	14社	21.2%	19社	29.2%
海運業	2社	11%	2社	11.1%	4社	22.2%
空運業	0社	0.0%				
倉庫・運輸関連業	1社	2.3%	3社	6.8%	5社	11.1%
情報・通信業	16社	4.7%	31社	8.6%	35社	9.5%
卸売業	8社	2.0%	22社	5.6%	32社	8.4%
小売業	8社	2.1%	26社	6.6%	34社	8.7%
銀行業	0社	0.0%				
証券・商品先物取引業	1社	2.4%	4社	10.0%	4社	9.8%
保険業	0社	0.0%				
その他金融業	0社	0.0%	1社	1.8%	1社	1.8%
不動産業	1社	0.8%	7社	5.3%	14社	9.8%
サービス業	11社	3.2%	28社	7.5%	36社	9.4%
計	154社	4.0%	381社	9.7%	570社	14.6%

注：導入社数は区分ごとの買収防衛策導入社数，導入比率は区分ごとの全上場企業数に対する買収防衛策導入社数の比率である．区分は東証産業分類による．
出典：藤本・茂木・谷野［2006］，藤本他［2007；2008a］．

びた買収劇を経験しているという特徴がある［藤本・茂木・谷野 2006；川本 2007］。

加えて，2006 年 8 月から 2007 年 7 月までの間に導入比率が急激に上昇した産業も存在する。それは食品，パルプ・紙，ゴム製品である。

食品については 2006 年 10 月にスティールが明星食品に対して敵対的買収を仕掛けたこと，および 2007 年 5 月に同じくスティールがブルドッグソースに対して敵対的買収を仕掛けたことが大きく影響していると思われる。同じく，パルプ・紙については 2006 年 8 月に王子製紙が北越製紙に対して敵対的買収を仕掛けたことが大きく影響していると考えられる[9]。

以上のことから分かるように，買収防衛策の導入は同業他社の動向が大きな役割を果たしているものと思われる。

4　買収防衛策の導入要因

ここでは，買収防衛策の導入要因に関する日米の理論研究および実証研究を紹介する。まずは株主構成に関する研究を紹介し，次に財務的要因に関する研究について紹介する。

4.1　ガバナンス構造と買収防衛策

第 4 章で述べたように，日本の上場企業の株主構成において，外国人持株割合は上昇の一途をたどってきたが，ごく最近ではその上昇は止まったように思える。これは 2008 年にアメリカで発生した金融危機が原因として考えられる。この外国人株主が買収防衛策の導入にどのような役割を果たしたのかが，本章の分析の大きな関心である。

また，従来の日本のコーポレート・ガバナンスの研究では金融機関を「安定株主」として扱う研究が主流であった。買収防衛策に関する研究でも，例

9）詳しい経過は高橋［2007］を参照。

えば川本は金融機関を安定株主として取り扱っている［川本 2007］。しかしながらこの章では，これまでの章と同じく，金融機関に別の性格付けを行って論を進めることにしたい。

(1) 機関投資家

機関投資家は売買回転率が高いので株式売却に抵抗が少なく，敵対的買収に応じやすいと考えられる。そこで，機関投資家の持株割合が大きい企業は防衛策を導入しやすいという仮説が成り立つ［Mallette and Fowler 1992; Davis and Stout 1992］。しかしながら一方で，機関投資家は買収防衛策の導入に否定的な態度をとるので，防衛策は導入しにくいという逆の仮説も成り立つ［Sundaramurthy 1996］。

アメリカの実証分析では機関投資家持株割合の高い企業は防衛策を導入しやすいという結果が多い［Strong and Meyer 1990; Davis 1991; Mallette and Fowler 1992; Davis and Greve 1997; Danielson and Karpoff 1998］。しかしその一方で，Sundaramurthy［1996］では機関投資家持株割合は防衛策導入に有意な影響を与えなかった。

日本の実証研究では川本［2007］，滝澤・鶴・細野［2007］が機関投資家持株割合の高い企業ほど防衛策を導入する傾向があることを明らかにした[10]。また，蟻川・光定は外国人持株割合が全サンプルの中央値より高く，なおかつ33％より小さい企業は買収防衛策を導入しやすいことを明らかにした［Arikawa and Mitsusada 2008］[11]。その一方で，広瀬［2008］では外国人持株割合と防衛策導入の間に有意な関係は見出せなかった。

以上まとめると，統計的に有意な結果が得られなかった研究もあることに留意が必要であるものの，大まかに言えば，機関投資家の持株割合の高い企

---

10) 川本［2007］における機関投資家持株割合は外国人・投資信託・年金信託持株割合の合計値であり，滝澤・鶴・細野［2007］における機関投資家持株割合は外国人・信託・生命保険持株割合の合計値である。

11) 株式の3分の1を取得している株主は株主総会の特別決議の際に拒否権を行使することができ，そのため経営に深く関与していると考えられる。蟻川・光定は持株割合が33％を超えることで外国人株主の行動が変化すると考えたので［Arikawa and Mitsusada 2008］，このような処理を行っている。

業は買収防衛策を導入する傾向にあると言える。すなわち Mallette and Fowler [1992] や Davis and Stout [1992] が指摘しているように，機関投資家の持株割合が大きく，敵対的買収が成功する可能性が高い企業は防衛策を導入する傾向にあるものと考えられる。このことから，外国人や投資信託は防衛策の導入を促進するという仮説が立てられる。

(2) 安定株主

第4章で示した売買回転率から，事業法人と都銀・地銀は安定株主としての性格を備えていると言ってよい。実際には都銀・地銀そのもののデータを取得することはできないので，今回の分析における安定株主は事業法人のみになる。

安定株主もしくは持ち合い株主の持株割合が大きい企業は，すでに敵対的買収のリスクが小さい。よって買収防衛策導入に魅力を感じないかもしれない。加えて，時価会計が導入された現在，安定株主も保有株式の時価に敏感になり，機関投資家ほどではないにせよ，防衛策の導入に否定的な態度をとる可能性もある。以上のことを踏まえると，安定株主は防衛策の導入を抑制すると考えられる。しかしながら，株式持ち合いに積極的な企業は敵対的買収に敏感であり，同時並行的に防衛策の導入を図るという見方もできる[12]。

日本の実証研究では川本 [2007]，滝澤・鶴・細野 [2007] が安定株主の持株割合が高い企業ほど，防衛策を導入する傾向にあることを示した[13]。しかしながら一方で，広瀬 [2008] は安定株主の持株割合が高い企業ほど防衛策を導入しない傾向にあること，および金融機関の持株割合が高い企業ほど防衛策を導入する傾向にあることを示した[14]。

以上まとめると安定株主の効果は一概には言えない。また，先行研究では

---

12) たとえば，国際的な業界再編圧力に直面する新日本製鉄・住友金属工業・神戸製鋼所の鉄鋼3社は2006年3月に株式持ち合いの強化，買収発生時の相互協力の構想を発表した。その一方で，事前警告型の買収防衛策の導入も行っている [川本 2007]。
13) 川本 [2007] における安定株主は事業会社・金融機関の合計値であり，滝澤・鶴・細野 [2007] における安定株主は相互株式保有が可能な公開会社による株式保有比率合計（ニッセイ基礎研究所算出）である。
14) 広瀬 [2008] の安定株主の定義は野村證券の Russel/Nomura に基づく。

安定株主の定義が事業法人に限定されているわけではないことも注意を要する。また，信託銀行の持株割合の増加を考慮すると，金融機関の性格は機関投資家に近くなっていると考えられる。

(3) 経営者

経営者の持株比率が低い場合，その他の株主との利害対立が大きくなり，防衛策を導入しやすくなるという考え方がある［Malatesta and Walkling 1988; Davis 1991; Mallette and Fowler 1992］。しかしながら，一方で所有する株式が多い経営者は保身欲求が強く，むしろそのような経営者こそ防衛策の導入を望むとも考えられる［Demsetz 1983; Fama and Jensen 1983］。

アメリカでは多くの実証研究で経営者の持株割合が低いほど防衛策は導入されやすいという結果が出ている［Malatesta and Walkling 1988; Strong and Meyer 1990; Davis 1991, Mallette and Fowler 1992, Davis and Greve 1997, Danielson and Karpoff 1998］[15]。また日本でも，滝澤・鶴・細野［2007］，Arikawa and Mitsusada［2008］は経営者の持株割合が低いほど防衛策は導入されやすいことを明らかにしており，アメリカでの実証研究と整合的である。

(4) 自己資本比率

ジェンセンによると，アメリカでの敵対的買収の主な目的の1つは，自己資本比率の高い企業に対し，自己資本比率を引き下げさせ，フリーキャッシュフローを再分配させることである［Jensen 1989］。つまり，自己資本比率の高い企業は敵対的買収の標的にされやすいことを意味している。このことは，アメリカではDavis and Stout［1992］，日本では胥［2007］，滝澤・鶴・細野［2007］などの研究が実証している。このことから，自己資本比率が高い企業は買収防衛策を導入するインセンティブが高いといえる。

---

15) 一方で，サンダラマーシーは，経営者の持株割合と買収防衛策導入の関係を経営者の持株割合と企業価値のU字型の関係［Morck, Shleifer and Vishny 1988］になぞらえ，その割合が低い時は割合が大きくなると防衛策は導入されにくくなるものの，経営者の持株割合が一定の高い水準に達すると，その割合が高くなるほど，防衛策が導入されやすくなることを示した［Sundaramurthy 1996］。

4.2　財務的要因と買収防衛策

　マラテスタ・ウォークリングによると，アメリカでは80年代半ばに防衛策を導入した企業の1年前の収益率は，産業平均に比べて有意に低い。このことから，ROAなどの収益性が低い企業は，経営者交代でパフォーマンスが改善する可能性が高いために買収されやすく，買収防衛策を導入しやすいと考えられる［Malatesta and Walkling 1998］[16]。日本の実証研究でも，川本がROEの低い企業ほど取締役会の判断で防衛策を導入しやすいことを示しており［川本 2007］，Malatesta and Walkling［1998］の研究と整合的である。

　また，流動資産比率が高い企業は，ジェンセンが指摘するように，自らの投資機会を上回るフリーキャッシュフローを持ちやすく，経営者による非効率的な投資の原因となりうる［Jensen 1986］。このような企業は経営者の交代による経営の改善が見込まれるので買収の対象となりやすく，経営者はその対抗手段として買収防衛策を導入しやすいと考えられる。実際，日本企業については滝澤・鶴・細野［2007］が流動性資産比率の高い企業は防衛策を導入しやすいことを示している。

　また，買収防衛策を導入する際のコストは企業の規模にかかわらずほぼ一定と考えられるので，相対的にコストが割安な大企業は防衛策を導入しやすいといえる。実際コメント・シュヴェルトは資産規模が大きな企業は防衛策を導入する傾向にあることを指摘している［Comment and Schwert 1995］。

　また，人的資本の蓄積が大きい企業，もしくは人的資本への依存が強い企業は敵対的買収に警戒的であると考えられる。川本は労働分配率と防衛策導入の関係を分析した［川本 2007］。その結果，労働分配率と防衛策の間には有意な関連を見出せなかった。

---

16) ただし，マレッテ・フォウラーは80年代末においては，ROEと防衛策に有意な関係を見出さなかった［Mallette and Fowler 1992］。

5 買収防衛策と比例ハザード分析

5.1 分析手法とデータ

　本章の実証分析で用いるデータは東証分類で銀行，証券，保険，その他金融に属する企業を除き，さらに2010年3月31日の時点でジャスダックを除くいずれかの株式市場に上場していた企業である。独立変数には2005年3月期決算時のものを用いる。なおデータの収集にあたっては，買収防衛策についてはレコフ社が発行している雑誌『MARR』2005年1月号から2010年3月号に掲載されているデータを用いた。他のデータは日経NEEDS Financialの企業財務データの単独決算の値を用いた。

　分析には比例ハザード分析を用いる。この手法は多項ロジット回帰分析と似通った部分が多い。異なる点は，あることが「起こる，起こらない」とした2値のデータ（0と1のような）の従属変数に対して，時間的要素を考慮した影響度を解析する点である。この手法では回帰係数に加えてハザード比が算出される。ハザード比は多項ロジット回帰分析でいうところのオッズ比に相当する。ハザード比はある独立変数の存在する場合と存在しない場合の事象が起こるまでの時間の比である。すなわちハザード比が1より大きいと，その独立変数が大きくなることによってその事象が起こりやすくなることを意味する［対馬 2008, pp. 201-224］。

　比例ハザード分析の手法を用いて分析を行う意義は以下のようなものである。既存の防衛策に関する研究で複数年に渡って分析を行ったものとしては滝澤・鶴・細野［2007］，広瀬［2008］，Arikawa and Mitsusada［2008］がある。例えば広瀬［2008］は2005年導入企業と2006年導入企業でデータを分割し，防衛策を導入しなかった企業とそうでない企業の違いを明らかにするというスタイルを採用している[17]。そして2006年導入企業の分析では，2005年

---

17) 滝澤・鶴・細野［2007］およびArikawa and Mitsusada［2008］はこの点についてどのように処理しているのか明らかではない。また，広瀬［2008］は2005年については買収防衛策として機能しうる定款変更を行った企業も導入企業として扱っている。

に防衛策を導入した企業をサンプルから除いている。この結果2006年の分析で用いたサンプルにはサンプリング・バイアスが発生しているものと思われる。比例ハザード分析のメリットは，初期に防衛策を導入した企業，後になって防衛策を導入した企業，防衛策を最後まで導入しなかった企業のすべてを同じ回帰式の中で分析できるところにある。

　比例ハザード分析を行うに当たって，買収防衛策の導入についてどの時点で導入したとみなすのか，定める必要がある。本書では2006年3月までに防衛策を導入した場合は1年，そこから2007年3月までに導入した場合は2年を要したとみなすことにした。よって，2009年4月から2010年3月までに導入を発表した場合は導入に5年を要したことになる。なお分析対象とした企業が買収防衛策の導入を行う月には偏りがある（3月期決算の企業を分析に用いたことから，3月に導入することが多い）ので，今回は月ベースの分析は行わなかった。また，一度導入を発表した企業は，仮に防衛策を廃止しても再び未導入企業に戻すことなく分析を行った。なお分析にあたってはSPSS18.0を用いた。

　独立変数は，株主構成としては事業法人，金融機関，外国人，役員，投資信託の持株割合である。また，財務要因としては企業規模（資産合計の対数値），流動資産比率，ROA（営業利益÷資産合計），1人当たり賃金（対数値），自己資本比率である。他に産業ダミーも独立変数に加える。なお，有価証券報告書では投資信託の持株は金融機関の持株に含まれているが，この分析では，金融機関の持株割合は投資信託の持株割合を除いたものとなっている。

　分析にあたっての仮説をもう一度確認しておく。機関投資家はこれまでの実証分析の結果から，防衛策導入を促進するものと思われる。機関投資家には外国人，投資信託が含まれる。また金融機関も防衛策導入を促進すると思われる。一方役員は防衛策導入を抑制するものと思われる。また，安定株主は先行研究からは防衛策導入を促進するとも抑制するとも一概に言えない。本章では事業法人を安定株主として扱う。

5.2 比例ハザード分析

分析の結果は表 7-3 に示した。その結果を端的に述べると金融機関が企業の買収防衛策の導入を促進する一方で、役員、事業法人、外国人は企業の防衛策導入を抑制することが分かった。一方で、投資信託は防衛策の導入に対して有意な影響は確認できなかった。また、ガバナンス構造以外の財務的要因は防衛策の導入について有意な影響は確認できなかった。

なお表 7-3 では省略したが、陸運業をベースとした場合、医薬品、卸売、建設、繊維、倉庫・輸送、電気・ガス、電気機器、輸送用機器で防衛策導入が有意 (10％水準含む) に遅れていた。表 7-2 で示した通り、これらは防衛策導入に熱心ではない産業である。よってこの結果は表 7-2 とかなりの程度整合的と言える。このことから防衛策の導入の時期は企業の財務的な要因よりも、株主との関係のあり方や同業他社の動向によって決定されると考えられる。

以下、それぞれの株主の効果について詳述する。

金融機関については防衛策導入を促進するという結果が得られた。これは同じく金融機関と買収防衛策の関係を分析した広瀬 [2008] の分析結果と整合的である。

また役員についてはアメリカでの実証研究や滝澤・鶴・細野 [2007]、Arikawa and Mitsusada [2008] が示唆するところと同じく、防衛策導入を遅くするという結果が得られた。今回の分析では東証マザーズなどに上場している新興企業も含まれる。このような企業は創業者の持株割合が高いと考えられる。これらの企業では株主と経営者の利害が一致しており、敵対的買収のリスクも小さいので、防衛策を導入するインセンティブが少ないと考えられる。

一方事業法人については防衛策導入を抑制するという結果が得られた。これは川本 [2007]、滝澤・鶴・細野 [2007] の結果とは異なる一方、広瀬 [2008] の結果とは整合的である。

さらに外国人については川本 [2007]、滝澤・鶴・細野 [2007] の実証分析の結果とは異なり、防衛策導入を遅らせていた。これは Sundaramurthy [1996]

表7-3 比例ハザード分析の結果

	偏回帰係数	標準誤差	有意確率 (p)	ハザード比
企業規模	0.047	0.054	0.380	1.048
流動資産比率	−0.086	0.350	0.806	0.918
ROA	1.050	1.120	0.349	2.856
1人当たり賃金	0.120	0.077	0.122	1.127
自己資本比率	0.004	0.003	0.178	1.004
投資信託持株割合	1.735	1.168	0.149	5.670
役員持株割合	−3.961	0.924	0.000	0.019
金融機関持株割合	2.983	0.526	0.000	19.753
事業法人持株割合	−2.965	0.446	0.000	0.052
外国人持株割合	−1.293	0.676	0.056	0.274
産業ダミー	Yes			
企業数	1752			
導入数	422			
−2対数尤度	5882.0			
カイ二乗統計量	333.2			
P値	0.000			

の仮説と整合的である。ただし，外国人持株割合の係数は5％水準で有意ではないことには留意する必要がある。

　本章ではこれまでの金融機関と事業法人を安定株主とみなす従来の枠組みから距離をとる一方で，金融機関と機関投資家を類似した性格を持つとみなして分析を行った。しかし，結果としては事業法人と外国人が防衛策の導入を遅らせる一方で，金融機関は防衛策の導入を早めていた。このことは以下のように解釈することができる。

　まず，安定株主として機能することが期待できる事業法人の持株割合が大きい企業にとっては，株価にマイナスになりがちな買収防衛策をあえて導入する必要性に乏しい。むしろ，防衛策導入による株価の下落を嫌いさえするかもしれない。また，外国人の持株割合が大きい企業は買収防衛策を導入しようとした場合，Sundaramurthy [1996] が指摘したように株主からの強い反発，さらには株式の売却による株価の急落が予想されるので導入は難しい。

　一方，金融機関の持株割合が大きい企業が買収防衛策を導入するメリットは，安定株主として期待できる事業法人の持株割合が大きい企業に比べる

表 7-4　買収防衛策に対する効果

投資主体		予想	結論
経営者	役員	抑制	抑制
安定株主	事業法人	不明	抑制
	金融機関	促進	促進
機関投資家	投資信託	促進	不明
	外国人	促進	抑制

と，大きいと考えられる。その一方で，売買回転率の違いから想像できるように，金融機関の持株割合が大きい企業が防衛策を導入するにあたっての困難は，外国人持株割合が大きい企業に比べると小さいと考えられる。結果として事業法人と外国人が，理由は異なる可能性があるものの買収防衛策導入を抑制し，金融機関が防衛策導入を促進するという結論が得られたと考えられる。

各株主についての仮説と結果は表 7-4 にまとめて示した。

6　小括

まず，本章の結果を簡潔にまとめてみる。買収防衛策の導入にあたっては財務的要素の効果は確認されない一方で，株主構成や同業他社の動向が有意な影響を与えることが分かった。

また，事業法人と外国人は，買収防衛策導入に対して抑制効果を持つ一方で，金融機関は買収防衛策導入を促進している。これは以下のように解釈できる。まず，外国人は株価の下落をもたらす可能性が高い買収防衛策の導入に批判的である。また，事業法人も同じ理由で，外国人株主ほどではないにせよ防衛策の導入に批判的である可能性がある。逆に，事業法人は安定株主としての機能が期待されているので，事業法人持株割合が高い企業はあえて防衛策を導入する必要性に乏しいとも考えられる。その一方で，信託銀行の持株割合が増えた金融機関は，安定株主としての機能は期待されない一方，外国人株主に比べると防衛策導入に批判的ではない。よってこのような結果

が得られたと解釈できる。もっとも，外国人株主の効果については，その有意性から，疑いの余地が残る。

　一方で，今後の課題として次のようなものが挙げられる。まず，金融機関が防衛策導入を促進しているのは，事業法人に比べると安定株主としての期待はされていない一方，外国人に比べると導入に当たっての反発は小さいから，という理由づけが本章では採用されている。しかし，これを示す傍証は現在のところ売買回転率のみであり，特に信託銀行の性格についてさらに分析する必要がある。また，従業員持株会，取引先持株会，あるいは創業者一族が企業の大株主である場合，買収防衛策の導入に何らかの影響を与えている可能性もある。この点はまだ分析されていないので今後の課題としたい。

結　章

総括と展望

　本章ではこれまでの章で得られた知見を再び示し，まとめを行う．
　まず，第1章では資本主義の多様性（VoC）論，レギュラシオン理論といった比較資本主義の議論について紹介し，各国の資本主義の特徴について述べた．その後にゴルビッチ・シンの議論を紹介した．ゴルビッチ・シンは株主，経営者，労働者の3つの階級の同盟と闘争によってガバナンスの特徴を捉えている．日本のコーポレート・ガバナンスはコーポラティズム・モデルが支配的であったものの，近年，透明性モデルないし，経営者モデルへの移行が行われつつあることが示唆された．この傍証として，労働組合の組織率の低下や，外国人株主の台頭に代表される資本市場の活性化などが挙げられる．
　第2章では，第1章の議論を踏まえ，日本，アメリカ，ドイツのコーポレート・ガバナンスについて紹介した．アメリカでは企業の資金調達は直接金融が主体であり，アメリカ企業の株式の大部分を個人や機関投資家が所有している．このことから，アメリカ企業の戦略は株式市場を強く意識したものとなりがちであり，労働者の量的なフレキシビリティは大きく，経営者の報酬も，株価や業績に強く結びついたものとなっている．それとは逆に，日本とドイツでは，銀行や事業法人の持株割合が大きく，また企業の資金調達も間接金融が主体である．このことから，日本やドイツの企業戦略は株式市場をあまり意識せず，長期的なものとなりがちである．その結果，労働者の量的なフレキシビリティは小さく，経営者の報酬もアメリカほどには株価や業績

と結びついていない。

　このような各国のコーポレート・ガバナンスは20世紀の終わりになって変革を余儀なくされた。その原因として考えられるのが機関投資家の台頭である。これは論者によって「透明性モデル」「洗練された株主価値モデル」「資産個人主義」などと呼ばれることになった。年金基金をはじめとした機関投資家はアメリカ国内だけではなく，他の先進諸国にも投資を行うようになった。特に1990年代は日本や大陸ヨーロッパ諸国の経済が停滞していたこともあり，短期的なフレキシビリティ，さらには「株主価値」の追求が行われた。

　しかしながら，アメリカでは2000年代に金融スキャンダルや金融危機が生じたことによって，「透明性モデル」「洗練された株主価値モデル」「資産的個人主義」の限界が明らかになったと考えられる。一方でドイツとフランスの比較分析を行ったGoyer[2007]は，外国人による投資の増加と「株主価値」の追求は，アングロ・サクソンモデルへの収斂を促したわけではなかったことを明らかにした。以上のことから，それぞれの国で，短期的なフレキシビリティや「株主価値」に対する志向は強くなったものの，ガバナンスの多様性は維持されているということが分かる。

　第3章では，日本とアメリカの雇用調整速度の比較を行った。この章では，1960年から2009年までのデータを対象に分析を行っている。分析の結果，アメリカは日本よりも雇用調整速度が速いものの，オイル・ショックの時期には，アメリカの雇用調整速度がかなり低下したことが分かった。しかし，1980年代後半以降，アメリカの雇用調整速度は上昇したことが分かった。一方，日本では分析対象を就業者数から雇用者数とすることで，オイル・ショック期の雇用調整速度はおおむね低下した。

　第4章では，日本企業を取り巻く1990年代以降の環境の変化について述べた。重要なことは外国人投資家の投資が活発となってきたこと，および金融機関に占める都市銀行・地方銀行の比重が低下し，信託銀行が台頭してきたということである。また，日本企業の従来型の経営機構に対しても批判の声が強くなり，社外取締役や社外監査役などの社外役員の導入が進んだ。加えて，「株主価値」への志向は，日本企業の付加価値の分配については大き

な影響をもたらしたと考えられる。Jackson［2007］によると労働者の賃金体系において成果主義が浸透した。また，企業の付加価値の分配については配当や内部留保，経営者の報酬は伸びたにもかかわらず，賃金のそれは停滞した。

また，バブル経済崩壊後，メインバンクの経営不振によって，従来の「状態依存型ガバナンス」は機能不全に陥った。その一方で外国人投資家の投資は活発化し，日本のコーポレート・ガバナンスモデルは変革を余儀なくされるのでは，という議論も出てきた。しかしながら，このような変容論に対しては，Olcott［2009］が整理したように反論も根強くある。

さらに，近年では日本の上場企業のガバナンスのあり方が分化しているという指摘もある。ジャクソン・宮島らはそれを「ハイブリッドJモデル」と呼んでいる［Jackson and Miyajima 2007］。ここでは従来の「間接金融＋長期安定雇用」というJモデルではなく，「直接金融＋長期安定雇用」というタイプの出現が指摘されている。これは比較資本主義論でも論じられている制度的補完性の議論と緊張関係にある。しかしながら，金融法制や労働法制が同一である以上，このハイブリッドJモデルの出現をもって「日本型ガバナンス」が消滅するとは言えない。あくまで，「日本型ガバナンス」内部での分岐と考えた方が適切である。

以上第4章では，日本型ガバナンスは短期的なフレキシビリティを追求するよう変化しつつも独自のモデルを形作っていること，その一方でそのモデルの範囲内での分岐がみられることを示した。第5章以降では，日本企業が株主構成ごとに，どのような行動の分岐を示すのかを論じた。

第5章では，まず，1984年度から2008年度までのガバナンス構造と雇用調整速度の関係について分析した。その結果，1995年度までは，ガバナンス構造と雇用調整速度の関係は証明されなかったものの，1996年度から2002年度までの人員削減期では，金融機関と事業法人の持株割合が高い企業では雇用調整速度が抑制されていることが分かった。しかし，2003年度以降は，金融機関が雇用調整速度を上昇させる一方で，負債比率は雇用調整速度を抑制していた。

加えて，1997年度から2007年度までの外国人持株割合差分を独立変数，

従業員数変化率を従属変数とした回帰分析を行い，外国人株主について更なる分析を行った。その結果，全産業ベースでは外国人持株割合差分の係数が正で統計的に有意となり，仮説と反する結果となったものの，係数の値は小さく，外国人株主が従業員数に与える影響は極めて小さいと考えられる。さらに，産業ごとにデータを分けて分析したところ，ほとんどの産業では外国人持株割合差分の係数は有意とはならなかった。このことから，外国人株主が日本企業の雇用調整に与える影響は部分的であるといえる。

　第6章では1985年以降の，日本企業の株主構成と配当政策についての分析を行った。事業法人は90年代半ばまでは配当率を低下させていたことから，この時期までは安定株主として機能していたことが分かる。その一方で，90年代半ば以降は配当率に対しては有意な影響を与えていなかった。このことから，事業法人の安定株主としての機能は失われた可能性がある。さらに，金融機関は90年代半ばまでは配当率に有意な影響を与えていなかった一方で，90年代半ば以降は配当率を有意に上昇させていた。このことから，金融機関については性格の変化が生じたと考えられる。メインバンクとして機能しうる都銀・地銀の比重が低下する一方で，信託銀行の比重が高まった結果であると考えられる。このことから，現在の金融機関を安定株主として扱うのは無理があると考えられる。また，外国人はいずれの時期においても配当率を高めていた。

　第7章については，比例ハザード分析の手法を用いて，2009年度末までの買収防衛策導入と日本企業の株主構成について分析を行った。その際，注意したのは第5章，第6章での分析と同じく，金融機関の性格付けである。分析の結果，事業法人，外国人，経営者は防衛策の導入を抑制し，金融機関が導入を促進することが分かった。買収防衛策は株式市場からマイナスの評価を受けがちであることから，事業法人の持株割合が高い企業は，買収防衛策を導入するインセンティブを感じない。一方，外国人持株割合が高い企業は，株主の反発，および導入後の株価の下落を恐れて導入に踏み切れない，という推測が成り立つ。それに対し，金融機関は外国人ほどには防衛策導入に反発せず，また，事業法人ほどには安定株主として期待されていないと考えられる。もっとも，外国人持株割合の効果については，その有意性から疑

いの余地が残る。また，ほかの財務的要因と買収防衛策の有意な関連性は見出せない一方で，同業他社の動向が防衛策導入に当たって重要な役割を果たしている可能性が示唆された。

全体の考察

次に，全体の考察を行う。まず，多くの先行研究が指摘するように，総じて日本企業は「株主価値」への志向を強めたということはいえそうである。それはたとえば成果主義賃金の導入や敵対的買収の増加，配当金の増加，正規労働者の減少などからいえる。

外国人株主が与えた効果については，配当についてはある程度明確に表れたが，雇用や買収防衛策の導入に関してはそうではなかった。ジャクソンや宮島らの議論［Jackson and Miyajma 2007; Jackson 2007; 宮本 2007］から推測するに，日本企業の雇用システム（長期安定雇用）はいまだに競争力の源泉とみなされていると考えられる。このことから経営者は外国人持株割合の変化に応じて正規労働者の数を変動させるようなことはせず，一方で外国人株主もそれを認めざるをえないのではないかと思われる。言い換えると，日本企業が今までの雇用システムを維持しつつも，株主構成の違いに応じて配当政策に代表される付加価値の分配問題に対応している，と解釈できる。つまり，既存の企業システムの枠内で外国人株主や「株主価値」の台頭に対応している，ということである。これは第2章で紹介した資本主義の変容論に関わる一連の研究と整合的である。

また，この論文の第5章から第7章では，「株主価値」への志向の強弱は株主構成によって異なることを示すことができた。「株主価値」の浸透について，序章で述べたようにこの言葉の意味するところは大きく分けて2つあるものと考えられる。1つは企業の行動が，株価や資本効率を意識したものになるという意味であり，もう1つは投資ファンドなどの「外部」の株主の影響力が強くなる，という意味である。防衛策との関係で述べると，その有意性から注意が必要ではあるが，外国人の持株割合が大きな企業は防衛策の導入が難しくなっていることが示唆された。このことから外国人株主は株主総会というよりも，株式市場を通じて，企業経営者の行動を制約していると

考えられる。このことから1つ目の意味に加えて，2つ目の意味でも株主構成による程度の差はあれ，「株主価値」への志向が強くなっているといえよう。

また，金融機関については，信託銀行の台頭による性格の変化が明らかとなった。1990年代後半以降，金融機関が配当率を高める傾向が明らかとなり，2000年代に入ると，雇用調整速度を加速させていた。しかしながらその一方で，買収防衛策の導入については，外国人と逆の効果が確認された。

最後に，今後の課題を挙げる。まず，本書の分析は第3章を除いて，株主構成に集中しているが，特に日本のコーポレート・ガバナンスは，株主構成以外の要素で決まる部分が大きいと考えられる。日本のガバナンスを論じる際，重要なことは本文で述べたように取締役（経営陣）の従業員性である。今後はこの点についての考察が必要となるであろう。特に，取締役会の人員の削減と社外取締役の導入の浸透は日本企業の特徴とされた取締役の従業員性に変革を促す可能性がある。また，労働組合の影響の分析も今後の課題に挙げられる。野田が示したように，特に雇用調整にあたっては労働組合の存在は重要である［野田2010a］。

また，会計制度の企業行動への影響も重要である。マクロ経済分析において，時価会計の導入は景気循環のプロサイクリカル性を強めるという指摘がなされている［Boyer 2011］。このことから，時価会計の導入が企業のミクロレベルの行動にも影響を与えている可能性がある。また，本書の実証分析で用いたデータは単独決算のものであるが，会計制度が連結決算中心になっている現在，単独決算による分析だけでは不十分と言える。今後は連結データを取り込んだ分析も必要となってくるであろう。

あとがき

　本書は，2011年に京都大学大学院経済学研究科に提出した博士学位論文「1990年代以降の日本企業の行動と株主構成の変化―「株主価値」の受容の観点から」を修正加筆したものである。主要な変更点は第3章「雇用調整の国際比較」の追加と，第5章「日本企業の株主構成と雇用調整」の部分的な追加である。博士論文では，日本企業を対象とした分析しか行えず，国際比較を行えなかったこと，および雇用調整に関して現在中心となっている部分調整モデルを使用した分析が行えなかったことが，問題点として挙げられた。本書において，日本とアメリカの雇用調整速度の比較および，日本企業のガバナンス構造と雇用調整速度に関する分析を行うことで，上記の問題点の解決を図った。

　各章の初出は以下の通りである。

序章　コーポレート・ガバナンス論の課題
　　書き下ろし
第1章　企業と経済編成の結合パターン
　　書き下ろし
第2章　コーポレート・ガバナンスの国際比較とその変容
　　書き下ろし
第3章　雇用調整の国際比較
　　「雇用調整速度の日米比較分析」社会政策学会第123回（2011年秋季）大会報告論文，2011年10月8日，京都大学．
第4章　日本企業の株主構成の変化と「日本モデル」の変容
　　書き下ろし
第5章　日本企業の株主構成と雇用調整
　　「日本企業の株主構成と雇用調整」社会政策学会第122回（2011春季）大会報告論文，2011年5月22日，明治学院大学．

第6章　日本企業の株主構成と配当政策
　"Shareholder Structure and Dividend Rate in Japanese Firms: Analysis Using Panel Data," 京都大学大学院経済学研究科プロジェクトセンターディスカッションペーパーシリーズ E-11-003.
第7章　日本企業の株主構成と買収防衛策
　「日本企業のコーポレート・ガバナンスと買収防衛策―金融機関の性格変化を踏まえた実証分析」京都大学経済学会『経済論叢』第 183 巻第 4 号, pp. 73-88, 2009 年, 10 月.
結章　総括と展望
　書き下ろし

　京都大学大学院経済学研究科における学習と研究, および本書の執筆にあたり, 多くの方々からご指導, ご助言を賜った。この場をお借りしてお礼申し上げる。

　2006 年 4 月に, 京都大学大学院経済学研究科修士課程に入学してから, 2011 年 3 月に同研究科博士後期課程を修了するまでの 5 年間, 同研究科教授である宇仁宏幸先生と久本憲夫先生には指導教官としてご指導を賜った。

　宇仁先生のゼミナールでは, マルクス経済学, 制度経済学, レギュラシオン学派や資本主義の多様性論などの非主流派経済学の知見に触れることで, 筆者の研究の礎石となる概念をご教示いただいた。また, 宇仁先生からは, 私の研究に対して, 頻繁に適切なコメントをいただいた。

　久本先生のゼミナールでは労働経済学や社会政策に関する知見を得ることができた。また, 久本先生の紹介を通じて, 2008 年 11 月から 2011 年 2 月まで京都大学大学院文学研究科グローバル COE および京都大学大学院経済学研究科のリサーチ・アシスタントとしてワーク・ライフ・バランスの研究に従事させていただいた。このことは私の研究の視野を広げるにあたって有益であった。

　また, 京都大学大学院に進学する以前に在籍していた, 千葉大学法経学部総合政策学科教授の安孫子誠男先生は, 私が京都大学大学院への進学が決まった際, 宇仁先生を指導教官としてご紹介してくださった。先生のお取り

計らいのおかげで，京都大学大学院での研究を円滑に行うことができた。この場を借りて心から感謝申し上げる。

また，2008年度から2009年度にかけて，当時京都大学経営管理大学院の客員教授であった塩沢由典先生（現・中央大学）の自主ゼミに参加させていただいた。この自主ゼミではWarsh, D., *Knowledge and the Wealth of Nations* (W. W. Norton & Co. Inc, 2007) を輪読した。この本は収穫逓増の概念を軸に経済学の歴史を見ていったものである。このゼミナールを通じて，塩沢先生のご見識にも触れることができた。

この他，京都大学大学院でご指導を賜った八木紀一郎教授（現・摂南大学），大西広教授（現・慶応義塾大学），下谷政弘教授（現・福井県立大学）の諸先生方にこの場を借りてお礼を申し上げる。この他，宇仁ゼミナール，久本ゼミナールの諸先輩，同輩，後輩の方々には公私ともにお世話になった。特に久本ゼミの先輩である柳原剛司氏（現・松山大学）からは，本書の原稿執筆にあたって数多くのアドバイス，コメントを頂いた。

また，本書の執筆にあたっては計量経済学の手法が多く用いられているが，筆者が大学院に進学した際には，統計学の知識はほとんどない状態であった。そこで修士課程在籍時，宇仁先生や久本先生のゼミ生の方々とともにWooldridge, J. M., *Introductory Econometrics: A Modern Approach*, (2nd edtion, South-Western Pub, 2002) を輪読する自主ゼミに参加させていただいた。他の参加者には私の勉強量の不足ゆえ，ご迷惑をおかけすることが多かったが，なんとか最後までやり遂げることができた。この勉強会に出席していなければ，このような形で本書を書くことはできなかったであろう。参加者の方々にはこの場を借りてお礼申し上げたい。

なお，本書の刊行にあたっては，京都大学の「平成23年度総長裁量経費若手研究者に係る出版助成事業」による助成を受けた。また，京都大学学術出版会の斎藤至氏には最初の読者兼批判者として，原稿の内容を細かくチェックし，修正に関して多くの建設的な提案を頂くなど，大変お世話になった。心より感謝申し上げる。もちろん，本書に含まれうる誤りの責任はすべて筆者に帰するものである。

最後に私事ではあるが，長年にわたり私の研究生活を経済面，精神面で支

えてくれた父博美，母弘子をはじめとする家族に本書を捧げたい。

2012 年 2 月

福田　順

参考文献

日本語文献

青木英孝 [2008]「事業ポートフォリオの再編と企業統治」宮島英昭編『企業統治分析のフロンティア』日本評論社, pp. 115-141。
青木昌彦 [1995]『経済システムの進化と多元性』東洋経済新報社。
阿部正浩 [1999]「企業ガバナンス構造と雇用削減意思決定」中村二朗編『日本経済の構造調整と労働市場』日本評論社, pp. 75-102。
阿部正浩 [2005]『日本経済の環境変化と労働市場』東洋経済新報社。
荒木尚志 [2000a]「日米独のコーポレート・ガバナンスと雇用・労使関係―比較法的視点から」稲上毅・連合総合生活開発研究所編『現代日本のコーポレート・ガバナンス』, 東洋経済新報社, pp. 209-268。
――― [2000b]「雇用システムと労働条件変更法理, 4」『法学協会誌』Vol. 117, No. 4, p. 481。
蟻川義浩・宮島英昭 [2007]「M&A はなぜ増加したのか」宮島英昭編著『日本の M&A』東洋経済新報社, pp. 45-79。
有森隆 [2003]『日本企業モラルハザード史』文春新書。
石川博行 [2007]『配当政策の実証分析』中央経済社。
磯谷明徳 [2004]『制度経済学のフロンティア』ミネルヴァ書房。
――― [2007]「『階層的市場-企業ネクサス』論の拡張に向けて」山田鋭夫・宇仁宏幸・鍋島直樹編『現代資本主義の新視角』昭和堂, pp. 185-209。
――― [2008]「日本型企業システムの変容と雇用―収斂か拡散か, それともハイブリッドか」『季刊経済理論』Vol. 45, No. 3, pp. 9-22。
――― [2010]「日本的企業システムの変容と進化」『進化経済学論集第 14 集』。
――― [2011]「日本的企業システムの変容と進化」宇仁宏幸他『金融危機のレギュラシオン理論―日本経済の課題』昭和堂, pp. 184-243。
磯谷明徳・植村博泰・海老塚明 [1999]「戦後日本経済の制度分析―『階層的市場 - 企業ネクサス』論の視点から」山田鋭夫・R. ボワイエ編『戦後日本資本主義―構造と危機の分析』藤原書店, pp. 49-151。
伊丹敬之・加護野忠男・伊藤元重編 [1993]『企業とは何か（リーディングス　日本の企業システム　第 1 巻）』有斐閣。
伊丹敬之 [2000]『日本型コーポレートガバナンス―従業員主権企業の論理と改革』日本経済新聞出版社。
稲上毅 [1997]『現代英国経営事情』日本労働研究機構。
――― [2000]「新日本型コーポレート・ガバナンスと雇用・労使関係」稲上毅・連合総

合生活開発研究所『現代日本のコーポレート・ガバナンス』東洋経済新報社, pp. 3-74。
───── [2004]「株主重視と従業員重視-その両立可能性—国際動向と経営イデオロギー」稲上毅・森淳二朗編『コーポレート・ガバナンスと従業員』東洋経済新報社, pp. 1-32。
井上光太郎・加藤英明 [2007]「アクティビストファンドの功罪」一橋大学経済研究所『経済研究』Vol. 58, No. 3, pp. 203-216。
井上真由美・池田広男 [2010]「日本のコーポレート・ガバナンスとアクティビストファンドの関係」『日本経営学会誌』No. 25, pp. 3-14。
入江和彦・野間幹晴 [2008]「社外役員の独立性と企業価値・業績」日本経営財務研究学会編『経営財務研究』No. 28, pp. 38-55。
岩井克人 [2009]『会社はこれからどうなるのか』平凡社ライブラリー。
禹宗杬 [2010]「人事労務管理の変容—自動車3社の事例を中心に」橘川武郎・久保文克編『グローバル化と日本型企業システムの変容 1985～2008 (講座・日本経営史第6巻)』ミネルヴァ書房, pp. 157-197。
植竹晃久 [1995]「株主所有構造」高橋俊夫編『コーポレート・ガバナンス—日本とドイツの企業システム』中央経済社, pp. 17-38。
上村達男 [2002]『会社法改革—公開株式会社法の構想』岩波書店。
上村達男・金児昭 [2007]『株式会社はどこへ行くのか』日本経済新聞社。
植村博恭 [2011]「日本経済の制度変化と成長体制の転換—新たな構造的危機へ」宇仁宏幸・山田鋭夫・磯谷明徳・植村博恭『金融危機のレギュラシオン理論—日本経済の課題』昭和堂, pp. 58-118。
宇仁宏幸 [2009]『制度と調整の経済学』ナカニシヤ出版。
宇仁宏幸他 [2004]『入門社会経済学』ナカニシヤ出版。
梅崎修 [2008]「賃金制度」仁田道夫・久本憲夫編『日本的雇用システム』ナカニシヤ出版, pp. 73-106。
浦坂純子・野田知彦 [2001]「企業統治と雇用調整—企業パネルデータに基づく実証分析」『日本労働研究雑誌』Vol. 488, pp. 52-63。
大島春行・矢島敦視 [2002]『アメリカがおかしくなっている—エンロンとワールドコム破綻の衝撃』NHK出版。
太田聰一 [2010]「雇用調整」『日本労働研究雑誌』No. 597, pp. 6-9。
大竹文雄 [2003]「所得格差の拡大はあったのか」樋口美雄・財務省財務総合政策研究所編『日本の所得格差と社会階層』日本評論社, pp. 3-20。
───── [2005]『日本の不平等』日本経済新聞社。
大藪毅 [2009]『長期雇用制組織の研究—日本的人材マネジメントの構造』中央経済社。
岡崎哲二 [1991]「戦時計画経済と企業」東京大学社会科学研究所編『現代日本社会 4 歴史的前提』東京大学出版会, pp. 363-398。
岡田克彦・窪井悟 [2007]「日本企業の敵対的買収防衛策導入と企業価値」『日本ファイナンス学会報告論文』pp. 29-38。

岡村秀夫［2007］「企業の株式所有構造」橘木俊詔編『日本経済の実証分析』東洋経済新報社, pp. 119-139。
岡本弥［2008］「赤字雇用調整パターンの成立」『日本労務学会誌』Vol. 10, No. 1, pp. 31-42。
奥村宏［1991］『新版 法人資本主義の構造』現代教養文庫。
——— ［1998］『株主総会』岩波新書。
——— ［2004］『会社はなぜ事件を繰り返すのか—検証・戦後会社史』NTT出版。
——— ［2006］『粉飾資本主義—エンロンとライブドア』東洋経済新報社。
小野桂之介［1993］「コーポレート・ガバナンスの改革に関する基本的考察」『慶応経営論集』Vol. 11, No. 1, pp. 1-20。
小幡績・坂井功治［2005］「メインバンク・ガバナンスと『追い貸し』」一橋大学経済研究所『経済研究』Vol. 56, No. 2, pp. 149-161。
海道ノブチカ［2005］『ドイツの企業体制—ドイツのコーポレート・ガバナンス』森山書店。
加護野忠男・砂川伸幸・吉村典久［2010］『コーポレート・ガバナンスの経営学』有斐閣。
風間信隆［2010］「ドイツにおけるコーポレート・ガバナンスと労使関係—ジャクソンらの所論を中心として」明治大学大学院経営学研究科『経営論集』Vol. 57, No. 4, pp. 225-244。
株主オンブズマン編［2002］『会社は変えられる—市民株主権利マニュアル』岩波ブックレット。
川本真哉［2007］「日本企業における敵対的買収防衛策の導入要因」『証券経済研究』No. 59, pp. 123-141。
神作裕之［2000］「コーポレート・ガバナンスと会社法」稲上毅・連合総合生活開発研究所編『現代日本のコーポレート・ガバナンス』東洋経済新報社, pp. 165-207。
神田秀樹［2006］『会社法入門』岩波新書。
菊地正俊［2007］『外国人投資家』洋泉社。
北岡孝義他［2008］『Eviewsで学ぶ実証分析入門-応用編』日本評論社。
北村雅史・柴田和史・山田純子［2007］『現代会社法入門』有斐閣。
久保克行［2010］『コーポレート・ガバナンス—経営者の交代と報酬はどうあるべきか』日本経済新聞社。
久保克行・齋藤卓爾［2006］「コーポレート・ガバナンスと配当性向」『早稲田商学』No. 408, pp. 25-43。
栗田寛之［2007］「日本のコーポレート・ガバナンスと雇用調整の多様性—企業パネル・データによる実証分析」『進化経済学論集第11集』pp. 326-344。
経済産業省［2003］『構造改革10年の総括と今後の展望——新資本主義ビジョンに向けて』。
——— ［2005］『企業価値報告書—公正な企業社会のルール形成に向けた提案』http://www.meti.go.jp/policy/economy/keiei_innovation/keizaihousei/pdf/3-houkokusho-honntai-set.pdf（2011年11月22日アクセス）

――――［2008］『平成 20 年度版通商白書』。
経済産業省・法務省［2005］『企業価値・株主共同の利益の確保又は向上のための買収防衛策に関する指針』http://www.meti.go.jp/policy/economy/keiei_innovation/keizaihousei/pdf/3-shishinn-honntai-set.pdf（2011 年 11 月 22 日アクセス）
小池和男［1981］『日本の熟練―すぐれた人材形成システム』有斐閣。
――――［1983］「解雇からみた現代日本の労使関係」森口親司・青木昌彦・佐和隆光編『日本経済の構造分析』創文社，pp. 109-126。
厚生労働省［2010］『平成 22 年版 労働経済の分析―産業社会の変化と雇用・賃金の動向（平成 22 年度版 労働経済白書）』。
香田温子・鈴木賢一郎・渡辺奈津子［2005］「株主総会判断型の買収防衛策―株主・対象会社・買収者にとってフェアな買収防衛策の試案」『旬刊商事法務』No. 1752, pp. 33-43。
小牧義弘［1998］「わが国企業の雇用調整行動における不連続性について」『日本銀行調査月報』1998 年 11 月号, pp. 45-74。
齋藤隆志・橘木俊詔［2005］「中小企業のコーポレートガバナンスと雇用調整」『RIETI Discussion Paper Series』05-J-023。
財務省財務総合政策研究所［2003］「進展するコーポレート・ガバナンス改革と日本企業の再生」
篠塚英子［1989］『日本の雇用調整―オイル・ショック以降の労働市場』東洋経済新報社。
篠塚英子・石原恵美子［1977］「オイル・ショック以降の雇用調整―4 ケ国比較と日本の規模間研究―」『日本経済研究』No. 6, pp. 39-52。
柴田努［2009］「日本における株主配分の増加と賃金抑制構造― M&A 法制の規制緩和との関わりで」『経済理論』Vol. 46, No. 3, pp. 72-82。
下谷政弘［1996］『持株会社解禁』中公新書。
――――［2006］『持株会社の時代』有斐閣。
代田純［2002］『日本の株式市場と外国人投資家』東洋経済新報社。
代田純［2007］「欧州系外国人投資家の動向（2005〜2006 年）について―オイルマネーの日本株売買をめぐって」『証券経済研究』No. 58, pp. 103-124。
鈴木一功［2006］「敵対的買収は企業業績にどのような影響を与えるか―村上ファンド保有 22 社の実証分析」『週刊金融財政事情』No. 2678（2006 年 1 月 16 日号）, pp. 33-38。
鈴木宏昌［1993］「欧米の雇用調整と解雇制限について」『季刊労働法』No. 167, pp. 70-75。
駿河輝和［1997］「日本企業の雇用調整―企業利益と解雇」中馬宏之・駿河輝和編『雇用慣行の変化と女性労働』東京大学出版会, pp. 13-46。
関根敏隆・小林慶一郎・才田友美［2003］「いわゆる『追い貸し』について」日本銀行金融研究所『金融研究』Vol. 22, No. 1, pp. 129-156。
高橋俊夫［2006］『コーポレート・ガバナンスの国際比較―米，英，独，仏，日の企業と経営』中央経済社。
高橋文郎［2007］「王子製紙の北越製紙に対する敵対的 TOB ―事実経過と残された論点」

新井冨雄・日本経済研究センター編『検証日本の敵対的買収』日本経済新聞社, pp. 33-56.
滝澤美帆・鶴光太郎・細野薫 [2007]「買収防衛策導入の動機―経営保身仮説の検証」『RIETI Discussion Paper Series』07-J-033.
竹村泰・白須洋子・川北秀隆 [2010]「買収防衛策導入の株価の影響について」金融庁金融研究研修センター『FSA リサーチ・レビュー』No. 6, pp. 158-173.
橘木俊詔 [1998]『日本の経済格差』岩波新書.
谷本寛治編 [2003]『SRI 社会的責任投資入門―市場が企業に迫る新たな規律』日本経済新聞社.
谷本寛治 [2006]『CSR ―企業と社会を考える』NTT 出版.
丹沢安治 [1995]「理論的スタンス」高橋俊夫編『コーポレート・ガバナンス―日本とドイツの企業システム』中央経済社, pp. 1-15.
千島昭宏 [2006]「株式市場における買収防衛策導入の影響-2005 年 3 月決算企業の実証分析」『横浜国際社会科学研究』Vol. 11, No. 2, pp. 37-50.
対馬栄輝 [2008]『SPSS で学ぶ医療系多変量データ解析―分析内容の理解と手順解説, バランスのとれた医療統計入門』東京図書.
土屋直樹 [2008]「賃金処遇制度」久本憲夫・玉井金五編『社会政策Ⅰ ワーク・ライフ・バランスと社会政策』法律文化社, pp. 81-104.
出目世信之 [2004]「企業の倫理的行動―コーポレート・ガバナンスとの関係から」『組織科学』Vol. 37, No. 4, pp. 33-42.
ドーア, ロナルド [2006]『誰のための会社にするか』岩波新書.
富山雅代 [2001]「メインバンク制と企業の雇用調整」『日本労働研究雑誌』Vol. 488, pp. 40-51.
内閣府 [2007]『平成 19 年度 経済財政白書』.
仁田道夫 [2000]「日本企業のコーポレート・ガバナンス―現状と展望」稲上毅他編, 前掲書, 第 1 章.
――― [2003]『変化の中の雇用システム』東京大学出版会.
――― [2008]「雇用の量的管理」仁田道夫・久本憲夫編『日本的雇用システム』第 1 章, ナカニシヤ出版, pp. 27-71.
日本能率協会 [2006]『第 9 回新任役員の素顔に関する調査』.
野田知彦 [2002]「労使関係と赤字調整モデル」『経済研究』Vol. 5, No. 1, pp. 213-224.
――― [2006]「解雇と労使協議, 経営参加」『日本労働研究雑誌』No. 556, pp. 40-52.
――― [2007]「メインバンクと雇用削減」橘木俊詔編『日本経済の実証分析』東洋経済新報社, pp. 161-178.
――― [2008]「メインバンクはリストラを促進するのか」内閣府経済社会総合研究所『経済分析』No. 180, pp. 36-62.
――― [2010a]『雇用保障の経済分析 - 企業パネルデータによる労使関係』ミネルヴァ書房.
――― [2010b]「労働組合と雇用調整」樋口美雄編『労働市場と所得分配 (バブル/デフ

レ期の日本経済と経済政策⑥』慶応義塾大学出版会，pp. 199-226。
野田知彦・平野大昌 [2010]「失われた 10 年と日本企業の雇用調整行動」内閣府経済社会
　　総合研究所『経済分析』No. 183, pp. 25-58.
服部暢達 [2007]「買収防衛策　残された論点」新井富雄・日本経済研究センター編『検証
　　日本の敵対的買収』日本経済新聞社, pp. 58-102。
花枝英樹・芹田敏夫 [2008]「日本企業の配当政策・自社株買い—サーベイ・データによる
　　検証」『現代ファイナンス』No. 24, pp. 129-160。
花崎正晴 [2008]『企業金融とコーポレート・ガバナンス—情報と制度からのアプローチ』
　　東京大学出版会。
浜田道代 [2005]「会社立法の歴史的変遷」中央経済社編『新「会社法」詳解』中央経済
　　社, pp. 18-29。
樋口美雄 [1996]『労働経済学』東洋経済新報社。
───── [2001]『雇用と失業の経済学』日本経済新聞社。
久本憲夫 [2008]「日本的雇用システムとは何か」仁田道夫・久本憲夫編『日本的雇用シス
　　テム』ナカニシヤ出版, pp. 9-26。
───── [2010]『日本の社会政策』ナカニシヤ出版。
広瀬純夫 [2008]「日本における敵対的買収導入の特徴 - 防衛策導入の初期の状況」『日本労
　　働研究雑誌』No. 570, pp. 4-13。
広瀬純夫・藤田友敬・柳川範之 [2007]「買収防衛策導入の業績情報効果— 2005 年日本の
　　ケース」『COE ソフトロー・ディスカッション・ペーパー・シリーズ
　　COESOFTLAW-2007-9』。
───── [2008]「買収防衛策導入の業績情報効果— 2005 年導入事例の分析」『旬刊商事法
　　務』No. 1826, pp. 4-19。
広田真人 [1992]「配当政策の現状」森脇彬編『日本企業の配当政策』中央経済社, pp. 13-
　　43。
深尾光洋・森田泰子 [1997]『企業ガバナンスの国際比較』日本経済新聞社。
福田順 [2008]「外国人持株割合が日本企業の配当率決定行動に与える影響の実証分析」京
　　都大学大学院経済学研究科, 修士論文。
藤川祐輔 [2003]「会計ビッグバンの意味するもの」『中村学園研究紀要』No. 35, pp. 101-
　　108。
藤田勉 [2010]『上場会社法制の国際比較』中央経済社。
藤縄憲一 [2006]「再検証・日本法下の買収防衛策論—取締役会導入型防衛策の可能性と限
　　界」『旬刊商事法務』No. 1755, pp. 30-36。
藤村博之 [2000]「経営者のキャリアと報酬の実態」稲上毅・連合総合生活開発研究所編
　　『現代日本のコーポレート・ガバナンス』東洋経済新報社, pp. 135-164。
藤本周・茂木美樹・谷野耕司 [2006]「敵対的買収防衛策の導入状況」『旬刊商事法務』No.
　　1776, pp. 46-58。
藤本周・茂木美樹・佐々木真吾・谷野耕司 [2007]「敵対的買収防衛策の導入状況— 2007
　　年 6 月総会を踏まえて」『旬刊商事法務』No. 1809, pp. 31-46。

藤本周・茂木美樹・谷野耕司・佐々木真吾 [2008a]「敵対的買収防衛策の導入状況 [上]——2008 年 6 月総会を踏まえて」『旬刊商事法務』No. 1843, pp. 42-53。
藤本周・茂木美樹・谷野耕司・佐々木真吾 [2008b]「敵対的買収防衛策の導入状況 [下]——2008 年 6 月総会を踏まえて」『旬刊商事法務』No. 1844, pp. 11-17。
藤本周・茂木美樹・谷野耕司・佐々木真吾 [2009]「敵対的買収防衛策の導入状況——2009 年 6 月総会を踏まえて」『旬刊商事法務』No. 1877, pp. 12-23。
星岳雄 [2000]「なぜ日本は流動性の罠から逃れられないのか」深尾光洋・吉川洋編『ゼロ金利と日本経済』日本経済新聞社, pp. 233-266。
堀内昭義・花崎正晴 [2000]「メインバンク関係は企業経営の効率化に講演したか——製造業に関する実証研究」『経済経営研究』Vol. 21-1。
——— [2004]「日本企業のガバナンス構造——所有構造, メインバンク, 市場競争」『経済経営研究』Vol. 24-1。
前田昌孝 [2007]「整備遅れる M&A 環境」新井冨雄・日本経済研究センター編『検証日本の敵対的買収』日本経済新聞社, pp. 104-134。
増尾賢一 [2004]「株式持合いの解消に関する研究——時価評価導入による影響を中心として」『年報財務管理研究』Vol. 15, pp. 62-74。
松井和夫・奥村皓一 [1987]『米国の企業買収・合併—— M&A&D』東洋経済新報社。
松浦克己 [2002]「企業金融・コーポレート・ガバナンスの変遷と企業業績——地価依存と持ち合いの影響」『郵政総合研究所ディスカッションペーパー・シリーズ』。
松浦克己・コリン＝マッケンジー [2005]『Eviews による計量経済学入門』東洋経済新報社。
三島徹也 [2007]「新株予約権規制の変遷」『現代社会と会計』創刊号, pp. 85-99。
水口宏 [1993]「日本大企業における『株式会社』の蘇生 - 経営者支配の克服による株主主権の実質的回復」『財界観測』Vol. 58, No. 5, p. 2-35。
三平剛 [2006]「追い貸しと経済の生産性」『経済財政分析ディスカッション・ペーパー』DP/05-4。
宮島英昭 [2007]「増加する M&A をいかに読み解くか——分析視角と歴史的パースペクティブ」宮島英昭編著『日本の M&A』東洋経済新報社, pp. 1-41。
——— [2009]「日本型企業システムの多元的進化——ハイブリッドモデルの可能性」『RIETI Discussion Paper Series』09-J-017。
宮島英昭・新田敬祐 [2007]「日本型取締役会の多元的進化——その決定要因とパフォーマンス効果」神田秀樹・財務省財務総合政策研究所編『企業統治の多様化と展望』金融財政事情研究会, pp. 27-77。
宮島英昭・河西卓弥 [2008]「金融システムと企業統治——日本型企業システムの多元的進化——」橘川武郎・久保文克編『グローバル化と日本型企業システムの変容 1985～2008（講座・日本経営史第 6 巻）』ミネルヴァ書房, pp. 105-156。
宮島英昭・新田敬祐 [2011]「株式所有構造の多様化とその帰結——株式持ち合いの解消・『復活』と海外投資家の役割」宮島英昭編『日本の企業統治——その再設計と競争力の回復に向けて』東洋経済新報社, pp. 105-149。

宮島英昭・原村健二・稲垣健一［2003］『進展するコーポレート・ガバナンス改革と日本企業の再生』財務省財務総合政策研究所.
宮島英昭・原村健二・江南喜成［2003］「戦後日本企業の株式所有構造—安定株主の形成と解消」財務省財務総合政策研究所『フィナンシャル・レビュー』December–2003, pp. 203–236.
宮本光晴［2007］「コーポレート・ガバナンスの変化と日本企業の多様性—人材マネジメントの4類型」労働政策研究・研修機構編『日本の企業と雇用』, pp. 50–134.
三輪晋也［2010］「日本企業における取締役会の構成と外国人株主の株式所有」『国士舘大學政經論叢』No. 152, pp. 105–127.
三和裕美子［1999］『機関投資家の発展とコーポレート・ガバナンス—アメリカにおける史的展開』日本評論社.
村瀬安紀子［2001］「日本の金融機関, 事業法人, 個人, 外国人投資家の株式投資パフォーマンス」『金融経済研究』No. 17, pp. 66–78.
村松久良光［1986］「解雇, 企業利益と賃金—大手工作機械メーカー13社に関して」『南山経済研究』No. 89, pp. 399–435.
村松久良光［1995］「日本の雇用調整—これまでの研究から」猪木武徳・樋口美雄編『日本の雇用システムと労働市場』日本経済新聞社, pp. 57–78.
八代尚宏［1997］『日本的雇用慣行の経済学—労働市場の流動化と日本経済』日本経済新聞社.
保田圭司［1995］『外国人投資家』日本経済新聞社.
─────［1997］「外国人投資家の対日株式投資"第7次ブームの到来"—グローバリゼーションの新たなる巨波」『証券調査』pp. 33–50.
─────［1999］「第8次外国人投資ブーム, そのグローバル視点を解明する」『証券調査』pp. 43–54.
柳川範之［2005］「企業価値・買収防衛策についての経済学的考察」『MARR』No. 130, pp. 16–19.
─────［2006］『法と企業行動の経済分析』日本経済新聞出版社.
山田鋭夫［2008］『さまざまな資本主義—比較資本主義分析』, 藤原書店.
山本征二［1991］『ドイツの金融・証券市場—実務への手引』東洋経済新報社.
吉村典久［2007］『日本の企業統治—神話と実態』NTT出版.
吉森賢［1993］『EC企業の研究』日本経済新聞社.
─────［2001］『日米欧の企業経営—企業統治と経営者』放送大学教材.
─────［2003］「企業統治を超えて—その限界と新たな課題」『横浜経営研究』Vol. 24, No. 3, pp. 203–234.
─────［2005］『経営システムⅡ—経営者機能』放送大学教育振興会.
─────［2009］「日米欧の取締役会改革」吉森賢・齋藤正章編『コーポレート・ガバナンス』放送大学教材, pp. 141–167.
吉岡斉［2011］『新版原子力の社会史』朝日選書.
米澤康博・宮崎政治［1995］「日本企業のコーポレート・ガバナンスと生産性」橘木俊詔・

筒井義郎編『日本の資本市場』日本評論社, pp. 222-246。

労働省統計情報部［1975］「主要国における最近の雇用失業情勢」『労働統計調査月報』Vol. 27, No. 11, pp. 3-14。

胥鵬［2002］「外国人投資家の持株比率の決定要因」『平成13年度ファイナンス・フォーラム発表資料』。

―――［2007］「どの企業が敵対的買収のターゲットになるのか」宮島英昭編『日本のM&A』東洋経済新報社, pp. 197-221。

外国語文献

Abegglen, J. C. and G. Stalk, Jr. [1985] *Kaisha: The Japanese Corporation*, Basic Books.（植山周一郎訳［1986］『カイシャ―次代を創るダイナミズム』講談社.）

Aglietta, M. [1998] "L'avenir du capitalism", *Note de la Foundation Saint Simon*, Paris.

Aglietta, M. and A. Rebérioux [2004] *Dérires du capitalisme financier*, Paris: Albin Michel.

Aglietta, M. and S. Rigot [2009] *Crise et Rénovation de la Finance*, Paris: Odile Jacob.

Ahmadjian, C. [2007] "Foreign Investors and Corporate Governance in Japan," in Aoki, M., G. Jackson, and H. Miyajima, (eds.), *Corporate Governance in Japan*, Oxford University Press, pp. 125-150.

Alchian, A. A. and H. Demsetz [1972] "Production, information costs and economic organization," *American Economic Review*, Vol. 62, pp. 777-795.

Amable, B. [2003] *The Diversity of Modern Capitalism*, Oxford University Press.（山田鋭夫・原田裕治他訳［2006］『五つの資本主義』藤原書店.）

Amable, B., R. Barré and R. Boyer [1997] *Les systèms d'innovation à l'ère de la globalization*, Paris: Economica.

Aoki, M. [1990] "Towards an Economic Model of the Japanese Firm," *Journal of Economic Literature*, Vol. 28, No. 1, pp. 1-27.

――― [1994] "The Contingent Governance of Teams: Analysis of Institutional Complementarity," *International Economic Review*, Vol. 35, No. 3, pp. 657-676.

――― [2001] *Towards a Comparative Institutional Analysis*, Cambridge: MIT Press.（瀧澤弘和・谷口和弘訳［2003］『新装版比較制度分析に向けて』NTT出版.）

――― [2010] *Corporations in Evolving Diversity: Cognition, Governance, and Institutions*, Oxford: Oxford University Press.（谷口和弘訳［2011］『コーポレーションの進化多様性―集合認知・ガバナンス・制度』NTT出版.）

Araki, T. [2005] "Corporate Governance Reform, Labor Law Developments, and the Future of Japan's Practice-Dependent Stakeholder Model," *Japan Labor Review*, Vol. 2, No. 1, pp. 26-57.

Arellano, M. and S. Bond [1991] "Some Test of Specification for Panel Data: Monte Carlo Evidence and an Application to Employment Equations," *Review of Economic Studies*, Vol. 58, pp. 277–297.

Arikawa, Y. and Y. Mitsusada [2008] "The Adoption of Poison Pills and Managerial Entrenchment: Evidence from Japan," *RIETI Discussion Paper Series*, 08-E006.

Armour, J., S. Deakin, P. Sarkar, M. Siems, and A. Singh [2009] "Shareholder Protection and Stock Market Development: An Empirical Test of the Legal Origin Hypothesis," *Journal of Empirical Legal Studies*, Vol. 6, pp. 343–381.

Artus, P., and M. P. Virard [2009] *Est-il Trop Tard pour Sauver l'Amérique*, Paris: La Découverte.

ATTAC [2009] *Sortir de la Crise Globale*, Paris: La Découverte.

Bakan, J. [2004] *The Corporation: The Pathological Pursuit of Profit and Power*, Free Press.（酒井泰介訳［2004］『ザ・コーポレーション―わたしたちの社会は「企業」に支配されている』早川書房.）

Bebchuk, L. A. and A. Cohen [2003] "Firms' Decisions Where to Incorporate," *Journal of Law and Economics*, Vol. 46, pp. 383–425.

Bebchuk, L. A. and M. J. Roe [2004] "A Theory of Path Dependence in Corporate Governance and Ownership," in Gordon, J. and N. Roe, (eds.), *Convergence and Persistence in Corporate Governance*. Cambridge: Cambridge University Press, pp. 69–113.

Becker, G [1968] "Crime and Punishment: An Economic Approach," *Journal of Political Economy*, Vol. 76, No. 2, pp. 169–217.

Bellmann, L., P. Ellguth and H. Seifert [1998] "Weisse Flecken in der Traif-und Mitbestimmungslandschaft," *Mitbestimmung*, Vol. 57.

Berle, A. A. and G. C. Means [1932] *The Modern Corporation and Private Property*, New York: Commerce Clearing House.（北島忠男訳［1958］『近代株式会社と私有財産』文雅堂書店.）

Beyer, J. and A. Hassel [2002] "The Effects of Convergence: Internationalization and the Changing Distribution of Net Value Added in Large German Firm," *Economy and Society*, Vol. 31, No. 3, pp. 309–332.

Bhagat, S. and B. Black [1999] "The Uncertain Relationship between Board Composition and Firm Performance," *Business Lawyer*, Vol. 54, pp. 921–963.

Bhagat, S. and R. Romano [2005] "Empirical Studies of Corporate Law," *ECGI Law Working Paper Series*, No. 44.

Bhattacharya, S. [1979] "Imperfect Information, Dividend Policy, and 'the Bird in the Hand' Fallacy," *Bell Journal of Economics*, Vol. 10, No. 1, pp. 259–270.

Blair, M. M. [1995] *Ownership and Control*, Brookings Institution.

Bourgeous, L. J. [1981] "On the measurement of the organizational slack," *Academy of Management Review*, Vol. 6, pp. 29–39.

Boyer, R. [1999] "The Variety and Dynamics of Capitalism," in J. Groenewegen and J. Vromen (eds.), *Institutions and the Evolution of Capitalism: Implications of Evolutionary Economics*, Northampton: Edward Elgar, pp. 122–140.

―――― [2000] "Is A Finance-led Growth Regime A Viable Alternative to Fordism? A Preliminary

　　　　　Analysis," *Economy and Society*, Vol. 29, No. 1, pp. 111-145.
――――[2004] *Une Théorie du Capitalisme Est-elle Possible?*, Paris: Odile Jacob.（山田鋭夫訳［2005］『資本主義 vs 資本主義――制度・変容・多様性』藤原書店.）
――――[2005] "From Shareholder Value to CEO Power: the Paradox of the 1990s," *Competition & Change*, Vol. 9, No. 1, March, pp. 7-47.
――――[2011] *Finance et Globalisation: La Crise de L'absolutisme du Marcbé*, Editions Albin Michel（山田鋭夫・坂口明義・原田裕治監訳［2011］『金融資本主義の崩壊――市場絶対主義を超えて』藤原書店.）
Boyer, R., M. Dehove, and D. Plihon, [2004] *Les Crise Finaciéres*, Rapport du Conseil d'analyse Economique, n^0 50, Paris: La documentation française.
Brav, A., J. Graham, C. Harvey, and R. Michaely [2005] "Payout Policy in the 21st Century," *Journal of Financial Economics*, Vol. 77, No. 3, pp. 483-527.
Buchanan, J. S. [2007] "Japanese Corporate Governance and the Principle of 'Internalism'," *Corporate Governance*, Vol. 15, pp. 27-35.
Caballero, R, J., T. Hoshi and A. K. Kashyap [2006] "Zombie Lending and Depressed Restructuring in Japan," mimeo.
Cary, W. L. [1974] "Federalism and Corporate Law: Reflections upon Delaware," *The Yale Law Journal*, Vol. 83, No. 4, pp. 663-705.
Chandler, A. D [1962] *Strategy and Structure: Chapters in the History of the Industrial Enterprise*, Cambridge: MIT Press.（有賀裕子訳［2004］『組織は戦略に従う』ダイヤモンド社.）
――――[1990] *Scale and scope: Industrial dynamics of capitalism*. Cambridge, MA: Harvard University Press.
Chavance, B. [2007] *L'economie Institutionnelle*, Paris: La Découverte.（宇仁宏幸・中原隆幸・斉藤日出治訳［2007］『入門制度経済学』ナカニシヤ出版.）
Clift, B. [2004] "Debating the Restructuring of French Capitalism and Anglo-Saxon Institutional Investors: Trojan Horses or Sleeping Partners?," *French Politics*, Vol. 2, pp. 333-346.
Coase, R. H [1937] "The Nature of Firm," *Economica*, Vol. 4, No. 16, pp. 386-405. Reprinted in Coase, R. H [1988] *The Firm, the Market, and the Law*, The University of Chicago Press.（宮沢健一・後藤晃・藤垣芳文訳［1992］『企業・市場・法』東京経済新報社.）
Coffee, J [1981] "No Soul to Damm, No Body to Kick: An Unscandalized Inquiry into the Problems of Corporate Punishment," *Michigan Law Review*, Vol. 79, No. 3, pp. 386-459.
―――― [2002] "Understanding Enron: It's about the Gatekeepers, Stupid," *Business Lawyer*, Vol. 57, pp. 1403-1420.
―――― [2005] "A Theory of Corporate Scandals: Why the USA and Europe Differ," *Oxford Review of Economic Policy*, Vol. 21, pp. 198-211.
Comment, R. and G. W. Schwert [1995] "Poison or Placebo?: Evidence on the Deterrence and Wealth Effects of Modern Antitakeover Measures," *Journal of Financial Economics*, Vol. 39, No. 1, pp. 3-43.
Committee on Corporate Governance (Hampel Report) [1998] *Committee on Corporate*

Governance Final Report, London: Gee Publishing.

Cyert, R. A. and J. G. March [1963] *A Behaviourial Theory of the Firm*, Englewood Cliffs, NJ: Prentice Hall.

Daines, R. [1999] "Does Delaware Law Improve Firm Value?," *NYU Law School, Center for Law and Business, Paper* No. 99-011.

Danielson, M. and J. Karpoff [1998] "On the Uses of Corporate Governance Provisions," *Journal of Corporate Governance*, Vol. 4, No. 4, pp. 347-371.

Davis, G. [1991] "Agents without Principles? The Spread of the Poison Pill through the Intercorporate Network," *Administrative Science Quarterly*, Vol. 36, No. 4, pp. 583-613.

Davis, G. and H. Greve [1997] "Corporate Elite Networks and Governance Changes in the 1980s," *The American Journal of Sociology*, Vol. 103, No. 1, pp. 1-37.

Davis, G. and S. Stout [1992] "Organization Theory and the Market for Corporate Control: A Dynamic Analysis of the Characteristics of Large Takeover Targets, 1980-1990," *Administrative Science Quarterly*, Vol. 37, No. 4, pp. 605-633.

Deakin, S. and A. Rebérioux [2007] "Corporate Governance, Labour Relations and HRM in Britain and France: Convergence or Divergence," mimeo Cambridge University.

DeAnglo, H., L. DeAnglo, and R. Stulz [2006] "Dividend Policy and the Earned/Contributed Capital Mix: A Test of the Life-cycle Theory," *Journal of Financial Economics*, Vol. 81, No. 2, pp. 227-254.

Dedoussis, V. [2001] "Keiretsu and Management Practice in Japan-Resilience Amid Change," *Journal of Managerial Psychology*, Vol. 16, pp. 173-188.

Deeg, R. [1999] *Finance Capitalism Unveiled: Banks and the German Political Economy*, Ann Arbor, MI: University of Michigan Press.

De Jong, H. W. [1996] "European Capitalism Between Freedom and Social Justice," in Bratton, W., J. McCahery, S. Picciotto, and C. Scott (eds.), *International Regulatorty Competition and Coordination: Perspective on Economic Regulation in Europe and the United States*, Oxford: Clarendon Press, pp. 185-206.

Demsetz, H. [1983] "The Structure of Ownership: Theory and Consequence," *Journal of Political Economy*, Vol. 93, pp. 1155-1177.

Dosi, G [1994] "Firm, Boundaries of the," in Hodgson, G. M., W. J. Samuels and M. R. Tool (eds.), *The Elgar Companion to Institutional and Evolutionary Economics A~K*, Northampton: Edward Elgar, pp. 229-237.

Dosi, G., D. J. Teece and S. G. Winter [1990] "Les Frontières des Enterprises," *Revue d'Economie Industrielle*, 1er trim.

Drucker, P. [1976] *The Unseen Revolution: How Pension Fund Socialism Came to America*, New York: Harper and Row.

DTI [1998] *Modern Company Law for a Competitive Economy*, London: Department of Trade and Industry.

———— [1999] *Modern Company Law for a Competitive Economy: The Strategic Framework*,

London: Department of Trade and Industry.
―――― [2001] *Modern Company Law for a Competitive Economy: Final Report*, London: DTI.
―――― [2002] *Modern Company Law Presented to Parliament by the Secretary of State for Trade and Industry by Command of Her Majesty*, Cm5553-1, July 2002.
Easterbrook, F. H. [1984] "Two Agency-Cost Explanations of Dividends," *American Economics Reviews*, Vol. 74, No. 4, pp. 650-659.
Easterbrook, F. H. and D. R. Fischel [1996] *The Economic Structure of Corporate Law*, Harvard University Press, Reprint.
Fama, E. and M. Jensen [1983] "Separation of Ownership and Control," *Journal of Law and Economics*, Vol. 26, pp. 301-343.
Fenn, G. W. and N. Liang [2001] "Corporate Payout Policy and Managerial Stock Incentives," *Journal of Financial Economics*, Vol. 60, pp. 45-72.
Foss, N. J. [1993] "Theories of Firm: Contractual and Competence Perspectives," *Journal of Evolutionary Economics*, Vol. 3, No. 2, pp. 127-144.
Franks, J., C. Mayer, and H. F. Wagner [2005] "The Origins of the German Corporation: Finance, Ownership and Control," *ECGI-Finance Working Paper*, No. 110.
Fukao, M. [1999] "Japanese Financial Instability and Weaknesses in the Corporate Governance Structure," *Seoul Journal of Economics*, Vol. 11, No. 4, pp. 381-422.
Fukuda, J. [2009] "Have Foreign Shareholders Helped Japanese Firms Demand Changes in the Number of their Employees?," *Evolutionary and Institutional Economics Review*, Vol. 6, No. 1, pp. 121-129.
Gedajlovic, E., T. Yoshikawa, and M. Hashimoto [2005] "Ownership Structure, Investment Behavior and Firm Performance in Japanese Manufacturing Industries," *Organization Studies*, Vol. 26, No. 1, pp. 7-36.
Gersen, J. E. and E. A. Posner [2008] "Soft Law," *Public Law and Legal Theory Working Papers*, No. 213.
Gerum, E. [1991] "Aufsichtsratstypen-Ein Beitrag zur Theorie der Organization der Unternehmensiührung," *Die Betriebswirtschaft*, 6, pp. 719-731.
Goyer, M. [2003] "Corporate Governance, Employees, and the Focus on Core Competencies in France and Germany," in C. J. Milhaupt (ed.), *Global Markets, Domestic Institutions: Corporate Law and Governance in a New Era of Cross-Border Deals*. New York: Columbia University Press, pp. 183-213.
――――[2007] "Capital Mobility, Varieties of Institutional Investors, and the Transforming Stability of Corporate Governance in France and Germany," in B. Hancké, M. Rhodes and M. Thatcher, (eds.), *Beyond Varieties of Capitalism: Conflict, Contradictions, and Complementarities in the European Economy*, Oxford University Press, pp. 195-219.
Gourevitch, P. A. and J. Shinn. [2005] *Political Power and Corporate Control*, Princeton: Princeton University Press.（林良造監訳 [2008]『コーポレート・ガバナンスの政治経済学』中央経済社.）

Grossman, S. J. and O. D. Hart [1980a] "Disclosure Laws and Takeover Bids," *Journal of Finance*, Vol. 35, No. 2, pp. 323–334.

――――― [1980b] "Takeover Bids, the Free-Rider Problem, and the Theory of the Corporation," *Bell Journal of Economics*, Vol. 11, No. 1, pp. 42–64.

――――― [1981] "Implicit Contracts, Moral Hazard, and Unemployment," *American Economic Review*, Vol. 71, No. 2, pp. 301–307.

――――― [1986] "The Cost and Benefits of Ownership: A Theory of Vertical and Lateral Integration," *Journal of Political Economy*, Vol. 94, No. 4, pp. 691–719.

Grullon, G., R. Michaely, and B. Swaminathan [2002] "Are Dividend Changes a Sign of Firm Maturity?," *Journal of Business*, Vol. 75, No. 3, pp. 387–424.

Hall, P. A. [1993] "Policy Paradigm, Social Learning and the State, the Case of Economic Policy in Britain," *Comparative Politics*, April, pp. 275–296.

Hall, P. A., and D. Soskice. (eds.), [2001] *Varieties of Capitalism*. Oxford University Press.（遠山弘徳他訳 [2007]『資本主義の多様性』ナカニシヤ出版.）

Hamermesh, D. S [1993] *Labor Demand*, Princeton University Press.

Hanazaki, M. and A. Horiuchi [2000] "Is Japan's Financial System Efficient?" *Oxford Review of Economic Policy*, Vol. 16, pp. 61–73.

――――― [2004] "Can the Financial Restraint Theory Explain the Postwar Experience of Japan's Financial System?" in Joseph, P. H. F., M. Hanazaki, and J. Teranishi (eds.), *Designing Financial Systems in East Asia and Japan*, Routledge Curzon, pp. 19–46.

Hancké, B. [2002] *Large Firm and Institutional Change: Industrial Renewal and Economic Restructuring in France*. Oxford: Oxford University Press.

Hancké, B, M. Rhodes and M. Thatcher [2007] "Introduction: Beyond Varieties of Capitalism," in Hancké, B, M. Rhodes and M. Thatcher (eds.), *Beyond Varieties of Capitalism: Conflict, Contradictions, and Complementarities in the European Economy*, Oxford and New York: Oxford University Press, pp. 3–38.

Hansmann, H. and R. Kraakman [2001] "The End of History for Corporate Law," *Georgetown Law Journal*, Vol. 89, No. 2, pp. 439–468.

Hay, C. [2005] "Two Can Play at That Game… or Can They? Varieties of Capitalism, Varieties of Institutionalism," in Coates, D. (ed.), *Varieties of Capitalism, Varieties of Approaches*, London: Palgrave Macmillan, pp. 106–121.

Hellwig, M. [2000] "On the Economics and Politics of Corporate Finance and Corporate Control," in X. Vives (ed.), *Corporate Governance, Theoretical and Empirical Perspectives*, Cambridge University Press, pp. 95–136.

Hermalin, B. E. and M. S. Weisbach [1991] "The effects of board composition and direct incentives on firm performance," *Finance Management*, Vol. 20, pp. 101–112.

Heron, R. A. and E. Lie [2006] "On the Use of Poison Pills and Defensive Payouts by Takeover Target," *Journal of Business*, Vol. 79, No. 4, pp. 1783–1807.

Hildreth, A. K. G. and F. Ohtake [1998] "Labor Demand and the Structure of Adjustment Cost in

Japan," *Journal of the Japanese and International Economies*, Vol. 12, No. 2, pp. 131-150.

Hirakubo, N. [1999] "The End of Lifetime Employment in Japan," *Business Horizons*, November-December, pp. 41-44.

Höpner, M. [2001] *Corporate Governance in Transition: Ten Empirical Findings on Shareholder Value and Industrial Relations in Germany*. MPIFG Discussion Paper 01/5, Max-Planck-Institute for the Study of Societies, Cologne.

――― [2003] "Wer berherrscht die Unternehmen? Shareholder Value, Managerherrschaft und Mitbestimmung in Deutschland," Campus, S. 15.

Hoshi, T. and A. Kashyap [2001] *Corporate Financing and Governance in Japan: The Road to the Future*, Cambridge, MA: MIT Press.（鯉渕賢訳 [2006]『日本金融システム進化論』日本経済新聞社.）

Inoue, H. [1999] "The Accelerating Dissolution of Cross-holding," *NLI Research Institute*, No. 133, pp. 34-42.

Isogai, A., A. Ebizuka, and H. Uemura [2000] "The Hierarchical Market-Firm Nexus as the Japanese Mode of Régulation," in Boyer, R. and T. Yamada (eds.), *Japanese Capitalism in Crisis: Regulationist Interpretation*, London: Routledge, pp. 32-53.

Jackson, G. [2003] "Corporate Governance in Germany and Japan: Liberalization Pressure and Responses during the (1990)'s," in K. Yamamura, K and W. Streeck (eds.), *The End of Diversity? Prospects for German and Japanese Capitalism*, Ithaca, NY: Cornell University Press, pp. 261-305.

――― [2004] "The Changing Role of Employees in Japanese Corporate Governance: Participation, Adjustment and Distributional Conflict," RIETI 政策シンポジウム（経済産業研究所）『多様化する日本のコーポレート・ガバナンス ―― 特定モデルへの収斂か』提出論文，2004 年 10 月 22 日。

――― [2007] "Employment Adjustment and Distributional Conflict in Japanese Firms," in Aoki, M., G. Jackson, and H. Miyajima (eds.), *Corporate Governance in Japan*, Oxford University Press, pp. 282-309.

Jackson, G. and R. Deeg [2006] "How Many Varieties of Capitalism?: Comparing the Comparative Institutional Analysis of Capitalist Diversity," *Max-Plank-Institut für Gesellschaftsforschung Discussion Paper*, 06/2.

Jackson, G. and H. Miyajima [2007] "Introduction: The Diversity and Change of Corporate Governance in Japan," Aoki, M., G. Jackson, and H. Miyajima (eds.), *Corporate Governance in Japan*, Oxford University Press, pp. 1-47.

Jacoby, S. [1985] *Employing Bureaucracy: Manager, Unions, and the Transformation of Work in the American Industry, 1900-1945*, New York: Columbia University Press.（荒又重雄・木下順・平尾武久・森杲 [1989]『雇用官僚制 ― アメリカの内部労働市場と "良い仕事" の生成史』北海道大学図書刊行会.）

――― [2005] *The Embedded Corporation: Corporation Governance and Employment Relations in Japan and the United States*. Princeton NJ: Princeton University Press.（鈴木良治・伊藤健

市・堀龍二訳［2005］『日本の人事部・アメリカの人事部―日米企業のコーポレート・ガバナンスと雇用関係』東京経済新報社.）

Jensen, M. C. [1986] "Agency Cost of Free Cash Flow, Corporate Finance, and Takeovers," *American Economic Reviews*, Vol. 76, No. 2, pp. 323-329.

―――― [1989] "Eclipse of the public corporation," *Harvard Business Review*, September-October, pp. 61-74.

Jensen, M. C. and W. H. Meckling [1976] "Theory of Firm: Managerial Behaviour, Agency Cost, and Capital Structure," *Journal of Financial Economics*, Vol. 3, No. 4, pp. 305-360.

Jobert, B. (éd.) [1994] *Le tournant néo-libéral en Europe*, Paris: L'Harmattan.

John, K. and J. Williams [1985] "Dividends, Dilution, and Taxes: A Signaling Equilibrium," *Journal of Finance*, Vol. 40, No. 4, pp. 1053-1070.

Jose, K. and J. Williams [1985] "Dividend, Dilution, and Taxes: A Signaling Equilibrium," *Journal of Finance*, Vol. 40, No. 4, pp. 1053-1070.

Karpoff, J. M. [2001] "The Impact of Shareholder Activism on Target Companies: A Survey of Empirical Finding," *FERN Working Paper*.

Kato, T. [2001] "The End of Lifetime Employment in Japan? Evidence from National Surveys and Field Research," *Journal of the Japanese and International Economies*, Vol. 15, pp. 489-514.

Kenworthy, L. and A. Hicks [1998] "Corporation and Political Economic Performance in Affluent Democratic Capitalism," *American Journal of Sociology*, Vol. 103, pp. 631-672.

Kitschelt, H. et al. [1999] *Continuity and Change in Contemporary Capitalism*, Cambridge: Cambridge University Press.

Kurita, H. [2008] "Ownership Structure and Employment Adjustment in Japan: An Empirical Analysis Using Panel Data," *MFJ International Conference*, Yokohama.

Lang, L. H. P. and R. H. Litzenberger [1989] "Dividend Announcements: Cash Flow Signaling vs. Free Cash Flow Hypothesis?", *Journal of Financial Economics*, Vol. 24, No. 1, pp. 181-191.

La Porta, R., F. Lopez-de-Silanes, and A. Shleifer [2008] "The Economic Consequence of Legal Origins," *Journal of Economic Literatures*, Vol. 46, No. 2, pp. 285-332.

La Porta, R., F. Lopez-de-Silanes, A. Shleifer, and R. Vishny [1998] "Law and Finance," *Journal of Political Economy*, Vol. 106, pp. 1113-1155.

―――― [1999] "Corporate Ownership around the World," *Journal of Finance*, Vol. 54, pp. 471-517.

Mace, M. L. [1971] *Directors: Myth and Reality*, Boston: Harvard Business School Press.（道明義弘訳［1991］『アメリカの取締役―神話と現実』文眞堂.）

Malatesta, P. and R. Walkling [1998] "Poison Pill Securities: Stockholder Wealth, Profitability and Ownership Structure," *Journal of Financial Economies*, Vol. 20, pp. 347-376.

Mallette, P. and K. Fowler [1992] "Effects of Board Composition and Stock Ownership on the Adoption of Poison Pill," *The Academy of Management Journal*, Vol. 35, No. 5, pp. 1010-1035.

Marsden, D. [1999] *A Theory of Employment Systems: Micro-Foundations of Social Diversity*, Oxford

University Press.（宮本光晴・久保克行訳［2007］『雇用システムの理論——社会的多様性の比較制度分析』NTT 出版。）
May, D. O. [1995] "Do Managerial Motives Influence Firm Risk Reduction Strategies?" *Journal of Finance*, Vol. 50, pp. 1291-1308.
Mehran, H. [1995] "Executive Compensation Structure, Ownership, and Firm Performance," *Journal of Financial Economics*, Vol. 38, pp. 163-184.
Miller, M. H. and F. Modigliani [1961] "Dividend Policy, Growth and the Valuation of Shares," *Journal of Business*, Vol. 34, No. 4, pp. 441-434.
Miller, M. H. and K. Rock [1985] "Dividend Policy under Asymmetric Information," *Journal of Finance*, Vol. 40, No. 4, pp. 1031-1051.
Mills, D. Q. [2003] *Wheel, Deal, and Steal: Deceptive Accounting, Deceitful CEO, and Ineffective Reforms*, Financial Times Prentice Hall Books.（林大幹訳［2004］『アメリカ CEO の犯罪——なぜ起きたのか？　どのように改革すべきか？』シュプリンガー・フェアラーク東京。）
Miyajima, H. and F. Kuroki [2007] "The Unwinding of Cross-Shareholding in Japan: Causes, Effects, and Implications," in Aoki, M., G. Jackson, and H. Miyajima (eds.), *Corporate Governance in Japan*, Oxford University Press, pp. 79-124.
Modigliani, F. and M. Miller [1958] "The Cost of Capital, Corporate Finance and the Theory of Investment," *American Economic Review*, Vol. 48, pp. 261-297.
Monks, R. A. G. and A. Sykes [2002] *Shareholder Capitalism is Damaging Shareholders*, RAGM/AS.
Montagne, S. [2003] *Les Métamorphoses du Trust: Les Fonds de Pension Américains entre Protection et Spéculation*, Thése Université Paris 10-Nanterre, Décembre.
―――― [2006] *Les Fonds de Pension: Entre Protection Sociale et Speculation*, Paris: Odile Jacob.
Morck, R., A. Shleifer, and R. W. Vishny [1988] "Management Ownership and Market Valuation: An Empirical Analysis," *Journal of Financial Economics*, Vol. 20. pp. 293-315.
Morgan, G. and Y. Takahashi [2002] "Shareholder Value in the Japanese Context," *Competition and Change*, Vol. 6, pp. 169-191.
Morishima, M. [2002] "Pay Practice in Japanese Organizations: Changes and Non-changes," *Japan Labor Bulletin*, Vol. 41, pp. 8-13.
Mroczkowski, T. and M. Hanaoka [1998] "The End of Japanese Management: How Soon?," *Human Resource Planning*, Vol. 21, pp. 20-30.
Myers, S. and N. Majluf [1984] "Corporate Financing and Investment Decisions When Firms Have Information That Investors Do Not Have," *Journal of Financial Economics*, Vol. 13, No. 2, pp. 187-221.
Nakamura, M. [2004] "Corporate Governance and Management Practice in Japan: Current Issues," *Corporate Ownership and Control*, Vol. 1, pp. 38-52.
Nakata, Y. and R. Takehiro [2001] "Joint Accounting System and Human Resource Management by Company Group," *JIL Bulletin*, Vol.40, No.10, pp. 1-8.
Nelson, R. R. and S. G. Winter [1982] *An Evolutionary Theory of Economic Change*, Cambridge,

MA: Harvard University Press.

North, D. C. [1990] *Institutions, Institutional Change and Economic Performance*, Cambridge, UK and New York: Cambridge University Press.（竹下公視訳［1994］『制度・制度変化・経済成果』晃洋書房.）

―――― [1995] "Five Propositions about Institutional Change," in Knight, J and I. Sened (eds.), *Explaining Social Institution*, Ann Arbor, MI: University of Michigan Press, pp. 15-26.

―――― [2005] *Understanding the Process of Economic Change*, Princeton, NJ: Princeton University Press.

Olcott, G [2009] *Conflict and Change: Foreign Ownership and the Japanese Firm*, Cambridge University Press.（平尾光司・宮本光晴・山内麻理訳［2010］『外資が変える日本的経営―ハイブリッド経営の組織論』日本経済新聞社.）

Omura, K., M. Suto and M. Masuko [2002] "Corporate Governance of Japanese Institutional Investors: Major Results of Questionnaires concerning Corporate Governance by Institutional Investors," Ministry of Finance of Japan, *PRI Discussion Paper Series* (No. 02A-28).

Orléan, A. [1999] *Le puvoir de la finance*, Paris: Odle Jacob.（坂口明義・清水和巳訳［2001］『金融の権力』藤原書店.）

Ornatowski, G. K. [1998] "The End of Japanese-Style Human Resource Management?," *Sloane Management Review*, pp. 73-84.

Ostrom, E [2005] *Understanding Institutional Diversity*, Princeton, NJ: Princeton University Press.

Patrick, H. [2004] Evolving Corporate Governance in Japan, *Columbia Business School Center on Japanese Economy and Business Working Paper*, No. 220, New York.

Peek, J and E. S. Rosengren [2005] "Unnatural Selection: Perverse Incentives and the Misallocation of Credit in Japan," *American Economic Review*, Vol. 95, No. 4, pp. 1144-1166.

Penrose, E [1959] *The Theory of the Growth of the Firm*, Basil Blackwell.

Plihon, D. [2001] Quelle Surveillance Prudentielle pour l'industrie des Service Financer?, *Revue d'Economie Financiére*, numéro special «Sécurité et régulation financiéres», n⁰ 60.

Plihon, D., et al. [2002] *Rentabilité et Risque dans le Nouveau Régime de Croissance*, Rapport du Groupe du Commissariat Général du Plan, Paris: La Documentation française, Octobre.

Pontusson, J. [2005] "Varieties and Commonalities of Capitalism," in Coates, D. (eds.), *Varieties of Capitalism, Varieties of Approaches*, Palgrave Macmillan, pp. 163-188.

Posner, R. A [1972] *Economic Analysis of Law*, Aspen Pub.

Pryor, F. L. [2005] "Market Economics Systems," *Journal of Comparative Economics*, Vol. 33, No. 1, pp. 25-46.

Rebérioux, A. [2002] "European Style of Corporate Governance at the Crossroads: The Role of Worker Involvement," *Journal of Common Market Studies*, Vol. 40, pp. 111-134.

Rebick, M. [2001] "Japanese Labor Markets: Can We Expect Significant Change?" in Blomstrom, M., B. Gangnes, and S. La Croix (eds.), *Japan's New Economy: Continuity and Change in the Twenty-First Century*, Oxford: Oxford University Press, pp. 120-144.

―――― [2005] *The Japanese Employment System*, Oxford: Oxford University Press.

Robinson, P. and N. Shimizu [2006] "Japanese Corporate Restructuring: CEO Priorities as a Window on Environmental and Organizational Change," *Academy of Management Perspectives*, Vol. 20, Vol. 3, pp. 44–75.

Roe, M. J. [1993] "Some Differences in Corporate Structure in Germany, Japan, and the United State," *Yale Law Journal*, Vol. 102, pp. 1927–2003.

――― [1994] *The Political Roots of American Corporate Finance*, Princeton University Press.（北條裕雄・松尾順介監訳［1996］『アメリカの企業統治』東洋経済新報社.）

Ryngaert, M. [1988] "The Effects of Poison Pill Securities on Shareholders Wealth," *Journal of Financial Economics*, Vol. 20, pp. 377–417.

Scher, M. J. [1997] *Japanese Interfirm Networks and their Main Banks*, Basingstoke: Macmillan Press.

Schmidt, V. [1996] *From State to Market? The Transformation of French Business and Governance*, Cambridge: Cambridge University Press.

Sheard, P. [1994] "Interlocking shareholdings and corporate governance," in M. Aoki and R. Dore (eds.), *The Japanese firm: The sources of competitive strength*, Oxford University Press, pp. 310–349.

Shinn, J. and P. Gourevitch [2002] "How Shareholder Reforms Can Pay Foreign Policy Dividends," New York, Council on Foreign Relations.

Shishido, Z. [2000] "Japanese Corporate Governance: The Hidden Problems of the Corporate Law and Their Solutions," *Delaware Journal of Corporate Law*, Vol. 25, pp. 189–233.

――― [2001] "Japanese Corporate Law and Corporate Governance: Current Changes in Historical Perspective," *American Journal of Comparative Law*, Vol. 49, No. 4, 653–677.

――― [2007] "The Turnaround of 1997," in M. Aoki, G. Jackson and H. Miyajima, (eds.), *Corporate Governance in Japan*, Oxford University Press, pp. 310–329.

Shleifer, A [2009] "The Age of Milton Friedman," *Journal of Economic Literatures*, Vol. 47, No. 1, pp. 123–135.

Shleifer, A. and R. W. Vishny [1997] "A Survey of Corporate Governance," *Journal of Finance*, Vol. 52, pp. 737–783.

Short, H. and K. Keasey [1999] "Managerial Ownership and the Performance of Firms: Evidence from the UK," *Journal of corporate finance*, Vol. 5, pp. 79–101.

Streeck, W. [1997] "German Capitalism: Does it Exist? Can It Survive?" in Crouch, C. and W. Streeck (eds.), *Political Economy of Modern Capitalism*. London: Sage, pp. 33–54.（山田鋭夫訳［2001］「ドイツ資本主義―それは実在するか，それは存続しうるか」『現代の資本主義制度―グローバリズムと多様性』NTT 出版，第 2 章，pp. 53–82.）

Strong, J. and J. Meyer [1990] "An Analysis of Shareholder Rights Plans," *Management and Decision Economies*, Vol. 11, No. 2, pp. 73–86.

Sundaramurthy, C. [1996] "An Analysis of Shareholder Rights Plans," *Management and Decision Economics*, Vol. 11, No. 2, pp. 73–86.

The American Law and Institute [1992] *Principle of Corporate Governance*, Washington, DC: ALI.

（証券取引法研究会国際部会訳編［1994］『コーポレート・ガバナンス』日本証券経済研究所.）
The Business Roundtable [1997] *Statement on Corporate Governance*, Washington, DC: BRT.
Thomas, L. G. III. and G. Waring [1999] "Competing capitalisms: Capital investment in American, German, and Japanese firms', *Strategic Management Journal*, Vol. 20, pp. 729-48.
TIAA-CREF [1997] *Policy Statement on Corporate Governance*, Washington, D. C.: TIAA-CREF.
Tirole, J. [2001] "Corporate Governance," *Econometrica*, Vol. 69, pp. 1-35.
―――― [2006] *The Theory of Corporate Governance*, Princeton University Press.
Vermaelen, T. [1981] "Common Stock Repurchases and Market Signalling: An Empirical Study," *Journal of Financial Economics*, Vol. 9, No. 2, pp. 139-183.
Whitley, R. [1998] "Internationalization and Varieties of Capitalism: The Limited Effects of Cross-National Coordination of Economic Activities on the Nature of Business Systems," *Review of International Political Economy*, Vol. 5, No. 3, pp. 445-481.
Williamson, O. E. [1975] *Markets and Hierarchies: Analysis and Antitrust Implications*, The Free Press.（浅沼萬里・岩崎晃訳［1980］『市場と企業組織』日本評論社.）
―――― [1985] *The Economic Institution of Capitalism*, The Free Press.
―――― [1996] *The Mechanisms of Governance*, Oxford University Press.
Winter, R. K. Jr. [1977] "State Law, Shareholder Protection, and the Theory of the Corporation," *The Journal of Legal Studies*, Vol. 6, No. 2, pp. 251-292.
Yamakawa, R. [2007] "From Security to Mobility? Changing Aspects of Japanese Dismissal Law," Foote, D. H. (ed.), *Law in Japan: A Turning Point*, Washington, DC: University of Washington, School of Law, Asia Law Centre, pp. 483-520.
Yasui, T. [1999] "Corporate Governance in Japan and its Relevance to the Baltic Region", *Workshop on Corporate Governance in the Baltics*, (Vilnius, 21-22 October 1999), http://www.oecd.org/dataoecd/8/25/1931660.pdf.
Yermach, D. [1996] "Higher Market Valuation of Companies with a Small Board of Directors," *Journal of Financial Economics*, Vol. 40, pp. 185-211.
Yoshikawa, T. and P. H. Phan [2001] "Alternative Corporate Governance Systems in Japanese Firms: Implications for a Shift to Stockholder Centered Corporate Governance," *Asia Pacific Journal of Management*, Vol. 18, pp. 183-205.
Zysman, J. [1983] *Governments, Markets and Growth: Financial Systems and the Politics of Industrial Change*, Ithaca, NY: Cornell University Press.

索　引

● A-Z
CEO　38-39, 48, 50
GMM　111, 114, 117

● あ行
アクティビストファンド　83, 91-94, 138
安定株主　2, 7-9, 46, 53, 88, 94, 102, 110, 112, 115-116, 118, 135, 137-138, 146, 151, 154, 159, 169, 171, 175, 177, 184
安定配当政策　139
委員会設置会社（委員会等設置会社）　45, 85, 94, 105
五つの資本主義　26-27
ウォールストリート・ルール　57
エージェンシーコスト　30, 33, 47, 141
エージェンシー問題　vi, 13, 148, 155
エントレンチメント　93, 149
オイル・ショック　5, 67-68, 70-71, 77, 82, 113, 182

● か行
寡頭資本家モデル　→ガバナンス理論
会社法　13, 18-20, 43-48, 57, 95, 109, 162
解雇権濫用法理　67-68
整理解雇　64, 66-68
外国人株主　vii, 5-9, 28, 35-36, 83, 88, 94, 158, 169-170, 178, 181, 184-185
外国人投資家　20, 40, 54, 59, 110, 115, 118, 121, 133, 136-137, 147, 151, 155
ガバナンス構造　vii, 6, 111, 117, 121, 135-136, 139, 169, 183
ガバナンス理論（Gourevich and Shin）
　　寡頭資本家モデル　32

コーポラティズム・モデル　4, 27, 32, 35, 181
経営者モデル　4, 33-36
投資家モデル　30, 32, 34
透明性モデル　33-35, 58, 181
労働者モデル　30-32
株式
　　株式（相互）持ち合い　6-7, 61, 71, 110, 147
　　株式市場（資本市場）　8, 18, 23, 28-29, 33, 35, 40, 61, 88, 90-92, 96, 104, 107, 111, 115, 118, 165-166, 174, 181, 184
株主
　　株主価値　3, 6, 11, 53, 56, 58, 82, 83, 92-93, 102, 103, 147, 182, 185
　　株主構成　2, 5-7, 35, 40, 83, 85-87, 107-111, 169, 175-176, 183-186
　　株主総会　44, 46, 49-51, 83, 90, 109, 158, 161-164, 170, 185
監査役
　　監査役会　38, 43-44, 49-51
機関投資家　3-5, 34, 36, 40, 46, 48, 55, 57, 103, 110, 115, 138, 146-148, 170-172, 175, 181
企業の社会的責任（CSR）　1
共同決定制度　50-52
共同決定法　50, 56
金融スキャンダル　53, 58, 61, 182
金融危機　53-54, 58, 61, 65, 68, 78, 120, 135, 158, 166, 169, 182
グローバル化（グローバリゼーション）　6, 13, 18, 39-40, 53-54, 60, 61

系列　24-26, 66, 70
経営者モデル　→ガバナンス理論
経路依存性　16
雇用調整
雇用調整速度　65, 75-76, 116-118
構造変化　3, 9, 121, 134
コンプライアンス　1, 98

●さ行
資産個人主義　58-59, 182
資本主義の多様性（VoC）　4, 13, 22, 54, 62, 181
「状態依存型」ガバナンス　42, 49
執行役　38, 45, 50
執行役員（執行役員制）　18, 95, 103-104
社外監査役　44, 85, 97, 182
社外取締役　45, 48, 58, 66, 83, 94-98, 104, 155, 182
社外役員　107, 182
取引費用　14
取締役
　　取締役会　v-vi, 18, 38, 42, 44-45, 48, 50, 54, 61, 94-95, 98-99, 104, 149, 155, 161, 163, 173, 186
終身雇用　64-66, 72, 109
商法　21, 38, 42-45, 84-85, 91, 95
信託銀行　54, 83, 86-88, 107, 110, 118, 121, 135
進化　15-17, 21
制度的補完性　6, 105, 183
成果給　99-100
成果主義　83, 98-99, 104-107, 183, 185
正規労働（正社員）　3, 64, 82, 118, 120, 128, 134, 136, 185
洗練された株主価値モデル　56-59, 182
総会決議　44, 162
「ソフトバジェット」問題　118, 127, 134, 135-136

●た行
代表執行役　45
代表取締役　vi, 42, 44, 50, 94
（労働量の生産高）弾力性　65, 70-72
長期安定雇用（長期雇用）　6, 8, 26, 65-66, 98-99, 104-109, 183, 185
賃金制度　98-99
敵対的買収　23, 37, 41, 53, 91-93, 157-158, 167, 169-173
デラウェア州　46-48
都市銀行・地方銀行（都銀・地銀）　5, 7, 83, 86-88, 110, 171, 182, 184
投資家モデル　→ガバナンス理論
投資信託　28, 46, 49, 61, 86, 88, 146, 148, 151, 170, 175-176
透明性モデル　→ガバナンス理論

●な行
年金基金　3, 28, 34, 40, 46, 53-57, 86, 88, 90, 102, 138, 182
年金制度　40, 55
年功賃金　60, 98, 104, 106

●は行
「ハイブリッド」論　6, 104-105, 108, 126, 183
ハイブリッドJモデル　183
配当
　　配当政策　9, 138-140, 142, 144, 147, 184
　　配当率　viii, 7-8, 138, 143-155, 184
買収防衛策（ポイズンピル）　91-93, 159-162
売買回転率　88, 118, 170-171, 178
比較資本主義論　54, 61, 105, 108, 183　→制度的補完性
比例ハザード分析　viii, 8, 159, 174-176, 184
非正規化　64, 128

非正規労働（非正社員）　3, 64, 82, 120, 128, 134
負債　v, 6, 88, 90, 100, 105, 110, 114, 117, 121, 127, 135, 146, 183
部分調整モデル　5, 65, 70-71, 73-76, 111, 113-114, 116, 187
（フリー）キャッシュフロー　90, 92, 140-142, 147-148, 172-173

●ま行

メインバンク　2, 6, 26, 36, 42, 49, 84, 102, 105, 107, 110, 114, 118, 127, 183-184

●や行

ユニバーサルバンク　49

●ら行

レギュラシオン　4-5, 13, 22, 24, 54, 59, 181
労働基準法　67-68, 75
労働契約法　68
労働者モデル　→ガバナンス理論
労働組合　24, 32, 35, 48, 50-52, 55, 67, 75, 136, 181, 186

［著者紹介］

福田　順（FUKUDA Jun）

1983年　群馬県生まれ。
2006年　千葉大学法経学部総合政策学科卒業。
2008年　京都大学大学院経済学研究科修士課程修了。
2011年　京都大学大学院経済学研究科博士後期課程修了。博士（経済学）。
現在，京都大学大学院経済学研究科付属プロジェクトセンター研究員，同大学大学院経済学研究科非常勤講師，同大学大学院文学研究科グローバルCOE研究員，同志社大学社会学部非常勤講師。
主な著作に，"Have Foreign Shareholders Helped Japanese Firms Demand Changes in the Number of their Employees?," *Evolutionary and Institutional Economics Review*, Vo.6, No.1（2009年），「日本企業のコーポレート・ガバナンスと買収防衛策―金融機関の性格変化を踏まえた実証分析―」『経済論叢』京都大学経済学会，第183巻第4号（2009年），「女性の就労に与える母親の近居・同居の影響」『社会政策』第4巻第1号（2012年・共著）など。

（プリミエ・コレクション　11）
コーポレート・ガバナンスの進化と日本経済　Ⓒ J. Fukuda 2012

2012年4月30日　初版第一刷発行

著　者　　福　田　　　順
発行人　　檜　山　爲次郎
発行所　　**京都大学学術出版会**
京都市左京区吉田近衛町69番地
京都大学吉田南構内（〒606-8315）
電　話（075）761-6182
FAX（075）761-6190
URL　http://www.kyoto-up.or.jp
振　替　01000-8-64677

ISBN 978-4-87698-214-1
Printed in Japan

印刷・製本　㈱クイックス
定価はカバーに表示してあります

本書のコピー，スキャン，デジタル化等の無断複製は著作権法上での例外を除き禁じられています。本書を代行業者等の第三者に依頼してスキャンやデジタル化することは，たとえ個人や家庭内での利用でも著作権法違反です。